S o m m a i r e

Directeur de publication • Marc de Smedt.
Réalisation • Claire Médaisko.
Révision • Nelly Lhermillier.
Assistante • Laurence Massaro.

Abonnements • Pascale Leroy-Rolland.
Abonnements et anciens numéros : pp. 234-236.
Question de - BP 18 - 84220 Gordes. Tél. : 04 90 72 12 55.
Fax : 04 90 72 08 38.

S O M M

a i r e

Depuis plus de vingt-cinq ans, François-Xavier Héry, Président de « France Égypte Côte-d'Azur », et Thierry Enel, voyagent en Égypte, et se sont spécialisés dans l'histoire, l'art et la religion de l'ancienne Égypte. Ils ont réalisé de nombreuses expositions photographiques, notamment en 1990 pour le Bicentenaire de Champollion, date à laquelle ils décident de commencer à publier (voir bibliographie).

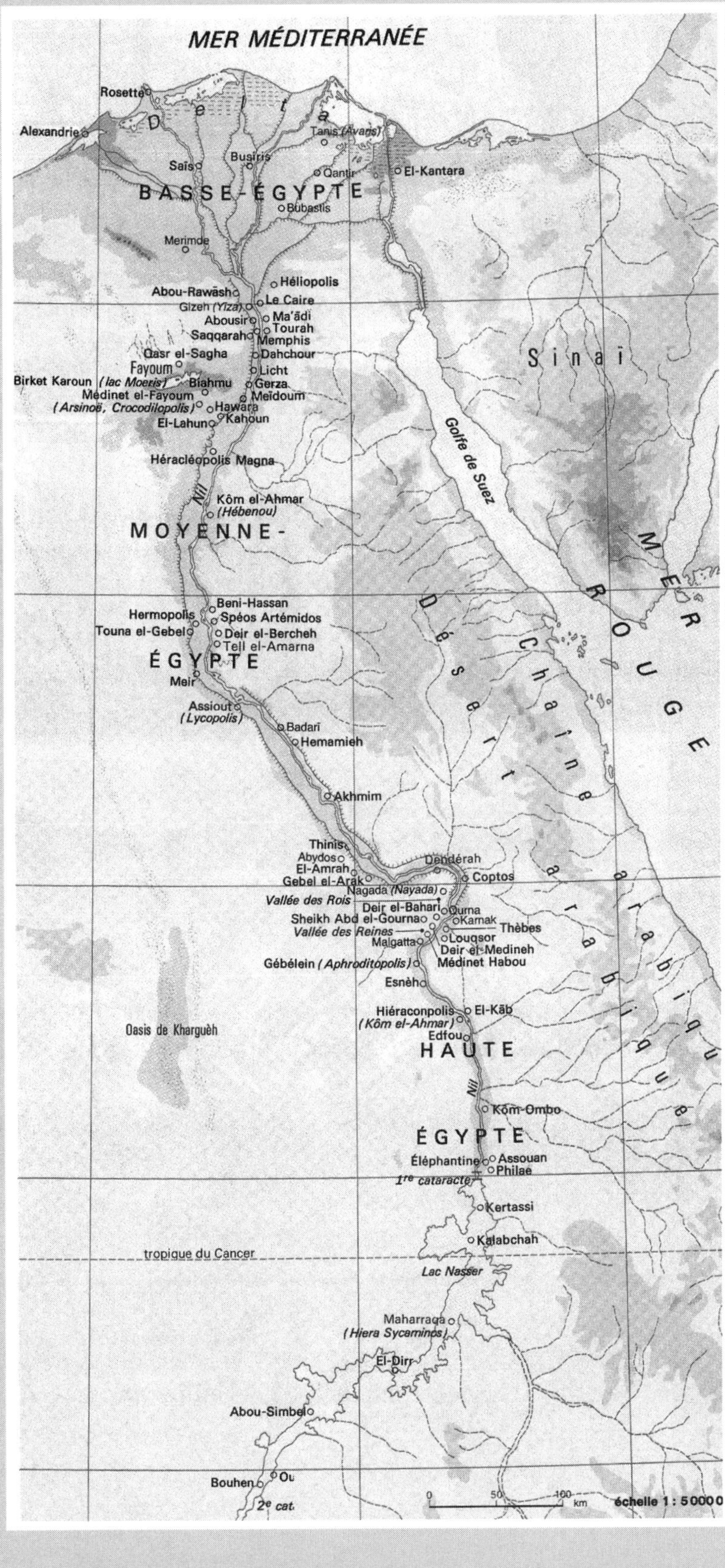

L'histoire de l'Art, « Préhistoire, Égypte, Mésopotamie », vol. 1 , éd. Larousse.

PRÉFACE

L'histoire débute sur les rives du Nil

LES livres d'histoire ont pris pour postulat que notre civilisation était issue de l'Orient, de la Grèce et de Rome. Nourris par cette doctrine incontestée, il ne nous viendrait même pas à l'esprit de la mettre en doute tant elle nous paraît aller de soi.
Comment se fait-il que l'Égypte n'apparaisse jamais comme référence de nos origines ? Dès qu'on entreprend de lui rendre la place qui est la sienne, on sent naître une sorte d'hostilité : cette puissante et féconde civilisation semble déranger. Le temps est venu de réhabiliter le savoir de l'Égypte qui, dès l'aube de l'histoire a dressé sur la terre les plus grands monuments de l'Antiquité, rédigé les plus anciens livres de théologie du monde.
Malgré les successives réformes de l'enseignement, le principe selon lequel « l'Orient, la Grèce et Rome » forment notre socle intellectuel demeure intangible. Ce jugement invite à se poser une question : au nom de quel dogme cherche-t-on à oublier voire à éliminer l'Égypte de notre mémoire universelle ?

Le temps de Copernic et Galilée est révolu. Il faut oser la vérité, affronter ce qui est imposé par l'autorité en invoquant la preuve historique, quitte à bousculer les idées reçues. Le message de l'Égypte doit-il être totalement négligé, jeté dans la fosse de l'oubli ? Replaçons les éléments dans le contexte historique et élargissons une vision limitée selon laquelle « l'histoire commence à Sumer ».

Remettons en cause la position de certains peuples dans le monde méditerranéen et l'hégémonie d'une pensée sur notre tradition judéo-chrétienne. Il faut savoir aller à l'encontre d'idées admises touchant au fondement même de notre civilisation, aux racines de notre imaginaire culturel et religieux. À l'aube du XXIe siècle, mettons en lumière les différentes composantes de l'héritage légué par nos illustres prédécesseurs sans omettre des chapitres entiers de ce qui fait notre tradition et notre culture. Tournons notre regard vers l'Égypte afin de révéler le plus largement possible l'influence prépondérante qu'elle a eue sur le développement des civilisations. Au cours des millénaires, elle s'est imposée au monde méditerranéen, constituant le carrefour inévitable vers lequel tous les peuples de l'Antiquité furent obligés de converger. Véritable colonne universelle dont l'axe nourricer féconde les autres civilisations, seule l'Égypte peut redonner un sens à notre civilisation judéo-chrétienne. Ayant puisé à la source de l'Égypte pharaonique tout au long de sa longue histoire, Hébreux, Grecs, Romains et chrétiens n'ont laissé d'elle qu'un visage déformé : les Hébreux en ont fait une nation dominatrice réduisant les peuples à l'esclavage, le regard condescendant des Grecs l'a jugée zoolâtre et « barbare » ; les Romains ne verront en elle qu'un grenier à blé, tandis que les chrétiens qui trouvèrent en Égypte un lieu d'asile privilégié n'eurent guère de reconnaissance pour l'apport initial de sa spiritualité ; enfin, notre monde moderne se plaît encore à occulter le legs de l'Égypte par oubli et déformation, celle-ci étant régulièrement entretenue par l'égyptomanie.

Il faut désormais réécrire l'histoire, effectuer ce voyage essentiel aux racines du savoir qui permettra de mieux mesurer l'héritage

légué par l'Égypte au reste du monde. L'impact de cet héritage demeure dans la conscience des Égyptiens d'aujourd'hui, qui, lorsqu'ils nomment leur pays utilisent l'expression consacrée *Masr Om el Donia* signifiant textuellement « Égypte mère du monde ». Ainsi, à travers les siècles, les Égyptiens gardent-ils en mémoire que leur terre natale fut très tôt la véritable université où les autres nations puisèrent leurs connaissances dans les domaines des sciences, des techniques, de la philosophie. Mettons nos pas dans ceux de Jean-François Champollion, le père de l'égyptologie, qui au siècle dernier n'avait pas craint la vindicte de l'autorité, et proclamait dans l'introduction à sa *Grammaire égyptienne** :

> **C'est dans cette contrée que nous devons chercher les origines de la civilisation comme des arts de la Grèce, et par suite le point de départ de notre civilisation moderne.**

* Le lecteur trouvera les références de tous les titres cités dans la bibliographie en fin d'ouvrage.

À gauche : Bronze égyptien représentant Isis et l'enfant Horus (vers -1000).
À droite : Vierge à l'enfant, statuette en bois du Moyen-Âge.

D'Égypte nous est venue la lumière

QUE savons-nous de l'Égypte ? De cette civilisation plusieurs fois millénaire, de ce peuple de bâtisseurs, d'artistes, de savants, nous n'avons bien souvent en mémoire que quelques images superficielles, héritées des lectures de notre enfance ou d'un lointain cours d'histoire, soutenues par des représentations cinématographiques ou de bandes dessinées : Cléopâtre et Antoine ; Napoléon au pied des pyramides ; les momies et leurs malédictions ; les pharaons, souverains cruels et mégalomanes assouvissant au prix de centaines de vies humaines leurs ambitions démesurées ; une religion ésotérique avec son panthéon inextricable ; ses dieux à têtes d'animaux ; son culte païen des éléments ; une écriture hiéroglyphique et ornementale... Ne conserverons-nous que ces images de l'immense legs de la civilisation égyptienne ?

Il faut dire en contrepartie que la transmission jusqu'à nous d'un tel héritage ne s'est pas faite sans heurts. L'oubli de l'écriture hiéroglyphique, l'éclosion de nouvelles civilisations et de nouveaux modes de

pensée, la difficulté et la complexité des rapports entre la civilisation occidentale et les civilisations du Proche-Orient ont longtemps rendu difficile l'évaluation exacte d'un héritage vieux de plus de trois mille ans. De même, la seule trace tangible que la civilisation judéo-chrétienne ait gardé de ses rapports avec les rives du Nil réside dans les textes bibliques, de nature mythique ou légendaire comme tout écrit religieux. Or on a trop souvent voulu les tenir pour « paroles d'évangile » sans tenir compte, y compris dans les traductions, de leur véritable portée symbolique ni des conditions historiques, culturelles, spirituelles dans lesquelles ils ont été élaborés. Une telle relecture rendrait pleinement droit à l'Égypte de son influence sur le peuple hébreu, son voisin pendant des siècles et, à bien des égards, son héritier spirituel.
Il faut enfin avouer que certains savants et scientifiques ont leur part de reponsabilité dans l'oubli où est encore tenue la civilisation nilotique. Aussi paradoxal que cela paraisse, tout se passe comme si certains travaux récents voulaient absolument avaliser la vision déjà ancienne d'une Égypte païenne et zoolâtre, primitive, très éloignée de nos valeurs et de nos préoccupations, et minimiser voire dénier son influence sur notre civilisation. À des milliers d'années de distance, le message de l'Égypte paraît encore trop neuf, trop dérangeant...
Et pourtant, l'Égypte vit, elle continue de nous parler. Malgré l'oubli, l'éloignement, les *a priori*, elle demeure présente dans notre vie quotidienne, dans notre langue, jusqu'en des recoins insoupçonnés de notre culture èt de notre spiritualité. Elle réclame justice. Il est temps, près de deux siècles après sa « redécouverte » par Champollion, et alors que nous allons aborder le IIIe millénaire de l'ère chrétienne, de renouer le lien qui nous unit à ce passé fondateur. Nous y gagnerons de mieux nous connaître nous-mêmes.

Une histoire pluri-millénaire

On ne peut comprendre l'influence exercée par la civilisation égyptienne sur l'ensemble de l'humanité que si l'on se plonge dans les tréfonds de sa longue histoire. Il y a quelque chose de verti-

gineux à considérer cet âge d'or égyptien quasiment ininterrompu de l'Ancien Empire aux premiers siècles de notre ère. Bien avant les patriarches bibliques, les habitants des rives du Nil étaient en effet en état de transmettre aux peuples voisins les fruits d'une civilisation en pleine expansion. Dès cette époque, au IIIe millénaire – les historiens ont souvent tendance à l'oublier –, l'écriture hiéroglyphique est parfaitement au point et les Égyptiens disposent, avec les monolitères (signe représentant un seul son), des éléments nécessaires à la création d'un alphabet.
Tous les peuples du Proche-Orient et du bassin méditerranéen vont venir puiser à cette source les enseignements indispensables à leur développement futur. Tour à tour, au fil des siècles, les Hébreux, les Phéniciens, les Étrusques, les Grecs, les Romains vont bénificier de ces contacts féconds. Les Égyptiens leur transmettront successivement une architecture élaborée, une production artistique raffinée, des connaissances scientifiques rigoureuses, les premiers signes de l'écriture alphabétique, les bases fondamentales de leur spiritualité et, par-dessus tout, un immense terreau symbolique à partir duquel se développera leur imaginaire propre ainsi que toute leur métaphysique.
L'Égypte aura donc été la véritable « université » de l'Orient. Parmi les Grecs, ses élèves les plus illustres se nomment Solon, Thalès, Pythagore, Platon, Hippocrate... Celui-ci, notamment, est venu recevoir l'enseignement des prêtres de Memphis, au savoir vieux de plus de deux millénaires, et ce n'est pas un hasard si l'image du caducée a son origine sur les temples du Nil : le symbole d'Hermès trouve donc sa source dans la symbolique égyptienne dite « hermétique ». Les Grecs n'ont d'ailleurs pas entièrement compris cette science réservée au clergé. Ils ont déformé les noms sacrés de l'Égypte, donnant à ses grands monuments la dénomination qui nous est parvenue, tels « sarcophage » ou « pyramide » ; le nom même de l'Égypte a été inventé par les Grecs.
Moïse, Salomon, Alexandre, Euclyde, Archimède, César, saint Marc, pour ne citer que les plus grands, ont été, d'une manière ou

d'une autre, en contact étroit avec la civilisation égyptienne. Sur tous elle a exercé sa fascination, a influencé leur destin, leurs desseins ou leurs œuvres. On peut difficilement imaginer que notre civilisation, qui doit tant à ces hommes illustres, n'en ait pas été à son tour transformée...

Mais le destin historique de l'Égypte va bien au-delà de son existence temporelle. L'empreinte durable laissée sur les civilisations juive et gréco-romaine va naturellement perdurer dans le monde occidental et influencer fortement la spiritualité et la culture chrétiennes.

À peine né, l'Enfant Dieu, Jésus, est contraint à l'exil : c'est la fuite en Égypte, le premier contact avec cette terre d'accueil toujours régie par le culte d'Amon, bien que soumise au pouvoir politique de Rome. S'agissait-il pour le Christ d'un retour aux sources de ses ancêtres Abraham et Moïse ou, pour le monde méditerranéen, d'un « passage de témoin » ?

Du IVe au VIe siècle, c'est en Égypte que se sont développés les premiers monastères. Directement en contact avec l'héritage spirituel égyptien, le christianisme copte atteindra ensuite nos contrées par son activité missionnaire. C'est donc fort logiquement que la métaphysique des anciens Égyptiens a pu continuer à vivre dans les plus hautes réalisations de la spiritualité occidentale.

Après plusieurs siècles d'oubli, la Renaissance a vu se développer un regain d'intérêt pour la civilisation nilotique. Ce qui n'était au départ qu'une attirance esthétique, voire exotique, s'est peu à peu transmué en une vraie curiosité. Comparée à celle des civilisations grecque et romaine, la redécouverte de la civilisation égyptienne reste toutefois récente. Il a fallu pour cela qu'un jeune général français, Bonaparte, conçoive en 1798 le projet fou de libérer l'Égypte des Mamelouks. Après cette expédition, il fera publier le plus grand livre consacré à une civilisation, la *Description de l'Égypte*.

Au génie de Bonaparte va succéder celui de Champollion, qui découvrira la clé des hiéroglyphes grâce aux publications du futur empereur.

Depuis, des milliers de publications ont été consacrées à la civilisation nilotique, mais, paradoxalement, aucune ne fait jouer à l'Égypte le rôle prépondérant qui lui revient dans la constitution de l'imaginaire occidental. Or, que ce soit en Égypte même ou dans un musée, le public a souvent une intuition assez juste de la filiation qui existe entre les images de l'anciene Égypte et celles de l'Occident judéo-chrétien. Il semble même à certains que tout vient d'Égypte : elle serait l'« aînée des civilisations ».

L'Égypte est donc revenue, à partir de 1798, sur le devant de la scène occidentale, pour son art bien sûr, mais aussi pour sa culture et sa spiritualité. Elle a exercé sur le monde moderne une intense fascination, qui a même traversé les océans. Sur le Nouveau Continent, un immense obélisque de cent soixante-dix mètres de hauteur, le *Washington Monument*, fut érigé au siècle dernier au centre de la capitale des États-Unis pour rendre hommage au père fondateur de la nation américaine. S'ajoutant à cet obélisque, une immense tour à étages se dresse à quelques kilomètres de la capitale, dans la petite ville d'Alexandria. Par sa forme, elle évoque le phare de la prestigieuse ville d'Égypte, Alexandrie. Cette copie du phare a été édifiée entre 1922 et 1932 et porte le nom de *George Washington Masonic Memorial* ; elle a plus de cent mètres de hauteur et fut construite par les francs-maçons, elle aussi en hommage à Washington, maître d'une loge maçonnique. On retrouve la marque de l'Égypte sous forme d'obélisques à New York, Londres, Rome et Paris où, de surcroît, au XXe siècle, l'entrée du Louvre est marquée par une pyramide de verre, forme emblématique de l'Égypte. Enfin, les expositions consacrées à Toutankhâmon ou à Ramsès II, tant aux États-Unis qu'en France, prouvent l'impact exceptionnel de l'Égypte sur le regard de l'Occident. Un tel enthousiasme montre bien, au-delà des effets de mode, combien l'homme occidental se sent spontanément proche de la civilisation égyptienne, et ce même si la réalité de cette civilisation lui reste en grande partie voilée. Il serait dommage de décevoir cette attente. Nous sommes à nouveau prêts à recevoir le message de l'Égypte.

Un legs artistique et intellectuel insoupçonné

C'est en grande partie à travers son art, notamment architectural, que ce message a pu parvenir jusqu'à nous. La majesté des pyramides, la beauté et l'équilibre des corps sculptés, les troublants visages admirablement ciselés dans les pierres les plus dures, les bas-reliefs sur lesquels sont délicatement captés les rayons de lumière exercent sur l'observateur occidental une fascination légitime. Mais cette perfection des formes ne sort pas du néant, elle a une histoire, et surtout un sens, qu'il conviendrait d'étudier pour rendre pleinement justice à ces formes qui nous attirent. Il ne s'agit certes pas d'enlever tout mystère à l'art égyptien, car le mystère est constitutif de son message, mais de pleinement l'éclairer dans ce qu'il est, tension du visible vers l'Invisible – nous y reviendrons.
Il ne faudrait cependant pas que de telles productions, fondamentales, cachent la réalité de l'influence qu'ont continué d'exercer l'art et la pensée nilotiques sur le développement futur de la civilisation occidentale. Il serait erroné de ne voir dans toutes les catégories de la production égyptienne – art, science, littérature – que les vestiges d'un lointain passé, certes glorieux mais définitivement révolu. Par la suprématie de ses réalisations, par la perfection de ses formes, l'Égypte a fait plus qu'influencer en surface ses voisins, elle a ensemencé durablement leurs conceptions en divers domaines, et c'est nous, en une longue chaîne de transmission, qui en avons recueilli les fruits. L'histoire de cette transmission doit être faite, pour montrer ce que nous devons à l'Égypte en matière d'écriture, de mathématiques, de médecine, d'astronomie, d'architecture...
Ne soyons pas surpris que le Grand Temple de Jérusalem ait été construit par un architecte égyptien. Les souverains du Proche-Orient reprendront également, pour décorer leurs palais, des thèmes propres à l'Égypte. Ce seront les trésors de Byblos, de Ras Shamra (Ougarit), ou bien des capitales assyriennes, dont les objets précieux exhumés, coupes d'argent et ivoire, témoignent de l'influence de l'art égyptien. Plus tard, les Perses achéménides s'empareront de l'Égypte et amèneront les sculpteurs de Thèbes

et Memphis pour embellir Persépolis. De même, comme l'a souligné Champollion à maintes reprises, c'est dans l'architecture et la statuaire égyptiennes qu'il faut voir la source du grand art de la Grèce classique. Les siècles passant, c'est en terre égyptienne que s'élèveront monastères, églises et cathédrales coptes, directement influencés par les temples égyptiens (et parfois en lieu et place de ceux-ci), quelques siècles avant que ne surgissent en Europe les bâtisseurs de cathédrales.

Mais l'Égypte exerce son influence plus avant dans notre histoire, jusque dans l'art moderne. Statues-cubes taillées il y a quatre mille ans ou compositions picturales du XVe siècle avant Jésus-Christ touchent à notre modernité. Certaines formes font penser à Picasso, à Braque, tandis que les couleurs primaires évoquent Gauguin. Tel visage du Fayoum annonce Goya, Vélasquez ou même Modigliani. Et la liste n'est pas close...

Il faut aussi parler de l'influence de l'imaginaire et de la littérature nilotiques, et notamment sur de nombreux textes du corpus biblique, parmi ceux qui influenceront le plus, au tournant de notre ère, la nouvelle religion chrétienne... C'est en regardant la pyramide de Saqqarah, érigée au début du IIIe millénaire, que l'on trouve la matérialisation, l'image pétrifiée, du songe de Jacob : une pyramide à degrés, dont les étages évoquent l'ascension vers le ciel. C'est aussi dès l'aube du IIIe millénaire qu'apparaissent sur les rives du Nil les premiers textes théologiques ainsi que les premières représentations de la Mère à l'Enfant...

L'art chrétien, à des siècles de distance, va donc subir l'influence de l'Égypte dans ses images les plus fortes, de l'aigle de saint Jean à la Vierge à l'Enfant. Mais nous touchons là à un domaine fondamental, peut-être le plus important, en tout cas le plus occulté, de l'apport égyptien à notre civilisation. Ce domaine est celui des images et des symboles, dont l'Égypte a constitué une source particulièrement féconde. L'Occident a puisé et puise encore dans ce « dictionnaire » tout le vocabulaire d'une « écriture symbolique », à quoi s'ajoute toute une grammaire des formes, elle aussi héritée des catégories de l'imaginaire égyptien. Or images et symboles

venus des rives du Nil ne sont jamais gratuits. Ils ont un sens qu'il convient de restituer. Ceci nous mène tout naturellement à l'influence de la spiritualité égyptienne sur notre propre spiritualité.

Une spiritualité fondatrice

Parmi les clichés et les à-peu-près qui ont encore cours de nos jours sur la civilisation égyptienne, les plus tenaces sont sans doute ceux qui ont trait à la religion qui s'est développée et a perduré pendant des millénaires sur les rives du Nil. On continue, jusque dans les travaux les plus récents, à nous présenter la vision d'un peuple polythéiste, zoolâtre, adorant diverses idoles, une multiplicité de divinités, déifiant ses souverains successifs et vouant un culte aux éléments naturels personnifiés – le soleil, la lune... Une telle vision manifeste une incompréhension totale des buts de la spiritualité égyptienne comme de ses moyens, méconnaissant par la même occasion l'immensité de l'apport de l'Égypte à la conception occidentale du divin.

En réalité, la recherche spirituelle nilotique est tout entière tournée vers l'expression, la représentation conceptuelle des potentialités de l'Un. Elle a voulu, avec une tension extraordinaire, manifester par le visible la présence de l'Invisible. Cette ambition métaphysique, constante tout au long de l'histoire du peuple égyptien, a nécessité l'élaboration d'une multiplicité de codes, de symboles, en un mot de moyens matériels censés évoquer, représenter – on n'ose dire incarner – les modalités de l'Immatériel. Tous les aspects de la production artistique égyptienne participent à ce but ultime, l'écriture hiéroglyphique, « figurative, phonétique, mais aussi symbolique » selon Champollion, qui élabore très tôt des jeux littéraires complexes préfigurant ceux des Bibles hébraïque et chrétienne, mais aussi l'architecture, la statuaire, les représentations qui peuplent les murs des temples. Tous ces éléments ne sont que les diverses déclinaisons d'une volonté de dire par tous les moyens une réalité unique, le Sacré. Ainsi les prétendus dieux du panthéon égyptien ne font-ils que fournir des chemins d'accès multiples à une seule divinité. Très tôt en effet, dès le IIIe millénaire, apparaît

en Égypte la mention troublante de « Celui qui n'a pas de nom »... De même, bien avant le temps des pyramides, la réflexion des prêtres égyptiens applique au monde des morts la notion de résurrection – alors même que les Hébreux ne considéreront le séjour des morts, ou *sheol*, que comme un pays sans retour.

On voit donc que la légende d'une Égypte polythéiste est un leurre, et qu'il est urgent de mettre un terme à ces idées fausses qui nous empêchent de réaliser à quel point cette spiritualité nous est familière.

Si nous acceptons de poser sur l'Égypte ce regard neuf, nous comprendrons mieux combien cette conception du divin est la nôtre. Comment, en effet, ne pas réévaluer, à la lumière de ce qui a été dit, l'apport décisif de la spiritualité égyptienne sur l'élaboration de la religion hébraïque et, par voie de conséquence, sur la religion chrétienne ? Comment ne pas déceler sa permanence jusque dans les formes et les images les plus hautes de l'art et de la pensée chrétienne, des cathédrales aux représentations de la Vierge, des prières de saint François d'Assise aux fresques de Giotto ? C'est d'Égypte que nous est d'abord venue la lumière, et c'est vers cette terre bénie qu'il faut nous tourner pour comprendre notre origine, vers ce peuple qui priait Dieu en ces termes :

Comme il est doux de prononcer ton nom
Comme le goût du pain pour l'enfant
Comme le goût du fruit à la saison chaude
Comme le souffle de la bise pour celui qui est en prison
Amon, tu es le père de l'orphelin, tu écoutes celui qui appelle, tu donnes le souffle à celui qui est malade. [1]

C'est cette redécouverte, ce retour aux racines de notre spiritualité et de notre histoire qu'il nous faut faire à présent. Il ne s'agit pas d'effacer les axes de Jérusalem, Athènes et Rome, mais de recentrer la réflexion, quitte à ébranler les colonnes d'un temple que la mémoire

1• Texte trouvé dans une tombe de la XVIIIe dynastie (v. -1600).

occidentale a construit sur des bases fragiles. Très tôt, l'Égypte se constitue en colonne vertébrale de la Méditerranée, et donc du monde. La Grèce et l'Orient viendront s'appuyer sur elle, véritable *axis mundi*, axe charnière autour duquel l'histoire va tourner. Les trois grands pôles de l'Antiquité – Occident, Égypte et Orient – apparaissent sur une carte du monde comme les trois feuillets d'un triptyque indissociable. Il semblerait que l'axe géographique égyptien, autour des eaux vivifiantes du Nil, ait symbolisé cette position centrale, comme dessinée par une volonté supérieure...

Ainsi donc, l'Égypte vit en nous. Mais elle est présente sans que nous en ayons toujours conscience. Quelle n'est pas notre surprise d'apprendre que les noms de Moïse, de Myriam, de Marie viennent de l'ancienne Égypte, de même que les blasons de certaines villes et de quelques pays ?

Il nous suffit pourtant de nous reporter à la singulière impression de familiarité qui nous étreint lorsque nous entrons en contact avec l'un des multiples vestiges de cette civilisation. Il existera toujours une communion entre l'homme d'aujourd'hui et la lointaine Égypte, notre dette envers elle restera immense. Après avoir vu pendant des siècles à travers le prisme d'Athènes, de Rome et de l'Orient, nous pouvons rouvrir le livre sur cette vérité cachée : non, l'histoire ne commence pas avec Sumer, mais bien sur les rives du Nil, où l'Égypte apparaît comme notre mère, notre source ; et si ce pays a disparu sous les invasions perses, grecques, romaines, byzantines, arabes, elle reste, par sa richesse culturelle et spirituelle, victorieuse de ses vainqueurs.

Laissons-nous guider par ce sentiment né de la contemplation, puisque nous savons que la perfection du visible est faite pour nous montrer le chemin d'un ailleurs. Refaisons, après tant d'illustres prédécesseurs, le voyage vers les rives du Nil, voyage dans l'espace mais aussi dans le temps, à la rencontre de la civilisation des pharaons, et, peut-être, à la rencontre de nous-mêmes.

1re partie

L'histoire d'un rayonnement millénaire

« L'Égypte devint une école où allèrent
s'instruire les législateurs de la Grèce,
les réformateurs de son culte, et surtout les Hellènes
d'Europe ou d'Asie, qui hâtèrent le développement
de la société grecque, en propageant d'abord,
par leur exemple, l'étude des sciences,
de l'histoire et de la philosophie. »

J.-F. CHAMPOLLION, *Grammaire égyptienne*.

La symbolique des sept vaches
répond aux sept années favorables
du cycle du Nil (tombe de la
reine Nefertari).

Mosaïque des sept vaches
illustrant le songe de Pharaon
qui fit mettre Joseph en prison
(basilique Saint-Marc, Venise).

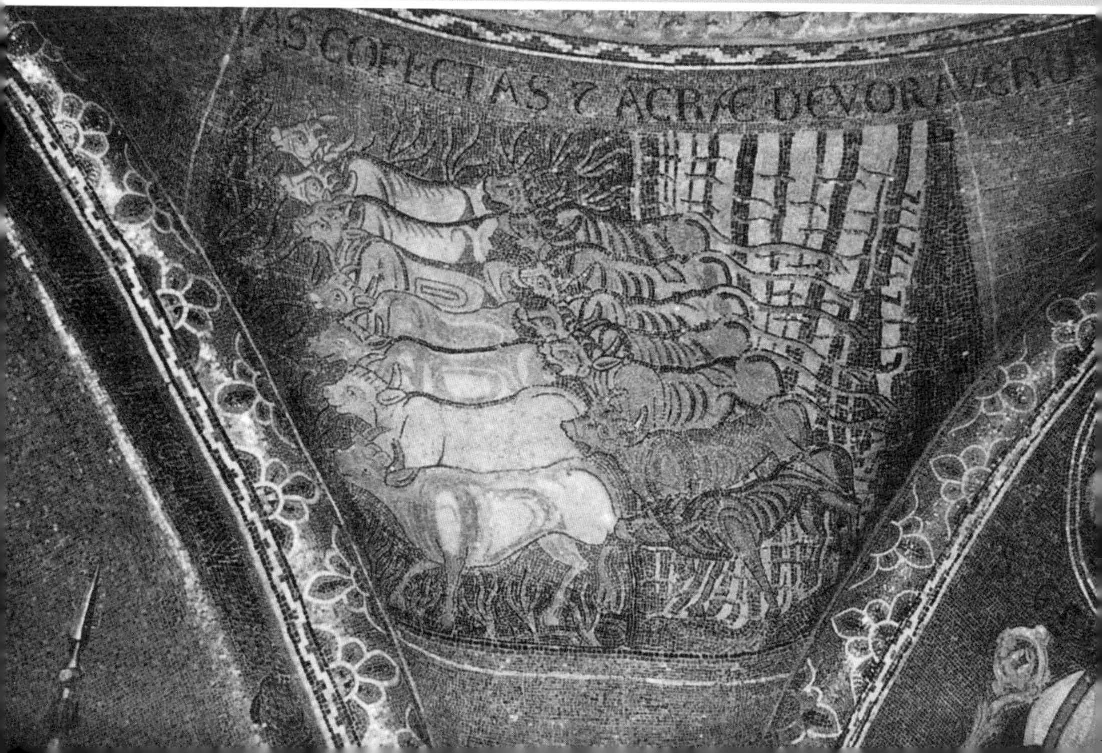

Empreinte de l'Égypte sur le Proche-Orient et le peuple hébreu

L'ÉGYPTE est une terre qui bénéficie de tous les bienfaits : un climat exceptionnel, un fleuve fécondateur, un limon si fertile qu'une humanité apaisée sur le plan des besoins matériels a pu s'y livrer très tôt aux recherches spirituelles. La vallée du Nil apparaît comme le prolongement de la vallée de l'Omo, berceau africain de l'humanité, et semble toujours avoir été en avance sur les autres civilisations, encore balbutiantes alors qu'elle-même s'épanouissait et rayonnait sur la Méditerranée.

Les ouvrages consacrés à l'histoire de ses relations avec le Proche-Orient ne s'y intéressent en général que sur un plan commercial et militaire, et insistent sur un certain nombre d'événements politiques : l'arrivée des Hyksos au XVIIIe siècle av. J.-C. ou les exploits

militaires du pharaon Thoutmosis III, qui aurait mené une campagne jusqu'à l'Euphrate.

D'autres ouvrages mettent l'accent sur les démêlés de l'Égypte avec l'Empire hittite : la civilisation hittite se développe au début du IIe millénaire, et perdure jusqu'au XIIe siècle av. J.-C., date à laquelle elle disparaît de l'Anatolie, balayée par la vague de population résultant de l'arrivée en Grèce des Doriens. Avec les Hittites, l'Égypte a connu des relations tantôt amicales, tantôt conflictuelles : fréquentes au début du XIVe siècle, à l'époque d'Akhenaton (les lettres de Tell el-Amarna témoignent de ses contacts avec le souverain hittite) et de Toutânkhamon (un mariage fut envisagé entre le jeune roi et une princesse hittite), elles deviendront plus problématiques sous Séthi Ier, et davantage encore sous Ramsès II. Après la bataille de Kadesh (-XIIIe siècle), ces conflits aboutiront d'ailleurs à la signature du premier grand traité de paix de l'histoire.

On signale également, vers le XIIe siècle, les tentatives d'invasion de la vallée du Nil par les Peuples de la Mer, invasions qui secouèrent l'Empire égyptien, mais qui furent repoussées par Ramsès III.

Enfin, on parle souvent des incursions militaires des souverains égyptiens au Proche-Orient, tel le roi Sheshonq qui, au début du Ier millénaire, s'empara de Jérusalem.

Mais cet angle d'approche des rapports entre l'Égypte et le Proche-Orient est-il le bon ? Et pourquoi fait-on si peu mention des relations entretenues avec le peuple hébreu ? Le lecteur est en droit de se demander quels rapports existèrent exactement, à cette époque, entre l'Égypte et ce peuple qui a tant marqué l'histoire d'un point de vue religieux.

C'est pourquoi nous prenons ici le parti d'aborder les relations de l'Égypte avec ses voisins du Proche-Orient sous l'angle des échanges culturels, en insistant tout particulièrement sur les rapports privilégiés établis pendant deux mille ans entre la civilisation nilotique et le peuple hébreu.

Les plus grands noms de ce peuple sont rattachés au pays des pharaons : Joseph, Salomon, ou encore Jérémie. Fils de l'Égypte,

Moïse, le premier législateur, est également issu de cette terre. Plus tard, Jéroboam trouvera refuge dans le delta du Nil avant de devenir le premier roi d'Israël. Il semble que cette terre si riche et si vaste, dont la colonne vertébrale est le Nil, ait toujours agi comme un aimant sur les grands noms du peuple hébreu, jusqu'à former certains de ses plus grands penseurs et guides.
Pour mesurer l'ampleur de cet ascendant, il suffit de regarder les monuments de l'ancienne Égypte, encore intacts. L'esprit même qui animait leurs maîtres d'œuvre va influencer, informer le regard du peuple d'Israël. Les sciences, la littérature, l'art égyptiens, ainsi que l'invention de l'écriture hiéroglyphique et un concept du divin très tôt formulé seront autant de dons que le peuple hébreu recevra, comme si le Créateur avait fait de cette richesse de l'Égypte une manne pour les Hébreux et l'humanité tout entière.

Des relations qui remontent au IVe millénaire

Si l'on connaît bien, généralement, les relations de l'Égypte avec le Proche-Orient au IIIe millénaire, sous l'Ancien Empire, les découvertes faites en Israël en 1985 apportent un éclairage nouveau sur les échanges qui existèrent dès le IVe millénaire : des lingots d'or dont le métal provient de Nubie, au sud de l'Égypte, ont été retrouvés dans une grotte de Samarie ; ils viennent s'ajouter à de nombreux objets découverts dans la région, telles ces palettes – plaques de schiste sculptées – de l'époque prédynastique mises au jour sur la côte palestinienne, qui attestent des rapports précoces de l'Égypte avec le Proche-Orient.
Les échanges ont été constants : sous l'Ancien Empire, au temps du roi Snéfrou, père de Khéops, les Égyptiens lancent des expéditions vers le Proche-Orient. Le cèdre du Liban est en effet un excellent matériau de construction pour les vaisseaux égyptiens, et les chantiers de constructions navales en consomment d'énormes quantités. De ces campagnes au Proche-Orient furent également

retrouvés, notamment en Syrie, à Ebla, des objets datant du roi Pépi (-2400), vases en albâtre ou en diorite et rouleaux-cylindres couverts de symboles. Le *ankh* ou « clé de vie », si typique de l'Égypte ancienne, est l'un des emblèmes les plus fréquemment retrouvés sur ces rouleaux.
À cette époque remontent également les dernières découvertes faites à Tel Yarmouth, à vingt-cinq kilomètres de Jérusalem, où apparaît un tout nouveau personnage : l'architecte. Étrangement, celui-ci utilisait la même unité de mesure que celle qui servit à ériger les pyramides, c'est-à-dire la coudée égyptienne[1].

Le Moyen Empire, qui succède à l'Ancien Empire, voit l'Égypte garder des relations étroites avec le pays de Canaan : à Byblos, ancienne capitale de l'Orient, les archéologues ont retrouvé des trésors datant du roi Amenemhat III, au début du IIe millénaire ; un diadème d'or décoré de l'*uraeus* (le cobra royal égyptien) et de symboles hiéroglyphiques tels que la croix *ankh*, le sceptre *ouas*, le *djed* évoquant un pilier, un pectoral d'or cloisonné et des vases d'obsidienne cerclés d'or témoignent d'un travail et d'un style typiquement égyptiens.
Au début du IIe millénaire – les pyramides ont déjà plusieurs siècles –, l'Égypte précise sa conception du divin et impose la suprématie de sa civilisation et de son architecture sacrée. Dans l'enceinte du grand temple de Karnak dédiée à la divinité suprême, Amon-Rê, Sésostris Ier fait bâtir la Chapelle blanche. Mais ce n'est pas un exemple unique : tout au long de la vallée du Nil, sur mille kilomètres, de nombreux monuments sont dédiés au Seigneur de l'univers. C'est à cette époque qu'Abraham quitte la ville d'Ur, en Chaldée, pour faire route vers l'ouest : alors que l'Égypte en est à développer les méandres d'une conception fort complexe du sacré, le peuple hébreu commence à peine sa longue route vers la Palestine. Et, sur cette route, le père des trois religions monothéistes s'avance aussi à la rencontre de la grande civilisation égyptienne... dont on mesure ici l'énorme avance dans le domaine du sacré.

1• *Cf.* P. de Mirshedji, bibliographie.

Cette Égypte imprégnée par l'idée du divin a pu avoir une influence déterminante sur le peuple hébreu dès son installation en Palestine, bien avant qu'il vienne s'établir en Égypte. Car les Nilotiques avaient laissé au Proche-Orient quantité d'images et de textes religieux qui n'ont pu manquer de contaminer et de féconder l'imaginaire hébraïque.

Au Moyen Empire toujours, l'Égypte réalise parmi les plus beaux bijoux de son orfèvrerie, les trésors des princesses Sit Hathor, Mereret, Knoumet et Ita, retrouvés dans la région de Dachour, en Basse-Égypte. Or c'est à cette époque que l'on décèle en Égypte, réciproquement, une forte influence de l'orfèvrerie et de l'art orientaux, flagrante notamment dans la forme et l'art déployés dans les trésors exhumés à Tôd, près de Louqsor : ces trésors témoignent de relations étroites entre l'Égypte et le Proche-Orient à l'époque d'Amenemhat. Cette influence du Proche-Orient s'étendra d'ailleurs jusqu'au monde égéen : la forme des coupes en argent, en particulier, va essaimer jusqu'à la péninsule grecque.

Ainsi, quelque deux mille ans avant les temps christiques, l'Égypte et le Proche-Orient établissent des relations réciproques presque constantes ; il s'agit surtout d'échanges commerciaux et politiques, non d'un rapport de force de dominant à dominé. Dans les Écritures saintes, cette époque correspond au temps où Jacob et ses fils arrivent en Égypte. Près de Tell el-Amarna, en Moyenne-Égypte, l'arrivée des Sémites est illustrée dans les tombes de Beni Hassan ; ces scènes, dont Champollion a exécuté les relevés en 1828, montrent bien que c'est un peuple migrant qui arrive en Égypte à cette époque, non une population enchaînée livrée à une nation[1].

C'est au Moyen Empire que les peuples sémites se trouvent en contact avec l'écriture égyptienne, par l'intermédiaire des ouvriers qui travaillent dans les mines de turquoise de Serabit-el-Kadim, dans le Sinaï. Circulant entre ouvriers égyptiens et

1• De cet épisode qui a marqué l'histoire des hommes demeure également une très belle représentation dans une catacombe de la Via Latina à Rome.

ouvriers palestiniens au cœur de la terre qui les relie, l'écriture égyptienne influe sur le futur alphabet phénicien et, par-delà, sur notre alphabet. Sur tous les plans – culturel, artistique, religieux –, notre civilisation reste donc profondément marquée par la rencontre de ces deux peuples.

Après la période de troubles que connaît l'Égypte sous l'invasion des Hyksos – venus d'Asie, ils dominent l'Égypte (env. -1800 à -1600) –, le Nouvel Empire s'épanouit au XVIe siècle, et de nouveau de très proches contacts s'établissent à plusieurs reprises entre l'Égypte et l'Orient. Dans la tombe de Sebek Hotep, ministre des finances de Thoutmosis IV, une fresque conservée au British Museum représente une délégation de Syriens arrivant à la cour de Pharaon. Dans une tombe de Byblos, celle du prince d'Orient Rib Addi, on a découvert près de soixante-dix lettres attestant de relations avec Amarna, la capitale égyptienne. Ces écrits relatent une révolte à l'occasion de laquelle le peuple Habirou[1] assiège les villes de Byblos et de Jérusalem, les mettant dans une situation particulièrement critique. On retrouve la trace de ce peuple sur une stèle datant de Séthi Ier exhumée dans les environs de Beyrouth, à Beth-el-Shean ; cette stèle fait état d'une opération lancée par les troupes égyptiennes contre les rebelles habirous qui pillaient les terres des paysans du Liban. Les noms des mercenaires utilisés par les Égyptiens en Nubie, ceux des ouvriers agricoles qui venaient travailler en Égypte lors des vendanges, ceux des ouvriers du bâtiment employés à la fabrication des briques témoignent tous d'une appartenance au peuple habirou.

Vraisemblablement, les relations entre l'Égypte et les terres d'Orient s'étendaient donc à des formes de solidarité ou d'alliance militaire. Ouvriers frontaliers travaillant dans l'un ou l'autre pays, raids de l'Égypte en vue de protéger les populations de la région de Byblos sont tous des arguments en faveur d'une région dominée par des relations de collaboration et non par une colonisation acharnée de la part des Égyptiens.

1• Selon certains auteurs, les Habirous seraient les ancêtres des Hébreux.

De Moïse à Salomon

C'est à l'époque du fils de Séthi Ier, le grand Ramsès II (IIIe siècle av. J.-C.), que l'on situe généralement l'histoire de Moïse, le premier législateur d'Israël, né en Égypte. Les Écritures saintes précisent qu'il « fut instruit dans toute la sagesse des Égyptiens et [qu']il était puissant en paroles et en œuvres[1] ». Il ne fait donc pas de doute qu'il s'agissait d'un personnage important en Égypte. Son nom même était égyptien et à rapprocher, dans ses racines étymologiques, de celui de Ramsès.

Moïse fut trouvé, dit-on, au bord du Nil, et plusieurs documents couvrant toute notre ère illustrent cet épisode, que ce soit sur les gravures de l'ouvrage de Ebers[2] ou, par exemple, sur les pierres du Duomo de Milan. Sur une peinture datant du IIIe siècle av. J.-C. retrouvée dans la cathédrale de Doura-Europos, au bord de l'Euphrate, en Syrie, Moïse est présenté à Pharaon[3] ; sur d'autres relevés on aperçoit les Philistins – qui donneront ultérieurement leur nom aux Palestiniens – s'emparer de l'Arche d'Alliance. En Europe, Moïse est également présent à Rome, à Florence, au musée Bargello, où se trouve une très belle et très célèbre sculpture en marbre du prophète, sans doute exécutée par un élève de Michel-Ange. D'autres représentations de Moïse sont également visibles sur les portails de nos cathédrales françaises, notamment à Chartres. Les vitraux de la basilique Saint-Denis montrent Moïse traversant la mer Rouge, pourchassé par les troupes de Pharaon (on pense en général qu'il s'agissait de Merenptah, treizième fils de Ramsès II, et non de Ramsès II lui-même).

Mais l'histoire des échanges entre l'Égypte et Israël se résume-t-elle à ces images classiques ? Correspond-elle vraiment à ces clichés parfois sublimes mais devenus tellement stéréotypés à force de répétitions et de représentations ? Les nouvelles découvertes

1• *Actes des Apôtres*, VII, 22.
2• *Cf.* chap. 7, p. 154, note 2.
3• Ce document est conservé à l'université de Yale.

archéologiques et littéraires tendent à mettre en évidence le fait qu'il y avait une dimension bien plus importante dans les relations entre les deux régions, et que les menaces portées par l'Égypte envers le premier législateur du peuple hébreu ne sont peut-être pas tout à fait conformes, dans leur réalité historique, à ce que relatent nos Écritures saintes. L'Égypte a influencé de très bonne heure les peuples nouvellement situés dans la chronologie historique. À l'apogée de ses conceptions métaphysiques, impressionnantes et nouvelles pour ces civilisations naissantes, elle se présente comme un modèle et un exemple pour les peuples du Proche-Orient qui s'organisent en nations.

À l'aube du Ier millénaire, le temps de Moïse s'achève, celui de Salomon s'annonce. Une relation très forte s'établit tout d'abord entre la cour de Pharaon et celle de Salomon, puisque ce dernier épouse une princesse égyptienne, fille du roi Si-Amon. Rien d'étonnant, donc, à ce que le Grand Temple de Jérusalem ait été construit par un architecte égyptien sur un modèle inspiré du Grand Temple de Karnak. La coudée égyptienne (environ 52 cm) servira d'ailleurs de base aux mesures et à différents calculs.

À la mort de Salomon, le royaume se scinde : deux prétendants, Roboam et Jéroboam, luttent pour la succession du trône, et Sheshonq, le roi d'Égypte, profite de ces luttes intestines pour s'emparer des trésors du Temple de Jérusalem. C'est aussi à la suite de la scission du royaume de Salomon que Jéroboam vient trouver refuge en Égypte. Grâce à cet appui il deviendra finalement, à son retour, le premier roi d'Israël. Ainsi donc, paradoxalement, l'Égypte qui dans la Bible pourchasse Moïse vers la Terre promise, après l'avoir initié, sauve ici Israël en protégeant Jéroboam.

Il faut donc essayer, sans *a priori*, de dégager le solide lien historique qui a toujours uni l'Égypte et Israël, en dépit de bien des vicissitudes et ruptures. Au cours des siècles, ce lien n'a cessé de se défaire pour toujours se renouer et perdurer, de façon sous-jacente en quelque sorte, comme fondé et assuré collectivement par une forte et ancienne nécessité historique. Si l'Égypte et Israël apparaissent comme deux mondes que l'on se refuse souvent à

associer, il serait temps, à la veille de l'an 2000, d'essayer de reconsidérer les événements politiques majeurs qui ont frappé le peuple hébreu au cours des siècles, afin de prendre en compte l'héritage légué par l'Égypte à ce peuple que Moïse a fondé en nation plus de dix siècles après le temps des pyramides.

■ ■ ■

Alliance de l'Égypte et d'Israël contre Assyriens et Babyloniens

Prenons l'exemple de Tanis, située dans le delta du Nil. À maintes reprises les Écritures mentionnent cette ville comme un lieu de souffrance : résidence de Pharaon selon le prophète Isaïe, Ézéchiel la vouera à l'extermination parce que le peuple hébreu y fut exploité dans les fabriques de briques nécessaires à la construction des temples de Pharaon. Elle serait aussi le point de départ de l'Exode. Mais essayons d'élargir cette vision, car l'antagonisme entre les deux peuples ne semble pas toujours aussi flagrant qu'il l'a été à Tanis. L'Égypte et Israël n'étaient pas les seules forces en présence au VIIIe siècle av. J.-C. L'Assyrie, pays puissant qui dominait le Proche-Orient, s'est rapidement constitué en ennemi commun, provoquant des alliances entre les deux peuples. La ville juive de Samarie, vassale soumise par la force à Assur, fit appel à l'Égypte vers -740 ; cette alliance fut d'ailleurs condamnée par Osée. On voit combien, très tôt dans l'histoire, cette partie du monde est soumise à des logiques diplomatiques. Cette alliance est bientôt mise à rude épreuve : dès le début du VIIe siècle, en -669, l'Assyrie, dirigée par le souverain Assarhaddon, lance ses troupes sur Israël : le roi de Juda, petit fils d'Ézéchiel et portant le nom indéniablement égyptien d'Amon[1], devient alors, en 640, le vassal des Assyriens. Débordant ses frontières, la puissance assyrienne se développe et gagne du terrain, elle envahit et pille Thèbes, capitale de l'Égypte ; les nouveaux conquérants vont jusqu'à déplacer et couler les obélisques en or. Le pharaon Psammétique Ier (-663,

1• Michel-Ange a réalisé un admirable portrait du roi Amon sur le plafond de la chapelle Sixtine.

-609, fondateur de la XXVIe dynastie) se décide alors à lancer une grande offensive pour les chasser du sol égyptien ; grâce à l'apport de soldats venus de Grèce et d'Israël, ses troupes opèrent un retournement et parviennent à repousser l'envahisseur.
Psammétique va d'ailleurs réutiliser cette division étrangère venue de Grèce et du Proche-Orient, l'envoyant vers le sud pour maîtriser les Nubiens de l'actuel Soudan. Ces soldats étrangers ont laissé, gravées sur les colosses du temple d'Abou Simbel et les blocs de l'île Éléphantine, leurs marques encore visibles. Mais l'apport du Proche-Orient sur le plan militaire ne s'arrête pas là, et l'on va voir à quel point est grande la confiance que s'accordent mutuellement le peuple égyptien et le peuple hébreu. Les villes de Syène et de Migdol, dont parle Ézéchiel, font en fait allusion aux deux pointes extrêmes de l'Égypte : Assouan au sud et, au nord du Sinaï, une ville située près de Péluse – toutes deux étaient les bornes frontières du territoire égyptien à l'époque saïte, au VIIe siècle av. J.-C. Or les Égyptiens avaient placé des soldats hébreux dans ces deux villes crucialement stratégiques, en les chargeant de défendre leur pays. Dans l'île Éléphantine, haut lieu du culte égyptien, on a retrouvé il y a quelques années le plan d'une synagogue à côté du temple dédié à Amon, ainsi que des papyrus araméens datant du Ve siècle av. J.-C., témoignant de la présence d'une importante colonie juive tout au sud de l'Égypte, très loin d'Israël ; selon toute vraisemblance, les prêtres des deux cultes vivaient en bonne intelligence.
Mais des événements survenus en Mésopotamie vont à nouveau jeter le trouble dans cette entente cordiale, jusqu'à la renverser. Après la mort d'Assurbanipal, le pharaon Néchao II (-609,-594) est amené à soutenir les Assyriens dans leur lutte contre la dangereuse alliance des Babyloniens et des Mèdes, et il envoie donc ses troupes au Proche-Orient. Josias, le roi de Jérusalem, s'interpose à Megiddo, mais y trouve la mort, et les troupes égyptiennes s'emparent de la ville[1]. La force égyptienne associée à l'Empire assyrien ne suffit cependant pas à contrer la montée en puissance de

1• *Cf.* le *Livre des Rois* (2 R, XXIII, 29-30) et le *Livre des Chroniques* (2Ch, XXXV, 20-24).

Babylone : conduite par Nabuchodonosor II, celle-ci déferle sur Israël et prend Jérusalem (-597), point de départ de la déportation du peuple juif vers Babylone, dans laquelle les prophètes Jérémie et Ézéchiel verront la volonté de Dieu de châtier son peuple et ceux qui l'ont aidé dans sa chute :

[...] tous les habitants de l'Égypte sauront que je suis Yavhé.
Car ils ont été un appui de roseau pour la maison d'Israël.
Quand ils te saisissaient, tu te rompais dans leur main,
et tu leur déchirais toute la main.
Quand ils s'appuyaient sur toi, tu te brisais,
tu faisais chanceler tous les reins.[1]

Jérusalem est mise à feu et à sang, le pays de Juda est détruit et le prophète Jérémie part chercher refuge en Égypte, où il terminera sa vie. Il y meurt aux alentours de 587, juste après la destruction de Jérusalem par les Babyloniens[2]. Et c'est ainsi que l'Égypte, après avoir été le refuge du premier roi d'Israël, devient finalement, pour des décennies, le nouvel asile des Judéens.
Au milieu du VIe siècle, ce sont les Perses achéménides qui conquièrent l'Égypte à deux reprises, après avoir envahi le Proche-Orient. Il faudra attendre l'arrivée d'Alexandre le Grand, au IVe siècle, pour libérer ces peuples du joug perse. Après la mort d'Alexandre (-323), la ville qu'il a fondée, Alexandrie, devient la capitale de la dynastie des Lagides et Ptolémée Ier y installe des Juifs. Qu'ils habitent au Proche-Orient, en Israël ou même en Égypte, ces derniers donnent d'ailleurs fréquemment le prénom d'Alexandre à leurs enfants, en hommage au libérateur de leur peuple sous l'emprise perse. Puis, au IIIe siècle av. J.-C., Ptolémée II Philadelphe apparaît comme leur protecteur ; c'est d'ailleurs sous son règne et à Alexandrie que sera mise en chantier la traduction grecque des livres bibliques, ou version des Septante.

1• *Ézéchiel*, XXIX, 6-7.
2• L'un des plus célèbres portrait du prophète se trouve à Ravenne, dans la basilique San Vitale, sur une mosaïque du VIe siècle ; on peut aussi admirer celui qu'en a peint à fresque Michel-Ange dans la chapelle Sixtine.

On voit combien l'Égypte a entretenu de rapports étroits, souvent amicaux, avec le peuple hébreu et, par extension, avec tout le Proche-Orient. Ces deux mille ans d'histoire, depuis Abraham, Jacob, Joseph, Moïse, et jusqu'au développement d'Alexandrie, prouvent que les contacts entre les deux peuples ont été nombreux, tumultueux certes, mais ne corroborant en rien la vision négative qu'on en donne le plus souvent. En réalité, Israël est maintes fois venu vers l'Égypte, et l'Égypte lui a tendu la main. Il a trouvé chez elle les fondements de sa culture et c'est dans le pays d'Égypte que Dieu s'est fait connaître à Israël, selon les paroles d'Osée (XII, 10) : « Je suis Yahvé ton Dieu dès le pays d'Égypte. » L'Égypte apparaît ainsi comme la source vive du jeune État hébreu, qui prend naissance un millier d'années avant les temps christiques.

■ ■ ■

L'héritage égyptien des Hébreux

Les textes

L'héritage égyptien, très prégnant sur cette nouvelle civilisation, se lit tout particulièrement dans les textes hébreux, dont l'inspiration semble souvent très proche des ouvrages composés au temps des pharaons[1]. L'extraordinaire précocité des écrits égyptiens (les textes des pyramides datent des Ve et VIe dynaties, v. -2500) témoigne de l'avance phénoménale de l'Égypte ancienne sur les autres civilisations et il est donc logique de concevoir que ses écrits aient pu servir de modèle à la littérature naissante du peuple hébreu dès le IIIe millénaire (bien avant l'époque du roi Salomon qui régna au début du Ier millénaire). J. Yoyotte souligne à ce propos que « la dette de la sagesse biblique à l'égard de la culture égyptienne ne doit pas être sous-estimée ».

De nombreux chercheurs ont étudié la relation intime existant entre les textes égyptiens et les textes sapientiaux salomoniens. L'enseignement d'Amenemôpe, en particulier, trouve un très net

1• *Cf.* chapitre 8, « La littérature », p. 172-175.

écho dans le livre III des *Proverbes*. Quant au *Chant du harpiste*, propre aux tombes égyptiennes, il a été repris dans l'*Ecclésiaste* – qu'on appelle aussi le *Qohélet*, mot hébreu qui signifie « l'homme de l'assemblée » (ce livre daterait en fait de l'époque ptolémaïque, c'est-à-dire du IIIe siècle av. J.-C.).

Les réflexions attribuées à Salomon sont nombreuses dans les textes bibliques ; or l'influence morale et littéraire du roi d'Israël, gendre du pharaon Si-Amon, s'étendait sur l'ensemble du monde hébreu et égyptien, dépassant même largement cette aire géographique. On trouve ces réflexions dans les *Proverbes*, l'*Ecclésiaste*, le *Cantique des Cantiques*, le *Siracide* (ou *Ecclésiastique*) ainsi que dans le *Livre de la Sagesse* qui aura tant d'influence sur le Nouveau Testament – et dont on perçoit des échos dans les textes égyptiens. Dans tous ces ouvrages, le nom de Salomon revient souvent, non bien sûr qu'il en soit l'auteur, mais par un procédé classique qui l'identifie au Sage par excellence, autrement dit à l'autorité, ce qui permet d'écrire sous son égide[1]. Salomon est ainsi le modèle du roi parfait, dans sa sagesse, son équité et sa justice, et l'héritage de ce symbole s'est transmis jusqu'à la civilisation musulmane, qui reprend son nom pour en doter ses souverains : de Salomon vient le nom honorifique de Soliman – tel le célèbre Soliman le Magnifique qui régna au XVIe siècle de notre ère. Ce nom se retrouve d'ailleurs dans de nombreux pays et civilisations, transformé selon le génie de la langue locale (il a par exemple donné le nom breton Salaün). Ainsi les noms gardent-ils de pays en pays la marque comme atemporelle de ce roi élevé au rang de symbole à travers les âges.

L'influence des textes égyptiens continue à se faire sentir tout au long des siècles qui précèdent la naissance du Christ. Un certain Jésus Ben Sirach, personnage important et passionné par le *Livre de la Sagesse*, crée une école en Israël au IIe siècle av. J.-C. L'ouvrage qu'il laisse à la postérité portera le nom de *Siracide*, mieux connu comme l'*Ecclésiastique*, que nous avons déjà cité pour être le fruit d'une forte influence égyptienne. Or c'est cet ouvrage qui va influencer les premiers chrétiens baptisés, et l'on perçoit ainsi

1• Le mot *auteur* vient du latin *auctor* désignant non tant l'auteur que le « garant », la « caution ».

jusqu'où s'étend, indirectement, le rayonnement de la civilisation des pharaons. Que ce soit donc avec les textes du Nouvel Empire (-XVe, -XIIIe siècle av. J.-C.) ou avec ceux plus tardifs du Ier millénaire, l'Égypte a marqué de son empreinte une grande partie des textes bibliques, et donc de notre civilisation.

Mort et résurrection

Mais c'est encore par sa pensée métaphysique que l'Égypte a le plus durablement influencé la réflexion et la religion du peuple hébreu, notamment dans sa conception de la mort.
La mort en tant que concept métaphysique, les Hébreux la baptisent *sheol*, mais alors qu'à l'origine le monde des défunts est pour eux un pays sans retour, une terre de ténèbres, un univers opaque où le défunt ne peut communiquer avec Dieu, les concepts de vie éternelle, d'immortalité de l'âme et de résurrection sont familiers aux Égyptiens dès le IIIe millénaire[1]. Or il faut attendre le IIe siècle av. J.-C. pour que la Bible hébraïque énonce le concept de résurrection (Dn, XII, 2). Au Nouvel Empire, le manuscrit qui accompagnait le défunt dans l'éternité portait non pas le titre de *Livre des Morts* – malheureusement mal traduit – mais celui de *Livre pour sortir au grand jour*, car il aidait le défunt dans son voyage vers la lumière divine. « Puisses-tu rejoindre ta place dans le Seigneur de la Vie », tels furent les mots prononcés par Pahery[2], un homme qui vivait au XVIe siècle avant notre ère.

Cryptographie et tétragramme

L'influence que l'Égypte a exercé sur le peuple hébreu dans tous les domaines culturels s'explique d'abord par sa maîtrise très précoce de l'écriture[3]. C'est ainsi que les noms se sont transmis d'une écriture à l'autre et qu'Israël a gardé la trace des anciens noms égyptiens. Selon certains auteurs, Asnat, nom de l'épouse de Joseph, a une racine égyptienne et signifie « Celle qui appartient

1• *Cf.* chap. 9, « Théogamie, immortalité de l'âme », p. 199-200.
2• Pahery, prince d'El-kab et tuteur des deux frères aînés de la reine Hatchepsout (v. -1500). Ce texte a été trouvé dans sa tombe.
3• *Cf.* chap. 8, « Naissance de l'écriture » p. 162-163.

à la déesse Neith ». Comme nous l'avons vu, le nom de Moïse lui-même est égyptien, et il s'est répandu en Israël pour devenir Moshe. À l'époque de Ramsès, on trouve en Égypte la trace d'un général portant le nom de Mose : sur une stèle, on le voit recevant une récompense tandis que Ramsès se tient debout près de son image statufiée et déifiée. Le hiéroglyphe qui signifie Mose, ou Moïse, a une forme si particulière qu'il a résisté un temps au travail de déchiffrement du génial Champollion ; ce signe se prononce *Mes* et il donnera toute une série de noms repris par le peuple hébreu et son législateur. Le nom de la sœur de Moïse, Myriam, a également une origine égyptienne, l'inscription hiéroglyphique *Méri-Amon*, qui signifie « l'aimée d'Amon ».

L'écriture et les noms égyptiens ont donc fortement influencé la société hébraïque, et l'apport hiéroglyphique a été déterminant sur le peuple sémite qui travaillait dans le Sinaï au Moyen Empire. Ces signes, modifiés par les Sémites puis par les Phéniciens, donneront naissance aux lettres de notre alphabet. Si, présenté ainsi, ce parcours à travers les âges paraît simple, l'écriture hiéroglyphique est beaucoup plus riche et complexe que nous ne pouvons l'imaginer : son message et celui de l'architecture égyptienne seront repris pour se conjuguer, selon la symbolique des lettres et des nombres, dans une architecture proche-orientale aussi chiffrée que le veulent ses racines égyptiennes. Les prêtres égyptiens rendent si hermétique la lecture des hiéroglyphes qu'ils créent une science de l'écriture qu'on appelle cryptographie[1], qui influencera fortement l'écriture et la culture hébraïques. La complexité de la langue égyptienne tient principalement au fait que, ne possédant pas de voyelle, elle est constituée d'un canevas de mots formés de consomnes, trait qui caractérise aussi l'hébreu et l'arabe.

S'ajoutant à la complexité de la cryptographie, nous avons mis en évidence dans *Le Livre d'Abou Simbel* que le nom d'Amon-Rê correspond à quatre lettres qui expriment, par l'image, les quatre éléments : l'eau, la terre, l'air et la lumière ; il forme une molécule quaternaire symbolique, véritable tétragramme originel compris

1• *Cf.* chap. 8, « Les paroles de Dieu » p. 163-165.

de tous les initiés[1]. Par sa qualité visuelle il rend immédiatement prégnante l'idée de Dieu et, simultanément, celle de son action créatrice sur le monde. Dieu est « Celui qui est » dans et par les quatre éléments.

Or si nous insistons sur cette façon d'écrire et de redoubler en quelque sorte les attributs de Dieu jusque dans son nom, c'est pour mieux souligner chez les Hébreux une façon similaire d'écrire Dieu. Lorsque Dieu révèle son nom à Moïse, dans le livre III de *L'Exode*, il lui dit : « *Ehyeh Asher Ehyeh* », « Je suis celui qui suis ». Le verbe être correspond ici au nom de Yahvé, de même que les Égyptiens avaient accordé au nom du « Caché » la valeur de « Celui qui réside », qui demeure en toutes choses. Mais essayons d'aller plus loin dans la compréhension des noms d'Amon et de Yahvé (ou Yahweh). Certains chercheurs ont tenté de démontrer qu'il fallait isoler les lettres de Yahweh pour accéder au jeu d'écriture formé à partir du tétragramme de consonnes YHWH correspondant au nom de Dieu. Désignant « l'Imprononçable », il deviendra ultérieurement Jéhovah. On peut même supposer, comme certains chercheurs, qu'à chacune des lettres correspond un attribut de Dieu, par exemple la bonté, le savoir, la rigueur. Il faut en vérité reprendre le tétragramme symbolique que forme le nom d'Amon-Rê pour déchiffrer le nom codé de Yahvé.

Il apparaît donc certain que les noms de l'Ancien Testament nous échappent dans leur complexité sémantique, et qu'ils ont été mal compris par les traducteurs. Ces traductions doivent rester en mouvement, être reprises, complétées. Par exemple, lorsque Dieu dit à Moïse : « Je t'envoie ton frère Aaron, il sera ton prophète », il faut comprendre le mot prophète au sens étymologique le plus ancien, celui de « porte-parole ». Le latin a, bien mieux que les langues modernes, respecté cette richesse de sens : *profare* au sens propre veut dire « parler (*fare*) à la place de (*pro*) », puis, par extension, « prophétiser ». De la même façon, le moment où Abraham voit le bélier dans le buisson est en quelque sorte aplati par la traduction, car « buisson » est en hébreu synonyme de « com-

1• *Cf.* chap. 9, « L'origine du tétragramme » p. 202-204.

plexe ». On voit combien, c'est le cas de le dire, la complexité des Écritures nous échappe ! Il y a dans les noms et les images de la Bible une volonté non pas d'écriture narrative, mais bien d'écriture symbolique à plusieurs niveaux, une symbolique qui vise à introduire le divin dans l'humain, avec toute la richesse sémantique que cela suppose. Signifier l'Indicible est en effet une sorte de défi linguistique pour lequel une langue doit révéler toute la palette de ses possibilités, et les pousser à l'extrême. L'opération de la traduction devient alors une gageure.

Une pensée monothéiste

Devant tant de spiritualité, devant le concept d'un Dieu unique[1] si élevé qu'il va jusqu'à formuler celui de Verbe, devant les notions d'immortalité de l'âme et de résurrection, il nous faut revenir sur les préjugés qui font de la religion égyptienne une adoratrice de multiples dieux. Ces préjugés ont d'abord été transmis par les textes bibliques : « Dieu a fait punir les Égyptiens par des créatures qu'ils considéraient comme des dieux. » Ces textes sont donc à relire puisque tant d'erreurs ont pu naître d'un défaut d'interprétation, en particulier en ce qui concerne les relations d'Israël et de l'Égypte.

Car au temps de Moïse, comme à celui de Joseph ou de Jéroboam, voire à des époques plus reculées, l'Égypte n'a cessé d'influencer le Proche-Orient en matière d'onomastique, de symbolisation religieuse, et jusque dans la forme des lieux de culte : on a vu que le temple de Jérusalem répondait à celui de Karnak, mais il en sera de même des synagogues, dont l'ordonnance architecturale correspond à celle des temples égyptiens. Ceux-ci avaient en leur sein une bibliothèque que l'on appelait « maison de vie », consacrée à l'enseignement scientifique. Les temples du Nil était donc à la fois lieux de prière et lieux d'enseignement : la synagogue et, dans l'islam, la *medressee* (école coranique) ont adopté le même principe.

Or la question que nous pose la civilisation égyptienne n'est rien moins que celle de l'origine du monothéisme. B. Renaud,

1• *Cf.* chap. 9, « La quête du Dieu unique » p. 206-211.

professeur à la faculté catholique de théologie de Strasbourg, cite des textes du *Deutéro-Isaïe* (Is XL-LV) mettant en évidence que le monothéisme égyptien est l'aboutissement d'une pensée qui avait évoqué le Dieu unique dès l'époque des pyramides. Ainsi, l'épisode d'Akhenaton le monothéiste, que de nombreux ouvrages appellent à contre-sens « l'hérétique », ne serait que le fruit d'une évolution générale, non l'épiphénomène que certains nous présentent.
Après lui, cette idée imprégnera fortement Ramsès II. Contrairement à ce qui est souvent dit, ce n'est pas un panthéon de divinités qui se développe sous l'égide du grand roi ramesside, mais bien la pensée de l'Unique à travers des images visant à le représenter. Une même volonté symbolique pousse Ramsès à figurer au côté de son épouse Néfertari, à l'instar d'Akhenaton et de Néfertiti. Sur la façade du grand temple d'Abou Simbel, les images de Ramsès II, de sa mère, de sa femme et de ses filles ne sont pas un portrait de famille, mais la présence manifestée de la lumière divine (Horus, Rê), celle dont les deux principes de vie – le masculin et le féminin – veillent sur le monde, protégeant l'humanité tout entière. Et l'hymne si célèbre d'Akhenaton (*aton* veut dire « globe ») à la gloire de Dieu n'est pas un cas unique, comme on le prétend souvent.
Ainsi, n'en déplaise à certains esprits que cette idée met peut-être mal à l'aise, la puissance spirituelle de l'Égypte a laissé une empreinte profonde, gravée dans le cœur de Moïse et par conséquent dans le sol d'Israël. L'égyptologue A.-M. Loyrette écrivait, lors de l'exposition Ramsès II à Paris : « Si la morale égyptienne, dans laquelle Moïse a été élevé, se manifeste ainsi à travers lui, sa conception de la religion elle-même trouve des racines en Égypte [...] Les civilisations évoluées comme celle de l'Égypte avaient dépassé le polythéisme : dès son enfance, Moïse avait été imprégné de ce nouveau courant religieux. »
Et Champollion, qui le premier a mesuré l'importance de cette grande civilisation, avait écrit au siècle dernier : « La longue captivité des Hébreux en Égypte, l'éducation toute égyptienne de leur premier législateur durent nécessairement s'empreindre dans

l'organisation politique et religieuse des tribus d'Israël [...] Le chef hébreu, renouvelant la plus ancienne forme du gouvernement égyptien, la théocratie, appliqua, autant que les circonstances locales devaient le permettre, les institutions civiles des Égyptiens à l'organisation de la société hébraïque. »

La corrélation semble aussi inscrite dans l'origine familiale de Jésus : séjournant en Égypte dans sa tendre enfance, n'est-il pas venu replacer ses pas dans ceux de sa mère ? Cette question devra certainement être un jour élucidée, car le voyage de Jésus en Égypte est en quelque sorte le maillon manquant entre deux mondes qui se succèdent. À son retour, il enseigne ses connaissances aux docteurs de la Loi, participant lui aussi à ce vaste mouvement de legs de l'Égypte vers le Proche-Orient puis l'Occident. Lorsque la Sainte Famille vient à son tour sur les rives du Nil, comme on le voit sur les tableaux de Giotto, à Assise et Padoue, c'est pour y trouver refuge et paix : est-ce volonté divine de Jésus, ou volonté plus terrestre de Marie de retourner sur une terre où elle avait peut-être des racines ? Son nom même, en effet, peut signifier « l'aimée », ou « l'élue », et trouve son origine dans l'ancien nom égyptien *Méri-Amon*, qui signifie l'« aimée d'Amon ». Quoi qu'il en soit, les portes en bronze de la cathédrale Sainte-Marie-des-Fleurs, le Duomo de Florence, offrent à notre méditation une très belle et très émouvante image de la Sainte Famille assise, contemplant les pyramides. Cet étrange regard chrétien sur la terre d'Égypte nous invite à penser que les berges du Nil ont été le socle initial et indispensable du développement de ces deux grandes religions monothéistes.

Tout un vocabulaire trompeur semble avoir été donné intentionnellement par les traducteurs pour minimiser voire annuler le rôle de l'Égypte sur les civilisations du Proche-Orient et sur toute notre symbolique judéo-chrétienne. L'Égypte ancienne dérange par la puissance de sa spiritualité, en bousculant un ordre établi sur des bases maintenant chancelantes. Car on ne sait pas exactement, par exemple, combien de temps les Hébreux sont restés en Égypte. Aucun texte égyptien ne vient donner d'information à ce sujet.

La Bible elle-même ne cite aucun nom de pharaon. Certains auteurs se réfèrent à la Bible pour limiter la présence des Hébreux en Israël à quatre cent trente ans, d'autres situent l'époque de Joseph sous le règne de Salomon. Quantité d'ouvrages n'apportent aucune information précise à ce sujet, comme si leurs auteurs étaient démunis de preuves. D'ailleurs, comme en réponse au silence de la Bible sur les noms des pharaons, on n'a jamais retrouvé aucun texte égyptien qui parle d'un événement pourtant aussi important que l'Exode, ce que tendrait à corroborer l'avis de quelques auteurs, qui pensent que les « Ben Israël » furent très peu nombreux à quitter l'Égypte. Pour ajouter au flou historique général qui entoure cet événement, il existe des désaccords sur le terme : s'agit-il d'une fuite ou d'une expulsion du peuple hébreu ? Et ont-ils pris la route du sud (selon le récit élohiste) ou la route du nord (selon le récit yawiste) ? Certains auteurs contestent jusqu'à la localisation du mont Moïse. D'autres ne voient dans le passage de la mer Rouge qu'un fait militaire...

Alors, devant tant d'incertitudes et d'errances, au lieu de suivre ces écrits au pied de la lettre, ne vaudrait-il pas mieux les envisager comme des récits symboliques ? De plus, ce ne sont que des traductions. Faut-il réellement prendre l'Exode comme le moment alpha de la naissance d'Israël ? Ne peut-on envisager qu'il y ait eu, dans une Égypte déjà formée au monothéisme, une rencontre entre Dieu et les Hébreux ?

Ainsi furent multipliées les fausses informations, les erreurs sur les textes, ou les naïvetés face à des sens symboliques profonds. Cette Égypte qu'on a voulue animiste, profane, zoolâtre, parce que les images des dieux se sont succédées en fonction des rois, ne répond en rien à la véritable Égypte, spirituellement riche et croyant en l'Unicité du divin. Le fait même d'avoir artificiellement fractionné l'histoire de l'Égypte en dynasties entretient cette erreur, alors qu'elle est une longue marche spirituelle continue.

Balayons donc les idées reçues et rejoignons la pensée de J.-F. Champollion, d'E. Drioton, de C. Desroches-Noblecourt, et de J.-C. Goyon – ce dernier, particulièrement conscient des pro-

blèmes engendrés par de mauvaises traductions, insiste sur une révision de la traduction des mots *neter* (dieu) et *neterou* (dieux). Cette remarque pourrait tout aussi bien s'appliquer à certains textes bibliques : on ne comprend pas la présence de l'appellation de Dieu au pluriel au premier chapitre de la Genèse. Certains auteurs y voient un pluriel de majesté propre à appuyer la déférence nécessaire de l'homme par rapport au divin. Quelles que soient les différentes traductions, controversées par les uns, accréditées par les autres, il reste qu'Élohim est un pluriel dans le texte original en hébreu. Dans son dernier ouvrage, *La plus belle histoire de Dieu*, M.-A. Ouaknin pense que « ce pluriel indique la manière plurielle dont Dieu se manifeste dans les forces de la Nature ». Les erreurs de traduction, qu'elles concernent notre propre foi ou celle des Égyptiens, déterminent malheureusement de tels faisceaux de contradictions qu'elles peuvent pousser des croyants à l'athéisme. Nous ne devons pas être troublés par la diversité et la quantité des représentations symboliques du divin dans l'Égypte ancienne. Songeons par exemple au nombre quasiment illimité de saints dans nos propres églises, variables selon les pays, ou bien au nombre d'églises vénérant tel ou tel nom. Songeons aussi à nos propres cathédrales, dont les façades regorgent de symboles empruntés aux animaux : le pélican, le paon, l'aigle, le lion, la colombe...Vue de l'extérieur, notre religion peut également paraître idolâtre et polythéiste. Or toutes ces images visent à représenter et exprimer le divin.

Ainsi donc, de la même manière qu'il faut revoir notre compréhension des icônes de l'ancienne Égypte, il faut aussi renouveler notre lecture de textes comme l'Exode, non pour leur ôter leur caractère sacré, mais au contraire pour l'accroître.

Ci-contre : Peinture du temple d'Abou Simbel (vers -1250). Ramsès II, protecteur de l'Égypte, écarte les forces du mal symbolisées par des ennemis ligotés (relevé de l'expédition Champollion de 1828). *Ci-dessous* : Ce détail d'une coupe retrouvée à Chypre (vers -650) évoque le même thème. L'influence de l'Égypte rayonne dans toute la Méditerranée. La même idée se retrouve sur les coupes étrusques du VIe siècle.

L'Égypte, les Phéniciens, les Étrusques et les Grecs

TOUTES les civilisations qui naissent autour du bassin méditerranéen à partir du IIe millénaire tournent leur regard vers l'Égypte et entretiennent d'étroits contacts avec cette terre bien plus ancienne, mère du savoir, chez qui elles puisent techniques, sciences, formes artistiques...

Phéniciens et Étrusques

Les Phéniciens offrent le vif exemple de cette filiation établie entre l'Égypte et les autres peuples de la Méditerranée. Les relations privilégiées qu'ils entretiennent dès le IIe millénaire avec le peuple nilotique – grâce

au commerce côtier et à la position frontalière du Sinaï où des milliers d'ouvrier viennent travailler dans les mines de turquoise des pharaons –, permettent aux Phéniciens, grands navigateurs, de diffuser le savoir égyptien dans toute la Méditerranée : on retrouve de nombreux objets égyptiens jusqu'à Carthage, comptoir phénicien, ville de rencontre par excellence entre les civilisations du Proche-Orient et de l'Égypte.

Les Phéniciens ont été si marqués par l'Égypte qu'ils ont donné des noms égyptiens à des îles méditerranéennes, telle Ibiza, proche des côtes espagnoles, non loin de Majorque, qui tient son nom du dieu égyptien Bès. Au début du siècle, l'égyptologue anglais Flinders Petrie (1853-1942) a traduit une inscription contenant le nom *Ybsm*, gravée sur des pièces de monnaie découvertes dans l'île. Selon lui, l'Y signifiait « île », et *Bsm* était l'ancien nom de Bès. Ces deux mots accolés ont formé *Ibosim*, nom du comptoir fondé au milieu du VIIe siècle av. J.-C. par les Carthaginois. La trace de l'étymologie égyptienne se retrouve même dans le nom catalan de l'île, *Eivissa*. Mais des découvertes récentes effectuées dans les nécropoles d'Ibiza prouvent que sa fondation en tant qu'habitat humain remonte en réalité aux plus hautes époques préhistoriques, puisque des tombes mégalithiques y ont été exhumées. L'influence égyptienne a donc pu s'y exercer très tôt, comme elle l'a fait sur tout le bassin méditérranéen : un village corse porte aussi le nom d'Eivissa ! De nom en nom, d'île en île, de ville en ville, tels les maillons d'une chaîne sans fin, cette influence a bâti son archipel symbolique sur toute la Méditerranée, comme si le delta du Nil prolongeait ses ramifications très loin dans la mer...

L'influence égyptienne est particulièrement frappante sur la côte italienne, où l'on distingue ses traces dans la civilisation étrusque. Les tombes de ce peuple qui précéda les Latins sont décorées d'objets ou illustrées de visages dont les grands yeux étirés évoquent étrangement les sculptures et les fresques de l'ancienne Égypte. Sur un groupe sculpté de l'époque étrusque exposé au

Louvre figurent des motifs caractéristiques : le couple porte dans ses mains une coupe aux pétales largement ouverts ayant la forme d'une immense rosace semblable à celle de Tanis, en Égypte, qui représente le lotus, symbole de la résurrection : la fleur jaillit du milieu aquatique et s'épanouit à l'apparition du soleil. Ce calice suggère l'image de la coupe aux eaux primordiales dans laquelle le défunt puise son rajeunissement éternel. Au Louvre toujours, et datant de la même époque, deux symboles étrusques proches de l'iconographie nilotique montrent deux griffons encadrant le soleil ; ils évoquent un pectoral datant du Moyen Empire (v. -2000), très caractéristique de l'art des orfèvres de l'Égypte ancienne. Or la civilisation étrusque, bien plus tardive, rayonne aux VIIe et VIIIe siècles av. J.-C. D'autres objets exhumés de ses tombes retracent une filiation avec la civilisation nilotique, notamment le vase de faïence bleue de Bocchoris[1].

De nombreux bronzes et des objets en or et en argent ont été retrouvés sur le site de Palestrina dans le Latium – l'ancienne Praneste –, où fut découverte en 1876 une magnifique coupe décorée d'un motif ressemblant aux scènes nilotiques, mais bien plus récent puisqu'il date environ de 700 av. J.-C. Cet objet est exposé à Rome dans la villa Giulia. Certains auteurs proposent d'y voir une « scène de chasse d'un seigneur assyrien ». En vérité, la décoration de cette coupe, illustrée comme par une bande dessinée à plusieurs registres, rappelle les scènes phéniciennes d'origine égyptienne, particulièrement celle de l'oiseau déployant ses ailes dans le ciel qui symbolise Horus, ou même Rê ; des images célestes féminines, vues de face, trouvent leur reflet originel dans les tombes de la Vallée des Rois.

La symbolique étrusque s'inspire donc directement de l'iconographie égyptienne et les spécialistes de cette civilisation feraient bien de dialoguer avec les égyptologues s'ils veuvent parvenir à en décrypter tous les secrets...

■ ■ ■

1• Bocchoris : nom grec de Bokenrenef, pharaon de la XXIVe dynastie saïte (-720, -715).

Les pharaons, Cnossos et Mycènes

Au même titre que les peuples hébreu, phénicien et étrusque, la civilisation grecque est marquée du sceau égyptien, et ce dès l'époque préhellénique. Au musée du Louvre, l'un des plafonds qui accueille le visiteur dans les salles égyptiennes est décoré d'une peinture allégorique qui illustre bien ce fait : on y voit l'Égypte se dévoilant devant la Grèce.

S'il a souvent été dit que l'influence égyptienne sur la Grèce s'est surtout fait sentir à partir du VIe siècle, et plus encore au IVe siècle av. J.-C. avec l'arrivée d'Alexandre le Grand, il n'en demeure pas moins que la civilisation égyptienne a prodigué très tôt son influence sur les rives de la mer Égée.

Les contacts entre l'Égypte et la Grèce passent d'abord par la Crète, célèbre dans l'Antiquité pour la richesse de ses mines de cuivre, d'argent, et de fer. Or dès le Nouvel Empire (XVe siècle), d'abord sous Thoutmosis III, puis sous Aménophis III, des rapports intenses se tissent entre ces deux contrées. Le musée d'Héraclion, en Crète, conserve un vase d'albâtre qui porte la signature du premier de ces pharaons. À la même époque, une immense peinture murale de la tombe de Rekmiré, dans la Vallée des Nobles de Louqsor, célèbre la venue de Crétois – les Égyptiens leur donnaient le nom de Keftiou – rendant visite à Pharaon. Enfin, c'est d'Égypte que le docteur Clot a ramené en France, au siècle dernier, un vase crétois datant de l'époque de Minos, conservé au musée de Marseille.

Tous ces objets attestent que l'influence fut réciproque entre les deux civilisations. Leurs relations deviennent très étroites vers le XVe siècle av. J.-C. Des *Annales* découvertes en Égypte datant du règne d'Aménophis III (v. -1450) citent les noms de Crète et de Mycènes. Sur d'autres documents égyptiens figurent les noms de Cnossos, Cythère, Nauplie et Mycènes.

Les Crétois éprouvèrent une fascination particulière pour la religion et l'art égyptiens : on perçoit souvent, dans la peinture crétoise, l'écho du style nilotique des tombes du Nouvel Empire

et des œuvres picturales de Neb-Amon, et S. Morenz insiste sur l'aspect religieux de la relation entre les deux peuples, notamment à propos de l'influence de la figure d'Osiris sur le culte crétois. D'autres auteurs, notamment J. Pirene, mentionnent que la déesse égyptienne Nekhbet est présente en Crète, puis en Grèce, sous le nom d'*Eileithyia*, ou *Eleusia* – celle-ci donnera par la suite le prénom Eleusis –, dont les mystères se rattachent à l'ancienne divinité nilotique, comme le montre P. Faure, et auront une influence déterminante sur la religion en Grèce. En Crète toujours, à Tsou-Tsouros, dans la grotte où Zeus serait né, ont été retrouvés des bronzes, des bijoux, des ivoires chargés d'une forte dimension égyptienne artistique, voire mystique.

Mais les échanges entre le monde nilotique et le monde égéen avaient aussi une forte composante économique : il y a quelques années, on a découvert près des côtes turques, dans la région de Kars, un navire égéen coulé datant de l'époque d'Aménophis IV, dans lequel se trouvait un cylindre estampillé du nom prestigieux de la reine Néfertiti. Mais les événements commerciaux sont soumis, bien plus qu'aux aléas de la navigation maritime, à des bouleversements qui dépassent la dimension humaine et marquent encore notre histoire. C'est ainsi, selon de nombreux historiens, que l'irruption volcanique de Santorin a mis un terme à la civilisation minoenne. Cette irruption correspond à l'époque de la disparition des palais de Cnossos, vers -1400, et explique d'ailleurs l'impulsion donnée, vers -1350, au développement de la civilisation mycénienne.

De la puissante Mycènes subsistent, datant du XIVe siècle av. J.-C., des murs cyclopéens et une porte ornée de deux lionnes célèbres. Pourtant, si l'on compare les formes artistiques de l'ancienne Égypte et celles de Mycènes, on reste stupéfait par le degré de raffinement de la civilisation pharaonique à la même époque. Les deux lions finement ouvragés qui figurent sur le trône en or du jeune roi Toutânkhamon sont d'une pureté de ligne et d'une aisance artistique qui n'a rien à voir avec l'archaïsme des lionnes de Mycènes. De même, on ne peut qu'admirer les

prouesses des orfèvres de l'ancienne Égypte lorsqu'on compare le visage dit du roi Agamemnon, datant de la Mycènes du XIIIe siècle, avec les visages, également martelés dans une feuille d'or, de rois égyptiens du Nouvel Empire. Très tôt donc, l'Égypte apparaît comme le point de repère, « l'éducatrice de la Grèce » à qui elle transmet son héritage, en particulier celui de ses légendes.

Quel que soit le lieu où elle naît, une légende se construit souvent à partir d'une histoire vraie, donnant ainsi des indices de ce qu'a pu être la réalité. D'après la mythologie, Mycènes aurait été fondée par Danaos, roi d'Argos et frère d'Égyptos ; les cinquante fils de ce dernier épousèrent les cinquante filles de Danaos. Celles-ci tuèrent leurs époux et furent condamnées pour leur crime à remplir le fameux tonneau percé, dit des Danaïdes. On entend bien là les évolutions entre réalité possible et fiction avérée, et ce phénomène se fait en parallèle entre l'Égypte et la Grèce anciennes – nous verrons jusqu'à quel point avec Homère.

Mais les pages de l'histoire tournent, et ce de façon bien réelle. Vers -1200, l'invasion dorienne venue du nord submerge la Grèce, détruisant Mycènes. Le peuple achéen se déplace alors vers l'Asie Mineure en un véritable exode. Sous Ramsès III, cette énorme vague hellène menace de se transformer en invasion de l'Égypte par les Peuples de la Mer, alors qu'en Grèce l'arrivée des Doriens amène une période obscure, préparant pour des siècles la période dite « archaïque ». C'est au cours de cette période que l'Égypte et le Proche-Orient joueront un rôle décisif sur la résurrection de la civilisation grecque.

■ ■ ■

L'Égypte, source du miracle grec

Le réveil du monde grec se fait en effet à partir de l'Orient. Il est communément admis que la Grèce connaît une période orientalisante aux VIIIe et VIIe siècles av. J.-C., à laquelle succède la période « archaïque » proprement dite (de -750 à -500), suivie du

célèbre et éblouissant Vᵉ siècle de Périclès. Or ne faut-il pas revoir cette histoire avec un autre regard ?
N'est-ce pas tout particulièrement l'Égypte qui a été à la source de ce miracle grec, de cet univers si rayonnant à partir du Vᵉ siècle ? N'a-t-elle pas été la référence du monde grec, sa source d'enseignement ? L'Égypte est en effet explicitement présente dans les poèmes homériques, au VIIᵉ siècle. Homère serait venu en Égypte et, dans l'*Iliade*, il évoque « la Thèbes aux cent portes ». Dans l'*Odyssée*, Ulysse raconte même qu'il a passé sept ans en Égypte. On peut donc se demander si les légendes ne sont pas parfois l'écho lointain d'événements bien réels, et l'on voit que cette transformation se joue ici sous une dominante égyptienne. Au XIXᵉ siècle, l'un des membres de l'expédition Bonaparte en Égypte, E. F. Jomard, souligne l'importance de l'Égypte sur la Grèce :

> **Tant d'habiles hommes [les Grecs] seraient-ils allés en Égypte pendant cinq siècles de suite s'ils n'eussent eu l'espérance d'y trouver des mémoires sur les sciences exactes ou des hommes instruits des anciennes traditions scientifiques ?**
> **Et si les découvertes qu'on attribue aux premiers philosophes grecs leur appartenaient réellement, si les notions des Égyptiens n'eussent été que des éléments grossiers, perfectionnés par les Grecs, pense-t-on que deux ou trois siècles après Pythagore et Thalès on eu vu leurs successeurs et des hommes tels que Démocrite, Eudoxe, Platon, Euclide, Archimède aller tour à tour étudier l'Égypte ? L'école de Milet ne leur aurait-elle pas fourni plus de lumières, sans qu'il fût besoin d'entreprendre de longs et pénibles voyages ? On ne pourra donc plus désormais regarder les Grecs comme les fondateurs de la géométrie [...]**

Ainsi, à une époque où l'on croyait fermement que la seule source de l'Occident et la seule civilisation digne d'intérêt était la Grèce, les savants de l'expédition Bonaparte osaient remettre en cause

cette suprématie consensuelle. Il reste de nos jours bien des préjugés à abattre, hérités du début du XIXe siècle et qui nient encore la puissance fécondatrice de l'Égypte sur les civilisations...
La vérité est que l'Égypte a joué, dès le VIIe siècle avant notre ère, le rôle de catalyseur du miracle grec. Comme nous venons de le voir, les Grecs ont connu l'Égypte à la période crétoise. Mais c'est surtout dans le domaine des sciences et de l'écriture que l'influence égyptienne sera déterminante. Les connaissances magiques de Thot, incarnation du savoir, et la médecine égyptienne exerceront une grande fascination sur l'élite grecque. Une multitude de penseurs, d'architectes, de géomètres, d'astronomes dont les études sont toutes centrées sur la religion, viennent interroger la terre mystérieuse de la magie et de l'alchimie (le mot *chimie*, *khimos* en grec, vient d'ailleurs de l'égyptien *khemet*, ancien nom de l'Égypte qui signifie « terre noire ») : l'Égypte est bel et bien, aux yeux des Grecs, la contrée des sciences hermétiques, la civilisation aux multiples symboles.
Cette civilisation égyptienne, extraordinaire par sa richesse, par la densité et la longévité de son histoire – constituée d'une suite ininterrompue d'âges d'or – a donc continuellement transmis son héritage à la Grèce, en particulier à partir de l'époque de lumière qu'a été le temps des pyramides, sous le règne de Djoser. Or la pyramide de Saqqarah précède de plus de deux mille ans le miracle grec. Essayons d'imaginer le regard qu'ont pu porter les anciens Grecs sur la formidable pyramide de Khéops, et ce avec un recul de près de deux mille ans !
L'impact de la science égyptienne est d'autant plus grand que toute la civilisation est structurée de façon symbolique. Depuis la plus lointaine antiquité, l'Égypte est une véritable nation – au sens moderne du terme – sur le plan politique et religieux, et elle possède un savoir extraordinairement cohérent et avancé sur tous les autres plans. À la construction des monuments égyptiens correspond une cohérence grammaticale liée à une symbolique des chiffres qui influence l'écriture, les mathématiques, y compris la géométrie, ainsi que la symbolique... Cette symbiose des

structures du langage et du mythe, combinée à la cohésion sociale de la nation égyptienne, se lit jusque dans l'architecture, comme par exemple dans le plan du temple d'Edfou.

Sur le plan historique, l'influence devient réciproque entre les deux pays : au VIe siècle, sous le pharaon Amasis, l'Égypte témoigne sa reconnaissance aux Grecs qui l'ont aidée à se libérer du joug assyrien en finançant une partie de la reconstruction du temple d'Apollon, à Delphes, victime d'un incendie en -548. Sur le delta du Nil se développent, à la même époque, des villes qui portent des noms grecs, comme Naucratis, ville portuaire fondée par les habitants de Milet, qui permettra des échanges encore plus intimes entre les deux grandes civilisations méditerranéennes.

L'influence égyptienne sur l'art grec devient évidente dès le VIe siècle : des sculptures grecques de l'époque saïte prouvent une forte assimilation du style égyptien par les sculpteurs de la Grèce archaïque. On peut voir au Louvre une statue égyptienne représentant le chancelier Nakht-Hor-Heb dont la douceur de lignes et la simplicité de forme se retrouvent très clairement dans les futurs *kouros* de la Grèce antique. Le phénomène est également vrai pour le bronze : l'Horus Pozno, puissant et délicat à la fois, également exposé au Louvre, offre bien des lignes qui se retrouveront dans l'art grec du bronze. On peut observer d'autres exemples de cette contamination stylistique au British Museum, à Boston ou au Caire ; le torse puissant de Mykérinos accompagné de son épouse, les lignes pures du voilage influenceront la sculpture grecque classique deux mille ans plus tard.

L'architecture donne également la preuve de la forte empreinte de l'Égypte sur la renaissance du monde grec. Les colonnes dites « protodoriques » – selon la définition de l'illustre Champollion – que l'on trouve dans le temple d'Hatchepsout à Deir el-Bahari préfigurent, un millier d'années avant le Parthénon, les futures colonnes de ce célèbre édifice dédié à la déesse Athéna. Et si l'on remonte le temps, on reconnaît, bien plus tôt encore, les toutes premières colonnes protodoriques dans l'entrée de l'enceinte de Saqqarah, où elles fleurirent à l'époque du roi Djoser (v. -2700).

Quant aux sphinges du musée de Delphes retrouvées sur ce majestueux site grec, ne semblent-elles pas reprendre les formes des sphinges de l'époque d'Horemheb (-XIVe siècle), sur le dessin gravé du socle d'une statue que l'on peut voir au musée de Turin ?
Les échanges s'intensifient entre les deux pays à partir du flamboyant Ve siècle : de nombreux savants grecs se rendent en Égypte, tel Hippocrate, père de la médecine, qui cherche les secrets de la science des corps dans ce pays expert en dissection. Dès le IIIe millénaire en effet, la religion égyptienne avait imposé la momification des corps comme condition à l'entrée dans l'au-delà : précieux rituel pour l'avenir de la médecine, car la manipulation et la dissection des cadavres n'a permis en Égypte l'éclosion d'aucun tabou concernant l'ouverture et l'opération du corps humain – contrairement à l'Europe où les dissections ne seront autorisées qu'au XVIIe siècle.
Au Ve siècle toujours, Hérodote, « le plus grand reporter de l'histoire » selon certains, vient en Égypte ; mais il convient de lire avec beaucoup de précautions certains de ses propos sur la civilisation et la religion égyptiennes, empreints des *a priori* et des ignorances fantaisistes de son époque.
En même temps, la Grèce connaît une véritable explosion artistique. Sans sous-estimer le génie propre aux Hellènes, il faut bien reconnaître dans le regard sublime du célèbre Aurige de Delphes les yeux de Methety, personnage de l'Ancien Empire égyptien (v. -2500) dont la statue est conservée au musée de Brooklyn, à New York. Le miracle grec, fort de ses influences, sera poussé au sublime par Phidias, dont le chef-d'œuvre, le Parthénon, fait encore briller au cœur de la moderne Athènes l'esprit du siècle de Périclès.

La Grèce fécondée par l'Égypte

Enfin, au début du IVe siècle, Platon lui-même se rend en Égypte, à Héliopolis. Pendant plusieurs années, avec les prêtres des temples égyptiens, il étudie la géométrie, mais aussi la théologie et les concepts touchant à l'immortalité de l'âme qui influenceront tant

sa pensée et son œuvre. Ce séjour a lieu sous le roi Nectanébo, dont le règne a marqué le temple de Philae. Cette époque est souvent décriée dans les ouvrages érudits, voire ramenée à une tardive période de décadence : l'Égypte prouve pourtant sa fécondité par l'influence forte et positive qu'elle exerce à cette époque sur le monde grec.
Le culte d'Osiris, par exemple, est extrêmement proche des rites bacchiques ultérieurs. Dans les tombes égyptiennes du XVe siècle avant notre ère, on observe fréquemment le motif de la treille de vigne, notamment dans la tombe de Sennefer ; ce motif est repris sur les coupes grecques évoquant Dionysos, attestant que le concept de l'ivresse bacchique, dans sa portée métaphysique, est également un legs égyptien (ces coupes sont visibles en particulier au musée de Munich). Le culte d'Isis, la déesse universelle, traverse lui aussi la Méditerranée et s'installe dans les îles grecques. Les célèbres scènes de la pesée du cœur – la psychostasie –, appelée parfois « pesée de l'âme », sont un des éléments de la culture égyptienne qui trouble beaucoup les philosophes de la Grèce antique. Quant au char d'Apollon – Phébus chevauchant le soleil –, il n'est pas sans rappeler l'illustration funéraire du jeune roi Toutânkhamon dressé sur son char en or, apparaissant non pas en guerrier mais en émanation de la lumière, en soleil glorieux et ressuscitant.
Innombrables sont donc les thèmes repris par la Grèce, tant est puissante, à travers les siècles, la symbolique égyptienne. Les images se superposent, comme par exemple celle du grand roi Ramsès II capturant le taureau sauvage dans le temple d'Abydos, qui n'est pas sans évoquer l'un des travaux d'Hercule. De même, la célèbre énigme que le Sphinx pose à Œdipe vient d'Égypte : les trois phases de la vie de l'homme sont celles du soleil. Au matin correspond la créature à quatre pattes : c'est l'enfant, mais aussi, dans la symbolique égyptienne, le scarabée, *kheper*. Au midi correspond la créature à deux pattes : c'est l'homme debout dans la vigueur de l'âge adulte, à son zénith, et c'est aussi *Rê*. Au soir correspond la créature à trois pattes : c'est le vieillard s'aidant d'une canne, mais aussi Atoum, le dieu âgé appuyé sur son bâton.

Après ce parcours dans les sciences, les mythes, la religion, on ne peut parfaire ce tableau de la symbiose entre les mondes grec et égyptien sans évoquer leur littérature. Les fables grecques écrites par Ésope au VIe siècle trouvent une part de leur inspiration dans certains grands thèmes égyptiens, et quand on sait que La Fontaine, notre grand fabuliste, s'est largement inspiré d'Ésope, on se rend compte à quel point l'Égypte a influencé, par l'intermédiaire de la Grèce, notre propre civilisation. La considération des Égyptiens pour les animaux, évidente dans le culte qu'ils rendaient par exemple à la chatte Bastet, est rendue visible dans un large bestiaire foisonnant d'amusantes représentations animales. À l'instar de toute la tradition fabuliste postérieure, les animaux y jouent le rôle des hommes. Ainsi, sur tel petit fragment de calcaire, ou *ostracon*, on peut sourire à la vue d'un chat qui sert une souris assise sur un trône. Sur tel autre fragment, c'est un loup et un chevreau mis en scène dans une véritable fable que nous raconte J. Pirene :

> **Un chevreau resté en arrière du troupeau était poursuivi par un loup. Un chevreau se tourna vers le loup et lui dit : « Je sais bien seigneur loup que je suis pour vous un régal, cependant je ne voudrais pas mourir sans gloire ; jouez un air de flûte et je vais danser. » Le loup joua de la flûte et le chevreau dansa. Mais les chiens avaient l'oreille au guet. Ils accoururent et se lancèrent à la poursuite du loup. Celui-ci se retourna à son tour vers le chevreau et lui dit : « J'ai bien mérité ce qui m'arrive, je ne devais pas faire le joueur de flûte, puisque je ne suis qu'un boucher ».**

Visiter Thèbes ou Memphis, sur les rives du Nil, permet de mesurer combien la Grèce porte en son sein les fruits magnifiques de la féconde Égypte, non seulement à l'époque de sa brillante apogée, mais aussi au temps de Mycènes et des palais de Cnossos. Cette influence de la civilisation nilotique sur l'épopée grecque ne fera que s'accentuer avec l'arrivée d'Alexandre le Grand. Ayant connu à deux reprises une certaine période de

latence, au Vᵉ et au IVᵉ siècle, sous la domination des Achéménides, l'Égypte est libérée par Alexandre le Grand, et la situation s'inverse : après avoir depuis tant de siècles transmis sa lumière au monde égéen, l'Égypte se voit délivrée, en -332, par un fils de la Grèce.

■ ■ ■

Alexandre sauveur de l'Égypte

Les succès d'Alexandre vont transformer la carte du Proche-Orient, du Moyen-Orient et de l'Égypte. Il a vingt-trois ans en -333 et, à la tête de cinquante mille hommes, s'élance de Macédoine à la conquête du monde. Après la bataille d'Issos, il réduit à sa merci les puissances orientales rivales de la Grèce. Le siège de la ville de Tyr dure six mois. Alexandre, aux visées géniales et quasi surhumaines, bâtit alors une digue pour relier l'île à la côte. Dirigeant ses pas vers le Proche-Orient, il conduit son armée en Égypte : car celui qui se rend maître de la terre des pharaons se rend maître de toute la Méditerranée.
Lorsque Alexandre arrive, l'Égypte est occupée par les Perses et ploie sous le joug du tyran Artaxersès, dont l'intolérance et le fanatisme ont réduit au silence les prêtres du culte égyptien, leur ôtant tous leurs privilèges. Alexandre le conquérant est donc accueilli comme un libérateur et les prêtres promettent de le nommer « fils de Dieu » s'il leur rend leurs droits et restaure les temples de l'ancienne Égypte. À marches forcées de près de trente kilomètres par jour, Alexandre se rend donc à l'oasis de Siwa, au cœur du désert, accompagné de quelques soldats et de Ptolémée, pour accomplir le vœu des prêtres. Quelques images le représentent en « fils d'Amon » couronné des cornes du bélier, à la manière de Zeus-Amon.
Devenu « fils de Dieu », donc invincible, Alexandre poursuit sa route vers l'Orient, ivre de ses rêves de conquête. Il part à la poursuite de Darius, qu'il défait en -331 à Gaugamèles, mais meurt à Babylone en -323, âgé de trente-deux ans seulement.

Ptolémée ramène sa dépouille en Égypte où son corps est embaumé et placé au cœur de la ville qui porte encore son nom : Alexandrie ; comme si du corps même d'Alexandre, puissant de la force du Dieu, la ville des hommes pouvait enfin naître et rayonner avec force et prospérité.
C'est ainsi qu'après le passage d'Alexandre et l'arrivée des troupes grecques, la terre des pharaons connaît une nouvelle période de splendeur. Les temples sont agrandis, embellis, tel celui de Karnak, dont le sanctuaire est décoré à l'époque de Philippe Arrhidé, demi-frère d'Alexandre le Grand ; tels aussi les sanctuaires des grands temples de Louqsor : dans l'un d'eux, un sphinx représentant Alexandre se tient devant Amon. Une grande beauté se dégage de cette idée que mille ans après Aménophis III – son prédécesseur dans le temple de Louqsor – Alexandre, un fils de la Grèce, soit considéré comme « fils d'Amon », les deux rois se rejoignant ainsi dans le concept de la *théogamie*, c'est-à-dire la naissance divine. L'influence qu'exercent l'un sur l'autre le peuple égyptien et le peuple grec à travers les âges est à l'image d'une tolérance et d'une évolution sereine entre les nations, telle que l'histoire en a hélas peu donné d'exemples.

Le rayonnement d'Alexandrie sur la Méditerranée

Fondée par Alexandre en -332, la ville est bâtie sous le règne des Ptolémées autour du corps d'Alexandre, à l'embouchure du Nil, et devient à cette époque la nouvelle capitale du monde. Sa bibliothèque rayonne sur toute la Méditerranée et au-delà ; la somme de connaissances déposée dans cet immense édifice fait la célébrité d'Alexandrie. Mais une autre lumière jaillit de cette capitale, éclairant le monde : un phare gigantesque qui s'élève à l'entrée du port, non seulement pour témoigner du rayonnement de la ville, mais aussi pour signaler aux navigateurs qu'ils doivent, tels des papillons des flots, diriger leurs ailes vers la source même

du savoir, le pays de la connaissance, la lumière divine qui sourd de l'embouchure du Nil.

Le mot « phare » lui-même témoigne de cette volonté d'apporter symboliquement au monde la lumière divine du savoir : il vient de l'ancienne Égypte par déformation du mot *pharos*, originairement *paro*, dérivé de *per-ao*, en hiéroglyphique *per-aa*, qui veut dire pharaon[1]. De *phare* à *pharaon*, les sonorités des mots modernes ne nous trompent pas : l'origine commune de ces deux mots est bel et bien avérée dans l'idée de cette lumière divine qui domine le monde tel Pharaon, sur le plan politique, scientifique, mais aussi symbolique, à travers la magnifique métaphore d'un phare sans lequel les hommes risquent de se perdre en mer. La métaphore se prolonge d'ailleurs, quand on sait que le mot papier vient de la même racine que phare et pharaon : grâce au papier conservé sous forme de livres dans la bibliothèque d'Alexandrie, le savoir rayonne sur le monde.

C'est donc à Alexandrie, sur cette terre particulièrement fertile du delta du Nil, que vont se développer les nouveaux germes d'une civilisation déjà féconde. Les savants grecs de la fin du IVe siècle et du IIIe siècle – Euclide (-330, -275), Archimède (-290, -212), Ératosthène (-276, -194), qui établira en Égypte, à Assouan, la circonférence de la Terre en reprenant des observations de l'astronomie égyptienne –, ces savants dont on considère qu'ils ont fondé notre savoir moderne, ont en réalité bénéficié de l'influence et des connaissances d'Alexandrie.

L'astronomie[2] en particulier doit beaucoup à l'Égypte, où elle tenait une place importante, comme en témoignent les décorations de la tombe de Senmout, architecte de la reine Hatchepsout (-XVe siècle), et le plafond de la tombe de Séthi Ier (-XIVe siècle). Ces traces picturales prouvent la parfaite observation du cosmos qu'avaient faite les Nilotiques un millier d'années avant Ératosthène.

1• *Cf.* chap. 8, « Une innovation, le papyrus » p. 169-170.

2• *Cf.* chap. 7, « Connaissance du ciel et décompte du temps » p. 146-163.

Sur le plan spirituel, l'Égypte, terre de Thot, est le pays des sciences hermétiques dont le rayonnement atteint son apogée à Alexandrie – ce nom, Thot, exprimé au superlatif (Thot trois fois puissant) donnera l'Hermès Trismégiste des Grecs –, le pays des mythes mystérieux, tel ceux d'Osiris, le dieu mort qui ressuscite, et de la mystérieuse déesse Isis appelée « la grande magicienne ». Nombreux sont les rites qui célèbrent dans les temples la victoire de la lumière sur les ténèbres, de la vie sur la mort. Beaucoup de pèlerins du monde grec viennent sur les rives du Nil obtenir des guérisons – comme dans les sanatoriums des temples de Dendérah et de Deir el-Bahari – et même attendre des apparitions, dans certains temples.

Ces voyageurs répandent de plus en plus largement les cultes égyptiens sur les rives de la Méditerranée, cultes qui y avaient déjà trouvé une forte assise ; ainsi s'explique la présence presque constante de la déesse Isis au Proche-Orient, notamment à l'entrée de la ville rose de Pétra en Jordanie, à Byblos où les sanctuaires des obélisques furent édifiés dès le IIe millénaire, à Pergame, en Anatolie, dont l'un des temples était dédié à la grande déesse égyptienne, dans la Libye actuelle, à Cyrène, Leptis Magna et Sabrata, ainsi que dans le monde égéen, à Délos – la célèbre île consacrée à Apollon où le sanctuaire consacré à Isis connaît une grande notoriété au IIIe siècle.

Des échanges de plus en plus étroits continuent à se tisser entre la Grèce et l'Égypte, qui instaure tout un monde bilingue : les mots égyptiens s'adaptent à la langue grecque, le syncrétisme gagne les voies de la communication et trouve dans les mots sa plus grande solidité.

À l'époque, en effet, les textes officiels commencent à être rédigés dans les deux langues, la hiéroglyphique et la grecque, et même en trois si l'on ajoute le démotique – l'écriture courante des anciens Égyptiens au temps où la hiéroglyphique était encore le privilège scriptural des prêtres. La célèbre pierre de Rosette, rédigée au IIe siècle av. J.-C. et retrouvée par l'un des membres de l'expédition Bonaparte en 1798 – grâce à laquelle Champollion décou-

vrira en 1822 la clé pour ouvrir la porte secrète du sens des hiéroglyphes –, est sans doute le plus beau témoignage qui nous reste de ce trilinguisme.

L'altération des noms et de la symbolique

Avec la présence des Grecs, les mots égyptiens évoluent : par exemple le mot *pschent*, qui signifie littéralement « double couronne du Nord et du Sud », est dérivé du hiéroglyphique *pa-seremty*, qui signifie la puissance. Les Grecs assimilent les dieux égyptiens en transformant leur nom : Harpocrate, honoré par les philosophes mystiques vient du hiéroglyphique *horpakhered*[1] signifiant « Horus enfant » ; Néphtys est le nom grec de la déesse égyptienne *Neb-Het*, sœur d'Osiris et femme de Seth ; Isis vient du hiéroglyphique *Set*. La métamorphose des noms des dieux suit la correspondance qui s'établit entre leur identité égyptienne et leur identité grecque : comme nous l'avons déjà évoqué, Thot est assimilé à Hermès Trismégiste ; Imothep•, architecte de Saqqarah (v. -2800), grand prêtre d'Héliopolis, médecin et sage, plus tard adoré comme un dieu, fils de Ptah, est assimilé à Asclépios, dieu grec de la médecine ; Osiris est assimilé à Dyonisos, Hathor à Aphrodite ; quant à Zeus, il se fond dans Amon en un Zeus-Amon méditerranéen qu'on retrouve jusqu'en Corse et dans nos Alpes représenté sous la forme d'un homme barbu à cornes de bélier. De nouvelles divinités apparaissent aussi, tel Sérapis, contraction d'Osiris et du taureau Apis. Plusieurs sanctuaires lui sont consacrés, et portent en Égypte le nom de *serapeum*, tels celui d'Alexandrie ou de Saqqarah (ce dernier fut découvert en 1850 par Auguste Mariette). Sérapis s'humanise pour apparaître sous la forme d'un être à visage humain : on peut en voir des représentations au Louvre, au musée du Caire et au Vatican.

1• Et non pas de *har-pekhrad*, comme on peut le trouver dans les dictionnaires.

À la même époque, la déesse Isis se transforme, se dénude à l'exemple d'Aphrodite, déesse grecque de l'amour : quelques figurines du Louvre ou du musée de Turin évoquent cette jeune déesse à la longue silhouette dévêtue, coiffée d'une couronne de fleurs et dotée des symboles propres à la déesse égyptienne de l'amour, Hathor.

Mais en adoptant les divinités égyptiennes, les Grecs ignorent parfois leur sens, si bien que les représentations se mélangent, les noms se superposent. La symbolique des images perd de son essence dans les sables mouvants d'une assimilation mal maîtrisée, de même que le sens profond des monuments s'édulcore et se trouble dans les limbes d'un syncrétisme tardif. L'évolution de certains mots témoignent de cette perte en puissance du sens et de la vérité de la symbolique égyptienne.

Ainsi, le mot *obélisque* que nous ont transmis les Grecs a pour origine étymologique une racine qui signifie « broche », alors que sa racine hiéroglyphique *ben* répond à la notion de « pierre levée vers le ciel »... De la même façon, *pyramide* vient d'un mot grec qui signifie « en forme de petit pain pointu » alors que son nom originel hiéroglyphique est *mer* (curieusement, ce mot est l'homophone du verbe aimer dans cette langue) : quelle différence entre les tombeaux des fils de Dieu ou les puissantes colonnes d'inspiration divine et ces étymologies grecques évocatrices de vie quotidienne ! Le mot *sarcophage*, ce vaisseau sublime à bord duquel le mort quittait le fleuve de la vie pour gagner l'éternité dans l'au-delà, vient du grec *sarcophagos* qui veut dire « dévoreur de chair », alors que le mot égyptien correspondant, *neb-ankh*, signifiait – avec quelle noblesse et quelle vérité – « possesseur de vie ». Enfin, le mot *sphinx*, qui lui aussi nous vient de la Grèce, évoque une monstrueuse femme à corps de lionne, alors que dans l'Égypte ancienne *sheshepankh* signifiait littéralement, et beaucoup plus abstraitement, « image vivante ».

Les villes aussi prennent de nouveaux noms. La capitale égyptienne *Men-nefer*, dont le nom pourrait signifier littéralement « stable et belle », devient Memphis : alors que Men-nefer regar-

dait vers Saqqarah, Memphis regardera davantage vers le monde grec. Les villes du Nil portent désormais des noms grecs : Hérakléopolis – du dieu Héraklès, auquel les Grecs associent le dieu égyptien à forme de bélier –, Hérichef et Hiéraconpolis, autrement dit « la cité du faucon ».

À l'époque où les Grecs sont en Égypte, le fleuve que les nilotiques nommaient *Iterou* devient *Neilos*, puis le Nil que nous connaissons. Et c'est également à cette époque que l'Égypte perd son beau nom de *Khemet* (qui, on l'a vu, est à l'origine du mot *chimie*). Ce changement de nom est symbolique du passage à un nouvel ordre de croyances : le peuple égyptien accorde désormais beaucoup d'importance au temple d'Hiélopolis, consacré au dieu Ptah. Ce temple *Het-ka-ptah* (maison du *ka* de Ptah) donnera le nom *Aeguptos*, qui deviendra Égypte.

Le regard que les visiteurs portent désormais sur celle qui n'est plus la « Terre noire » de l'Antiquité profonde est faussé et induit des traductions erronées. Les exemples sont nombreux. Au Ier siècle av. J.-C., le géographe Strabon (-60, +25) et l'historien Diodore de Sicile (-90, -20) considèrent le temple de Ramsès II, sur la rive ouest de Louqsor, comme le tombeau d'Osymandias, par déformation successive du nom de couronnement de Ramsès : *Ousermaatre*. De la même façon, par référence au fils de la déesse Aurore qui chaque matin appelait sa mère au lever du jour, les Grecs donnent le nom de Memnon aux deux statues colossales d'Aménophis III enracinées dans la rive ouest de Thèbes, sur la rive gauche du Nil, qui regardent vers le soleil levant ; cette appellation révèle une totale ignorance du sens historique et du sens symbolique de ces statues qui marquaient l'entrée du grand temple d'Amon.

On voit combien la transformation des noms peut avoir d'importance pour la signification qui en découle. Ces déformations expriment la perte de sens que subit l'Égypte – la perte de *son* sens –, son lent enfouissement dans les sables de l'histoire. Le bouleversement des mots témoigne de ce que nous appelons le séisme grec, selon les écrits hermétiques :

Hermès [...] avait coutume de me dire que ceux qui liront mes lettres en trouveront la composition toute simple et claire, alors qu'au contraire elle est obscure et tient cachée la signification des paroles et qu'elle deviendra même tout à fait obscure quand les Grecs plus tard se seront mis en tête de la traduire, ce qui aboutira à une complète distorsion et une pleine obscurité [...]

Trop de distorsions, d'incompréhensions, d'erreurs, de falsification ont pris naissance dans le regard des Grecs sur le monde égyptien. Venus puiser aux sources de la connaissance les découvertes scientifiques que les Égyptiens leur livrèrent avec parcimonie, ils n'ont pas compris, ou voulu comprendre, les fondements de cette civilisation et passèrent complètement à côté de son message spirituel – trop imbus de la supériorité de la pensée hellénistique par rapport à la profondeur de la pensée des prêtres d'Amon.
Néammoins, nombreux sont les géants de pierre qui demeurent les témoins de l'âge d'or de la Grèce : restaurés par les artistes grecs employés par la dynastie grecque des Ptolémées en Égypte, les temples de Karnak, de Dendérah, de Philae, d'Edfou retrouvent grâce à eux un nouvel éclat dans leur éternité.
Champollion écrivait dans sa *Grammaire égyptienne* :

Si l'Égypte ne conserva aucune trace de ses propres origines, c'est toutefois dans cette contrée que nous devons chercher les origines de la civilisation comme des arts de la Grèce, et par suite le point de départ de notre civilisation moderne [...]. L'interprétation des monuments de l'Égypte mettra encore mieux en évidence l'origine égyptienne des sciences et des principales doctrines philosophiques de la Grèce ; l'école platonicienne n'est que l'égyptianisme sorti des sanctuaires de Saïs ; et la vieille secte pythagoricienne propagea des théories psychologiques qui sont développées dans les peintures et dans les légendes sacrées des tombeaux des rois de Thèbes.

Alexandrie, capitale de l'Égypte, joua ce rôle fécondateur sur tout l'Occident : comme si le delta du Nil avait prolongé ses ramifications dans toute la mer Méditerranée, comme si cette eau sacrée du Nil, puisant aux sources mêmes de l'Afrique nubienne, avait enrichi de sa sève lumineuse tout notre monde occidental. Dans ces épousailles sublimes du Nil avec la Méditerranée, sous l'éclat si symbolique du phare d'Alexandrie, l'Égypte, terre de tous les arts comme en témoigne la Grande Pyramide – l'une des sept merveilles du monde –, puissance commerciale et portuaire avec son phare que les Grecs considéraient aussi comme l'une des merveilles du monde, puissance culturelle avec la grande bibliothèque d'Alexandrie, l'Égypte éclate en puissance et rayonne sur toute la Méditerranée.

On ne peut donc s'étonner que cette terre féconde, riche et célèbre attire la convoitise de la nouvelle puissance montante : Rome, sous l'égide de César.

Blason de la ville de Nîmes : le crocodile enchaîné évoque l'Égypte sous la domination de Rome

Ce personnage barbu entouré de dix-neuf enfants symbolise la hauteur de la crue du fleuve exprimée en coudées (environ 52 cm) (Gravure du XIXe siècle d'après une sculpture romaine qui se trouve au Vatican).

Rome et l'Égypte

APRÈS avoir assujetti la Grèce, Rome jette son dévolu sur l'Égypte. La puissance romaine est surtout attirée par Alexandrie, « phare » de l'Égypte, vitrine de sa richesse, de sa splendeur, de son économie florissante, de son monde agricole structuré et riche. Conquise, l'Égypte devient le grenier à blé de Rome. Une irrésistible attraction s'exerce alors sur le monde romain, et les plus grands personnages de la Rome antique – César, Octave, Trajan, Hadrien, Septime Sévère... – se rendent en Égypte.

Empreinte de Rome sur la terre des pharaons

Sur le plan architectural, l'Égypte ne sortira pas appauvrie de la main-mise romaine. Les monuments s'agrandissent, se transforment, s'embellissent, de nouveaux temples sont érigés, en particulier à Alexandrie, à Dendérah. À Louqsor, un camp romain encercle solidement

le grand temple de Ramsès II tandis qu'au cœur de la Nubie, à l'époque d'Auguste, sont bâtis les temples de Dendour et de Kalabcha ; sous Trajan, le temple d'Isis situé sur l'île de Philae s'orne d'un kiosque à colonnes florales recevant la barque de la déesse Isis pour la célébration des rites de renaissance.

À l'emplacement de l'actuelle ville du Caire (elle ne sera fondée qu'au VIIe siècle par les Arabes, qui la baptiseront *El-Qahira*), les Romains construisent une forteresse dont on dit qu'elle servit de refuge à la Sainte Famille. À la fin du IVe siècle, cette construction est agrandie par Arcadius, puis, au VIIe siècle, lors de l'invasion menée par le général commandant en chef des troupes arabes, El-Amer, les coptes s'y refugient à leur tour. Plus tard, une église copte sera édifiée au-dessus de la forteresse et, pour cette raison, sera baptisée « la suspendue ». Le musée copte actuel, tout proche, recouvre en partie la citadelle. On voit combien le parcours historique de cette enceinte est exemplaire de l'héritage romain en Égypte : parcourant les siècles, profond et présent, il prend le relai de l'héritage grec pour magnifier l'ancienne Égypte. Des chrétiens aux Arabes et aux coptes, cette citadelle romaine illustre bien le devenir historique de l'Égypte conquise.

Par-delà l'héritage que nous venons de tracer à grands traits, essayons à présent de discerner les étapes de la conquête romaine en Égypte. Celle-ci trouve un conquérant brillant, à l'image de la puissance de Rome, en la personne de César, lequel se présente comme le superbe vainqueur des troupes de Pompée lors de la bataille de Pharsale, en -48 (Pompée se réfugiera d'ailleurs en Égypte, où il sera décapité par Ptolémée, le demi-frère de Cléopâtre). Maître de la première puissance du monde qu'il gouverne d'une main de fer, César a un rêve : faire d'Alexandrie la nouvelle capitale du monde.

L'amour entre alors dans la danse – souvent macabre – de l'histoire : éperdument amoureux de Cléopâtre, César l'est aussi de cette terre qu'elle symbolise, l'Égypte. Sa puissance économique, son avancée scientifique, ses idées, ses cultes le fascinent au point qu'il ne veut plus rentrer à Rome. Il va jusqu'à faire

remplacer le calendrier lunaire romain par le calendrier solaire égyptien.
Le début de l'année égyptienne commençait en plein été, au mois de Thot, lorsqu'un événement naturel et ponctuel, l'inondation, rythmait la vie nilotique. Alors que l'Égypte est pourtant vaincue, César fait adopter par Rome le calendrier égyptien et donne au premier mois de l'année son propre nom, Julius. Et c'est ainsi que jusqu'en 1582, date à laquelle le pape Grégoire XIII modifia le calendrier pour lui donner sa forme actuelle, les crues du Nil ont rythmé le cours temporel du monde méditerranéen !
Mais, à Rome, ce « choix de l'Égypte » n'est pas du goût de tous : il précipite la chute politique de César. Le Sénat se soulève, César est victime d'un complot qui se conclut par son assassinat en -44. Mais il était dit que la puissante Rome subirait longtemps l'attrait enjôleur de la superbe Égypte, personnifiée par sa magnifique impératrice : à son tour Antoine tombe dans les rets de Cléopâtre. Le Sénat réagit : Octave est envoyé en Égypte et défait Antoine à la bataille d'Actium en -31, date qui marque aussi la mort de Cléopâtre, dernière reine d'Égypte.
Octave, à qui le sénat a reconnu une autorité souveraine en lui décernant le titre d'Auguste, instaure la *pax romana*. Sous son règne (-27, +14), l'aura de l'Égypte devenue province romaine irradie sur toute la Méditerranée, tel un disque solaire montant de plus en plus haut dans le ciel. Horus, le rapace aux ailes ouvertes, symbole solaire et divin, s'est soumis au joug militaire de Rome, mais son rayonnement réel n'a jamais été aussi intense. À l'époque d'Auguste, de nombreux temples sont édifiés en Égypte : le Mamisi de Dendérah, le temple de Dendour en Nubie, le temple de Kalabcha, celui de Philae et sa très belle colonnade placée devant le grand pylône. De la même époque date une très belle statue d'Auguste que les Nubiens, conscient de sa valeur artistique et politique, ont ensuite volée pour l'emporter au-delà d'Assouan, à Méroé, leur capitale. Le visage de bronze de cette statue est aujourd'hui exposé au British Museum.

Rome, l'Égypte et l'Occident

Les constructions de cette époque témoignent, dans tout l'empire dominé par Auguste, de la force des Romains en tant que bâtisseurs, force éminemment politique et symbolique, affirmant leur pouvoir sur le monde. En Provence, les villes de Fréjus et d'Orange connaissent un grand développement, tandis que Nîmes voit s'élever la fameuse Maison carrée, dont la forme rappelle l'architecture romaine qui distingue la ville de Vienne, en bordure du Rhône ; un vaste édifice, le Trophée des Alpes, est également construit à La Turbie, au dessus de Nice. Enfin le célèbre pont du Gard, encore intact de nos jours, demeure empreint de près de deux mille ans d'histoire, témoignant du génie romain.
Auguste a une politique efficace pour motiver ses troupes : il dote les soldats qui ont participé à la victorieuse campagne d'Égypte de terres dans l'Empire. Le blason de la ville de Nîmes, représentant un crocodile enchaîné à un palmier qui évoque l'Égypte maîtrisée par la puissance romaine, illustre ces donations à but colonisateur.
L'Égypte est présente non seulement en France, mais aussi en Italie : car l'atmosphère culturelle égyptienne fleurit à Rome dès le tournant de l'ère chrétienne. C'est le début d'une véritable égyptomanie, qui ne cessera jamais vraiment. Après la Grèce, qui avait repris de nombreux thèmes égyptiens, Rome à son tour est subjuguée par les images de l'Égypte ; ce qui ne l'empêche d'ailleurs pas de dénaturer la force et l'élégance de bien des motifs nilotiques, transformant la pensée égyptienne en une mode souvent frivole qui la trahit. Des pyramides, des sphinx, des obélisques sortis de leur contexte et vidés de leur sens, réduits à l'état de simples décorations architecturales, dressent dans Rome leur silhouette anachronique.
L'obélisque de Ramsès II provenant d'Héliopolis est transporté au Circus Maximus par Auguste – plus tard, au XVIe siècle, il sera placé au centre de la Piazza del Popolo. Dans la capitale italienne

demeure encore un tombeau en forme de pyramide construit à l'époque d'Auguste, pour un notable du nom de Cestius. Toujours à Rome, au Quirinal, s'élève un *serapeum*, tandis que sur le champ de Mars est édifié un *iseum*. Ce temple dédié à Isis est entouré d'autres édifices décorés de sculptures, en particulier d'animaux fantastiques – ou qui paraissaient tels aux Romains : des sphinx, des crocodiles, des lions... Importés d'Égypte, les splendides lions de l'époque de Nectanébo Ier (-IVe siècle) viennent orner le champ de Mars ; ils sont exposés de nos jours dans les jardins du Vatican, avec des sphinx datant de l'époque d'Amasis (-VIe siècle) et de Thoutmosis II (-XVIe siècle).

Sur le champ de Mars ont en outre été retrouvées deux clepsydres, horloges à eau égyptiennes qui servaient à déterminer les heures, ainsi qu'un sistre, instrument de musique lié aux déesses Isis et Hathor, dont le manche est décoré de l'image du dieu Bès.

L'humanisme universaliste exprimé par le culte d'Isis, déjà répandu depuis plusieurs siècles autour de la Méditerranée et très fortement ancré à Alexandrie, gagne la ville de Rome au tout début de notre ère ; désormais, Rome vit elle aussi sous le regard d'Isis. On construit également des temples et des sanctuaires dédiés à Osiris, destinés à des cérémonies célébrant la mort et la résurrection de Dieu ; on devine combien un tel culte a pu avoir d'influence sur la propagation des concepts chrétiens. De nombreux temples voués au culte d'Isis fleurissent aussi à Vérone, à Ostie, à Pompéi et, plus tard, à Lutèce ; l'un des plus beaux fut retrouvé à Pompéi. Cet *iseum* existait dès le IIe siècle av. J.-C. Fait remarquable, un bloc de ce temple date de l'époque de Psammétique II (-VIe siècle), c'est-à-dire de la présence des Grecs à Pompéi et à Herculanum. Dans cette ville ensevelie par l'éruption du Vésuve, on a également découvert une statuette du dieu Atoum qui daterait de la XVIIIe dynastie (-XVe siècle)...

De nombreuses peintures et mosaïques témoignant de cette « mode » égyptienne (en tout cas d'une très forte influence artistique et métaphysique de l'Égypte sur les Romains) ont été

découvertes dans toute la péninsule italienne. À Pranestre, de somptueuses mosaïques évoquent les rives du Nil, tandis que d'autres, à Ostie, dessinent la silhouette du phare d'Alexandrie.
Dans des tombes, certaines peintures, mais aussi des reliefs ou des fresques, évoquent par exemple le dieu égyptien Anubis accompagnant le défunt dans sa demeure éternelle, et annonçant sa renaissance : autant d'images fortes qui viennent directement de l'Égypte pharaonique, mais qui sont souvent maladroitement transposées. Le musée du Louvre conserve une peinture datant du Ier ou du IIe siècle sur laquelle Anubis apparaît revêtu de la toge romaine ; à la même époque, Horus, symbole de la victoire de la lumière sur les ténèbres, prend la tenue du légionnaire !
Toutefois, l'intérêt sincère que les Romains vouent à l'Égypte est admirablement illustré sur le fronton du Jupiter capitolin de Rome, où fut placée l'image de l'étoile Sothis représentée par un chien. La représentation de ce canidé a été amplement étudiée par C. Desroches-Noblecourt pour montrer l'intime relation qui existe entre l'Égypte et l'Occident.

Hadrien : de l'Égypte à Tivoli

Un souverain surtout a joué un rôle capital dans ce développement des thèmes égyptiens à Rome : Hadrien, successeur de Trajan, qui régna de 117 à 138. Particulièrement amoureux des formes et de la culture égyptiennes, il fait restaurer des sites et en construire d'autres en Égypte, « importer » des motifs et des cultes égyptiens, agrandir le temple d'Isis situé sur l'île de Philae et graver sur les jambes des colosses de Memnon un poème en souvenir de son passage avec l'impératrice Sabine.
Toujours à l'époque d'Hadrien, une ville est édifiée sur le Nil, en Moyenne-Égypte, Antinoë. Si l'amour avait joué un grand rôle dans la fascination de César pour l'Égypte, il n'est pas étranger à celle que porte Hadrien à cette terre magique. Antinoüs, son ami intime, se noya en effet dans le Nil ; inconsolable, l'empereur

décida de construire une cité à sa mémoire, dont il restait des vestiges à l'époque où Bonaparte se rendit en Égypte (ces ruines n'ont malheureusement pas résisté aux pillages du XIXe siècle). De l'histoire d'Antinoüs et d'Hadrien demeure une splendide statue du jeune éphèbe au musée de Delphes, en Grèce, et une autre au musée du Vatican. De retour à Rome, Hadrien fit également dresser, dans les jardins du Pincio, un obélisque en souvenir de son ami défunt, définitivement associé dans sa mémoire meurtrie à l'image du Nil et de l'Égypte ; or l'Égypte était porteuse des concepts de résurrection et de vie éternelle. Est-ce dans l'espoir de la résurrection de l'être aimé qu'Hadrien fit construire une ville somptueuse près de Rome, Tivoli, sans oublier d'y faire élever un temple particulièrement élégant dédié à Osiris, dieu égyptien de la mort et de la résurrection ? Ce temple, l'Osirion, est précédé d'un plan d'eau entouré de statues, qui évoque le lac sacré des anciens Égyptiens. Plusieurs statues de style égyptien ont été retrouvées à Tivoli.

Ayant pris le goût de l'Égypte, Rome emprunte et réalise de multiples œuvres marquées du sceau pharaonique : les lions de Nectanébo trônent au Capitole ; les sphinx d'Achoris en basalte noir, datant du IVe siècle av. J.-C., des statues d'Isis, d'Apis, du dieu Bès, ou encore des *oushebtis*, petites figurines funéraires qui accompagnaient le défunt dans l'au-delà. On a également découvert des vases de style égyptien évoquant les canopes, vases funéraires qui, dans le culte pharaonique, contenaient les viscères du défunt. Plus tard sont réalisées des plaques de bronze et parfois d'argent, véritables tableaux ciselés, comme la célèbre « table isiaque » exposée au musée de Turin. Les Romains iront jusqu'à représenter le Nil, dont ils ignoraient à l'époque où se trouvait la source, par un personnage puissant, allongé, entouré et même recouvert de dix-neuf enfants, nombre prouvant sa fécondité, qui correspond aussi au symbole numérique de la crue optimale du Nil exprimée en coudées.

L'Égypte contribue à donner à Rome son goût bien connu de la grandeur et de la magnificence. Depuis plus de trois mille ans, en

effet, et avant tous les autres peuples de la Terre, les Égyptiens avaient réalisé des monuments d'une ampleur jamais égalée, des sculptures qui, par leur dimension, leur puissance et leur force inouïe, séduisent les empereurs romains avides de grandeur. L'Égypte, même lorsqu'elle est défigurée, reste toujours vivante sous le regard romain, et Rome la puissante gardera gravée dans son corps victorieux l'empreinte inaliénable de sa vassale, peut-être plus victorieuse encore.

Ci-contre :
Avec l'avènement du christianisme en Égypte, la clé de vie, *ankh* en hiéroglyphique, se transforme jusqu'à donner l'impression de se draper, tel le vêtement d'un prêtre.

La Sainte famille contemplant les pyramides (porte de la cathédrale Sainte-Marie-des-Fleurs de Florence, le *Duomo*).

Coupe du grand temple de Karnak mettant en évidence une grande nef centrale et ses nefs latérales, plan qui sera repris dans les cathédrales (gravure de Chipiez, 1880).

Influence de l'Égypte sur le monde chrétien jusqu'au Moyen Âge

PARALLÈLEMENT à Rome, gagnant en force et en rayonnement en partie grâce à l'Égypte, un autre univers est appelé à se développer jusqu'à finalement s'imposer sur cette partie du monde : le christianisme. Une fois de plus l'Égypte va jouer un rôle majeur, car c'est ici, sur cette terre vénérable, que la nouvelle religion trouve appui, telle une maison sélevant sur le socle solide des fondations d'un édifice vieux de plusieurs milliers d'années.

Les débuts du christianisme

Au Ier siècle de notre ère, alors que la présence romaine est très forte en Égypte, saint Pierre envoie

saint Marc y dispenser l'enseignement du Christ. Premier évêque d'Alexandrie, celui-ci est martyrisé en l'an 70 ; son corps sera transporté à Venise au IXe siècle, par des commerçants, et ce n'est qu'un millier d'années plus tard, en 1969, que ses reliques seront rapportées au Caire. Investi de la parole du Christ, saint Marc, dont l'emblème est le lion ailé, symbole de résurrection, a joué un rôle primordial en tant que vecteur de la nouvelle foi, tout particulièrement autour des années 66-67. Le peuple égyptien accepte bien l'évangélisation du Ier siècle.

Porté par le souffle inspiré de saint Marc, le christianisme irradie depuis Alexandrie, amplifiant encore le rôle déjà décisif de cette capitale sur le monde méditerranéen. Alexandrie bénéficie en outre de l'enseignement des philosophes grecs, tels Philon (v. -10, +50) qui vécut sous Auguste aux premières heures christiques. La rencontre de la civilisation gréco-romaine et du monde chrétien naissant se fait donc essentiellement dans cette ville-phare, véritable plaque tournante de la Méditerranée, charnière primordiale entre un monde finissant et un monde nouveau.

Le début du IIe siècle est cependant marqué par des événements douloureux, notamment les persécutions de Trajan à Alexandrie, ainsi que des répressions à Jérusalem. Mais le souffle du christianisme est inébranlable sur cette terre d'accueil où deux cultes se mêlent, l'ancien rite de la résurrection d'Osiris formant un terreau fertile pour la nouvelle foi. Ce IIe siècle est aussi celui de Clément d'Alexandrie (145-210), l'un des pères de l'Église, qui, tout en se vouant à la foi chrétienne, consacre un ouvrage aux hiéroglyphes. Il sera suivi dans cette voie, au IIIe siècle, par son élève, Origène (185-252).

C'est également au cours du IIIe siècle que Plotin, originaire de Moyenne-Égypte, se rend à Rome pour y apporter son enseignement. Il aura pour disciple Porphyre. Cette effervescence évangélique et intellectuelle s'accompagne malheureusement de persécutions, telles celles de l'empereur Caracalla contre les chrétiens d'Alexandrie, pendant laquelle sainte Apolline est martyrisée (la malheureuse ayant eu les dents arrachées, elle deviendra la sainte

protectrice des chirurgiens-dentistes). Le IIIe siècle s'achève de façon sanglante sur les persécutions commises à son tour par l'empereur Dioclétien. La grande persécution du 29 août 284 marque l'entrée dans « l'ère copte », que les coptes nomment quant à eux « l'ère des martyrs ».

Mais le début du IVe siècle est décisif pour les chrétiens : après tous ces malheurs, l'empereur Constantin accepte, par le fameux édit de 313, de reconnaître la nouvelle religion. C'est alors que la vie monastique se développe en Égypte. Prenant la relève de saint Antoine (251-356), saint Pacôme (286-348) apporte une activité missionnaire intense ; saint Honorat (365-420) et saint Cassien (360-432) prolongent cet enseignement (après son séjour en Égypte, ce dernier fonde à Marseille l'abbaye Saint-Victor, v. 410-415). Dans le même temps, les ermitages individuels connaissent un essor considérable et se répandent dans le désert situé à l'ouest du delta du Nil, sur le site de Kellia en particulier, où les archéologues ont retrouvé près de mille cellules !
Ce siècle fécond est également marqué par l'influence de saint Athanase (293-373), évêque d'Alenxandrie, qui publie des documents sur la vie de saint Antoine, que les coptes reproduiront sur parchemin au Xe siècle. L'un de ces parchemins, relatant la mort de saint Antoine, est conservé au musée de Figeac ; il mentionne que saint Antoine vécut très vieux et que ses dents le firent souffrir en raison de son grand âge. Saint Antoine demeure le Père des moines.

Sous la domination byzantine

Au IVe siècle toujours, alors que l'Empire byzantin domine l'Égypte, les artistes reprennent les motifs de l'ancienne Égypte et s'en inspirent, surtout pour peindre les visages. Illustrant cette influence, les « icônes » de l'oasis du Fayoum (notamment du IIe siècle av. J.-C.) préfigurent les futures icônes byzantines. Leurs

visages aux grands yeux sombres empreints à la fois d'angoisse et de sérénité, qui semblent s'adresser directement à notre modernité inquiète, nous bouleversent. Passerelle sublime entre les anciens visages de l'Égypte et nos peintres modernes – tels Modigliani, qu'ils ne sont pas sans évoquer -, ils annoncent le nouveau style qui va se développer au VIe siècle en Occident, et que l'on retrouve par exemple dans le visage de la Vierge de Santa Maria Nuova, à Rome.

Comme Rome, Byzance, nouvellement baptisée Constantinople, se voit décorée de monuments égyptiens déplacés sur ordre de ses empereurs pour glorifier la nouvelle foi et décorer les lieux saints. Ainsi Constantin y fait-il transporter un obélisque de Thoutmosis III qui est placé sur l'ancien hippodrome romain. La roue de l'histoire continuera de tourner, puisque cet obélisque se trouve maintenant devant la Grande Mosquée d'Istanbul. Par la suite, en 357, et dans le même esprit, l'empereur Constance II fait ériger à Rome l'obélisque de Thoutmosis IV provenant du grand temple de Karnak. Cette aiguille de pierre dressée dans le Circus Maximus sera plus tard, en 1588, érigée sur la place Saint-Jean-de-Latran. D'autres obélisques sont transportés d'Égypte, tel celui de Ramsès venu d'Hiélopolis, ou celui qui ornera la place Saint-Pierre au XVIe siècle.

De multiples autres éléments architecturaux s'y ajoutent, que leur origine païenne n'empêche pas les empereurs byzantins d'adjoindre à des lieux chrétiens dans les capitales de ce nouveau monde. Julien l'Apostat en particulier (361-363) reprendra les thèmes de l'ancienne Égypte : ainsi un sarcophage byzantin chrétien arbore-t-il le *ankh* tel qu'il figurait sur les tombeaux des pharaons.

L'incroyable audience qu'ont ces thèmes sur l'ensemble du monde occidental nous amène à nous interroger sur le nom de notre propre capitale, Paris. Selon certains auteurs, ce nom viendrait de *Paria-Isis*, comme le suggère une médaille d'Hélène, épouse de Julien – avant d'être empereur, celui-ci fut gouverneur de la Gaule pendant cinq ans et séjourna à Lutèce entre 358

et 359. Hélène y est représentée sous les traits d'une déesse égyptienne tenant à la main un sistre. L'inscription précise qu'il s'agit d'*Isis-Faria*. Le mot *faria*, venant de *pharia*, signifie phare (avec l'évocation d'Alexandrie) ou *pharao* (pharaon), ou même encore, au féminin, « fille de pharaon » ; il suggère que l'épouse de l'empereur de Byzance a pu être assimilée à une reine d'Égypte, et ce jusqu'à Lutèce. D'autres statuettes retrouvées dans toute la Gaule, en particulier le long de la vallée du Rhône, prouvent bien que le culte d'Isis-Faria a été introduit jusqu'en Gaule et développé le long de l'axe de la Seine, alors même qu'y étaient jetées des idoles.

Or le nom de *Parisii* existait déjà sous César et désignait le peuple qui vivait dans l'actuelle Île-de-France. Il semble qu'il y ait eu une contraction entre les mots *Parisii* et *Pharia* : dans ses sonorités, le nom des « Parisiens » rejoint en effet celui de la grande déesse de l'Égypte ancienne, Isis-Pharia, fille du pouvoir divin qui échoit aussi au pharaon. Il se trouve que le culte d'Isis a été honoré en Gaule, après l'avoir été à Rome et à Délos, dès le IIIe siècle avant notre ère : « À Lutèce, à la pointe de l'île aux Vaches (non loin de l'endroit où s'érige aujourd'hui Notre-Dame), il y avait une chapelle d'Isis, protectrice des nautes qui assuraient le trafic fluvial de la Haute et de la Basse Seine », écrivait C. Desroches-Noblecourt en 1948 dans son étude sur les religions égyptiennes.

Les liens entre Paris et le monde égyptien antique dépassent curieusement cette réflexion. Il semble qu'il y ait eu une sorte de prédestination aux liens existant entre notre capitale et l'ancienne Égypte, ou du moins une forte connivence historique et spirituelle. Dans l'en-tête d'une lettre de Napoléon Bonaparte écrite en 1811, le blason de la ville de Paris est représenté par la barque des nautes, sur la proue de laquelle est évoquée l'image d'Isis ainsi que le symbole de la déesse : l'étoile Sothis, annonciatrice de la crue du Nil. Par la suite, en 1836, après la découverte fondamentale de Champollion sur le sens des hiéroglyphes, Paris reçut un cadeau de l'Égypte : l'immense aiguille de pierre de l'obélisque de Louqsor, qui se dresse à l'endroit qu'occupait la place Louis XV,

et qui témoigne de la relation priviliégiée qui unit la France et l'Égypte. Or si nous remontons le temps, nous nous rendons compte que l'influence de l'Égypte a été constante sur notre territoire, et ce dès les premiers siècles.
À la Bibliothèque nationale de Paris est conservé un bracelet en or orné d'une plaque évoquant un temple dédié à Isis. Ce travail, finement ciselé, a été réalisé vers 400 et mesure moins de six centimètres, prouvant l'habileté de l'orfèvre à maîtriser un tel motif en miniature. Datant de la même époque, on a retrouvé dans la vallée du Pô, en Italie, un autre bracelet exposé depuis au musée de Turin, et représentant la lionne Sekhmet, autre symbole égyptien.

■ ■ ■

Le crépuscule de l'Égypte ancienne

La fin du IVe siècle est marquée par un événement majeur : la reconnaissance du christianisme comme religion officielle, confirmée par l'édit de Théodose en 393. Dès lors, l'Empire byzantin et le christianisme, alliés, mettent définitivement un terme à l'ancienne civilisation égyptienne. Le temple de Philae conserve la dernière inscription hiéroglyphique qu'on ait retrouvée, sur le mur nord de la porte d'Hadrien située à l'ouest du temple d'Isis : elle est datée du 23 août 394. Cette écriture sacrée qui avait régné près de trente-cinq siècles en ne laissant que peu de place aux écritures concurrentes, disparaît alors définitivement, s'enfonçant pour des siècles dans les limbes de l'oubli.
Curieusement, si l'écriture hiéroglyphique disparaît, quelques signes de l'ancien alphabet des Égyptiens pharaoniques sont conservés par les chrétiens d'Égypte dans la langue copte. On a pu prouver qu'un texte démotique transcrit le 11 décembre 452 avait été directement traduit du hiéroglyphique ; cette inscription, sans doute l'une des dernières traduites à l'époque, porte le nom du scribe : Ne-smet-akhom ; voici ce qu'il écrit : « J'ai exécuté le travail sur cette image de Mandoulis pour l'éternité car il est bienveillant envers moi. Le jour de la naissance d'Osiris [...], en

l'an 110. » Mandoulis semble effectivement avoir entendu l'humble scribe, puisque son texte est au moins parvenu jusqu'à nous !

La disparition des signes hiéroglyphiques précipite évidemment la perte de compréhension que subit ce monde en déliquescence. Au IVe siècle, Horappolon publie un ouvrage, *Hieroglyphica*[1], traduisant en grec environ cent-quatre-vingt-dix hiéroglyphes. Hélas, Champollion prouvera que le sens donné à la plupart d'entre eux est tout à fait fantaisiste. L'auteur fournit en outre quelques descriptions concernant la symbolique des animaux dans la culture égyptienne – la cigogne, les corneilles, le lion, le cygne... Horappolon estime par exemple que le cygne symbolise le vieillard s'adonnant à la musique pour occuper ses derniers jours, parce que son chant est le plus beau à la veille de sa mort. L'idée n'est pas récente – Platon parlait déjà du cygne qui chante à l'approche de la mort –, mais elle est fort éloignée de la symbolique égyptienne, qui avait recours au monde animalier pour traduire des concepts divins plus qu'humains.

Au Ve siècle, bien que maladroitement, quelques auteurs tentent de conserver le sens de cette écriture anéantie, de sauvegarder la symbolique égyptienne et de la transmettre aux générations futures. Ce siècle est malheureusement marqué par les conflits sanglants qui déchirent l'Église chrétienne d'Égypte, tel celui engendré par les prises de position radicales de saint Cyrille, évêque d'Alexandrie de 412 à 444, qui affirme l'union hypostatique des deux natures du Christ, divine et humaine.

Ce conflit est sanctionné en 451 par la décision du concile de Chalcédoine, qui marque le début du premier grand schisme de l'histoire de la chrétienté et provoque une véritable guerre de religion. Constantinople nomme un patriarche pour garantir les théories de Cyrille, patriarche considéré comme seule autorité religieuse légitime et dépendant directement de l'empereur ; comme *roi*, en arabe, se dit *malik*, cette Église est appelée melchite. Un autre patriarche est nommé par les adeptes de la théorie

1• Découvert en 1419, il fut publié à Venise au XVIe siècle.

adverse, les monophysites, qui ne reconnaissent au Christ qu'une seule nature : ce patriarche qualifié d'« antibyzantin » portera bientôt, avec son Église, le nom de *copte.*
Ce conflit aura pour tragique conséquence d'affaiblir la puissance de l'Empire byzantin en Égypte et favorisera, deux siècles plus tard, l'arrivée des Perses et des Arabes.

Au VIe siècle toutefois, l'Empire byzantin connaît un nouvel âge d'or. C'est l'époque de Justinien, qui ordonne la construction de Sainte-Sophie dans la splendide capitale d'Asie Mineure. Son édit de 543 sur la fermeture des cultes païens vient renforcer celui de Théodose qui avait été lettre morte, surtout dans le sud ; Philae, dernier bastion de la religion d'Amon, ferme ses portes et l'on peut dire que cette date correspond à la fin de l'Égypte ancienne. Totalement fondée sur la religion avec laquelle elle ne faisait qu'un, l'Égypte cède le pas à la religion nouvelle qui rayonne depuis déjà cinq siècles. Parallèlement, la présence chrétienne en Égypte, quoique divisée, connaît un second souffle ; les églises se multiplient, les temples des anciens pharaons sont convertis en lieux de culte chrétiens et se transforment même en véritables cathédrales : le temple de Philae prend le nom de basilique Saint-Étienne, les temples de Médinet-Habou, Louqsor, Karnak deviennent des hauts lieux du christianisme. En Nubie, le temple de Dendour, qui date de l'époque d'Auguste, est transformé en église tandis que le petit temple de Taffé, exposé au musée de Leyde, devient également un sanctuaire chrétien. Sur le site de Kasr-Ibrim demeurent encore les traces d'une cathédrale du VIIe siècle dédiée à la Vierge Marie, édifiée sur les vestiges d'un ancien temple pharaonique (au XIIe siècle, l'église deviendra une mosquée).
À la même époque, les anachorètes continuent à se répandre dans les Vallées des Rois, des Nobles, et des Reines ; des monastères se dressent, tel celui toujours en activité de Malgata, tout proche des ruines de l'ancien palais d'Aménophis III. Dans le Sinaï, le monastère de Sainte-Catherine prend son essor : il abrite des prêtres artistes qui nous ont laissé de magnifiques icônes. Le tableau

représentant saint Pierre et le Christ annonce tout particulièrement le style pictural des futures icônes des XVe et XVIe siècles à Kiev et Novgorod.

Mais au VIIe siècle, alors que les églises commencent à s'élever dans tout le pays, les conflits permanents qui opposent les chrétiens exaspèrent le peuple égyptien, qui en vient à contester la puissance de Constantinople ; aussi est-ce avec une sorte de soulagement qu'il accepte l'occupation perse, en 617. Les troupes sassanides du roi Chosroês II occupent l'ancienne terre des pharaons pendant une dizaine d'années. Le général byzantin Héraclius chasse cet occupant en 629, mais l'empire est essoufflé : malgré une résistance de quatorze mois lors du siège d'Alexandrie, les troupes de Constantinople ne peuvent résister à la pression arabe. La puissante armée d'Omar Ier dirigée par le général El-Amer (dont le nom donnera le mot amiral) occupe définitivement le terrain en 642, prête à diffuser une nouvelle foi.
Ce sont les Arabes qui, au VIIe siècle, donnent au peuple chrétien d'Égypte le nom de *copte*. Le mot *coptos* vient du nom grec de l'Égypte, *Aeguptos*, qui par déformation a donné *Ae-cuptos* : le mot « copte » désigne désormais les chrétiens d'Égypte, par opposition aux adeptes de l'islam, la nouvelle religion qui s'implante à partir de 642. Les chrétiens d'Égypte adoptent imédiatement ce nom et s'en servent pour désigner les grands événements de leur histoire, y compris ceux qui ont précédé l'arrivée des Arabes. En fait, lorsqu'on parle de l'Église copte, on désigne le christianisme égyptien dans son ensemble : on peut donc parler d'histoire copte dès l'évangélisation de l'Égypte par saint Marc, en 40. L'expression « ère copte » commémore ainsi l'époque douloureuse des martyrs, sous Dioclétien, en 284 ; puis ce mot est employé pour distinguer l'Église monophysite antibyzantine, après le schisme du concile de Chalcédoine, en 451. En 580 les cruautés byzantines exercées sur l'Égypte favorisent le rayonnement des monophysites et donnent naissance à une Église nationale – dans laquelle certains voient le point de départ de l'Église copte. Toutefois, globalement, le terme

« Église copte » désigne en Égypte l'Église chrétienne face à l'islam, la séparation entre les deux religions marquant aussi la distinction entre les deux populations.
C'est donc à juste titre que nous avons, dans notre exposé, employé le mot « copte » avant son apparition historique : si le mot ne naît qu'au VIIe siècle, les coptes existaient depuis plus longtemps, et ce sont les coptes eux-mêmes qui l'ont adopté pour leur histoire antérieure : pour schématiser, on peut dire qu'il y a une période pré-copte avant le VIIe siècle, correspondant à la domination byzantine, et une période copte proprement dite à partir du VIIe siècle.

■ ■ ■

Coptes et Arabes

Les coptes ont une influence déterminante sur les nouveaux conquérants. Lorsque les Arabes arrivent en Égypte, ils rencontrent en effet une civilisation vieille de milliers d'années, dont le brillant héritage, enrichi de celui de l'Antiquité gréco-romaine, a été repris par les chrétiens. Or à l'époque de leur arrivée sur la terre des anciens pharaons, les Arabes détenaient peu de connaissances scientifiques. Ils reçoivent des coptes un legs important dans les domaines des chiffres, de l'astronomie, des lettres, de la matière et en particulier de la chimie propre à la science égyptienne. L'ancien nom de l'Égypte, *Khemet* – dont nous avons vu qu'il est à l'origine du mot chimie et par conséquent du mot alchimie[1] –, passe ainsi directement dans la langue arabe (*al-Kemet*), comme pour symboliser le fort héritage transmis par cette civilisation ; c'est d'ailleurs en particulier dans le domaine des sciences hermétiques que les Arabes doivent beaucoup aux Égyptiens. L'origine du savoir des Arabes est totalement occultée par les différents auteurs – on nous parle constamment de leur primauté en matière d'architecture, de mathématiques et de sciences en

1• *Cf.* chap. 2, « L'Égypte, source du miracle grec », p. 52.

général, sans préciser toutefois que ce savoir a été puisé aux sources de l'ancienne Égypte. L'islam s'étant implanté de l'Espagne aux confins de l'Extrême-Orient, on voit combien fut grande, à travers eux, la diffusion du savoir égyptien.

Avec les Arabes, une nouvelle civilisation prend donc forme, d'abord dans la tolérance et la cœxistence pacifique : vers 800, c'est un souverain arabe de la dynastie abasside, Haroun al-Rachid, qui remet les clés du Saint Sépulcre à Charlemagne. Mais les ennuis commencent pour les coptes au cours du IXe siècle : les musulmans sont en effet favorisés, ils ne paient pas d'impôts et accaparent les fonctions officielles. Les coptes amorcent un mouvement de migration vers le sud, en particulier sur Louqsor où il représentent plus de la moitié de la population. D'autres chrétiens cherchent refuge auprès des monastères. Le règne de Ibn-Touloun, qui par ailleurs fait bâtir une très belle mosquée au Caire, marque une brève période de tolérance : les coptes occupent des postes dans l'administration, en particulier dans la comptabilité, mais leur intelligence et leur réussite ne manquent pas de leur attirer des jalousies. Vers l'an 1000, le souverain fatimide Hakim (996-1021) renouvelle les persécutions.

L'histoire adopte alors un mouvement de balancier, alternant périodes de cohabitation harmonieuse et périodes de conflits. Aux XIIe et XIIIe siècles, c'est la cohabitation pacifique qui prédomine, comme en témoignent plusieurs documents de l'époque : la bibliothèque de l'Institut catholique de Paris conserve un parchemin illustrant le baptême du Christ ; il s'agit d'un évangéliaire du XIIIe siècle qui a la particularité d'être d'inspiration à la fois copte et arabe. Mais un autre évangéliaire de la même époque (conservé au musée du Vatican et étudié au XIXe siècle par l'abbé Hivernat, spécialiste de la paléographie copte), représentant également le baptême de Jésus-Christ, est d'inspiration exclusivement copte, preuve de la vivacité de cette culture en terre d'Égypte au XIIIe siècle.

Les coptes en effet, malgré les longues périodes de tolérance au cours desquelles ils auraient pu se mêler davantage à la civilisation

arabe, conservent leur culture originelle et à aucun moment ne s'adaptent à la nouvelle religion. Aujourd'hui encore, ils représentent environ 8 % de la population égyptienne et tiennent fortement à leur particularité culturelle et religieuse, aussi bien face au monde musulman que face au reste du monde chrétien : dès 451, date à laquelle ils ont refusé la doctrine du concile de Chalcédoine, ils sont guidés par leur propre pape, qui depuis 1971 est Chenouda III. Ce pape est élu par vingt-cinq évêques en Égypte, et cinq à l'étranger. Aujourd'hui encore, la cohabitation entre musulmans et coptes se fait sans heurts majeurs : bien que la majorité gouvernementale soit d'obédience musulmane, le président n'a pas hésité à s'entourer de ministres coptes, tel M. Boutros Boutros-Ghali, qui fut ministre des Affaires étrangères en Égypte, et dont on connaît depuis la brillante carrière internationale.

L'Égypte ancienne, terreau de l'Égypte chrétienne

Il faut attentivement étudier l'histoire des coptes pour comprendre à quoi tient leur forte cohésion culturelle, qui a franchi les siècles au cœur d'une religion et d'une civilisation aussi fortes que celles de l'islam. Dès la conquête arabe, ils décident de s'en tenir strictement à leurs principes originels, établis avant l'arrivée des Arabes. Tout d'abord, ils préservent leur langue, et l'on sait à quel point une civilisation se fonde sur sa langue et sur sa résistance face aux autres langues. Le copte vient en partie de l'ancien égyptien : il se compose de vingt-quatre lettres d'un alphabet original, auxquelles s'ajoutent sept lettres d'origine hiéroglyphique. Des mots de l'ancien égyptien y sont conservés tels quels : ainsi *Neter*, qui désignait Dieu au temps des pharaons, devient-il, sans changement aucun, le Dieu de l'Évangile[1] ; « cloître », en copte *heneté*, correspond à l'ancien mot égyptien *het-neter* signifiant

1• *Cf.* G. Jequier.

« maison de Dieu »[1] ; le mot copte *heb*, qui désigne les fêtes chrétiennes, vient de l'antique mot égyptien *hib*... Cette langue, conservée intacte jusqu'à nous par la liturgie copte, a permis à Champollion de décoder la langue des pharaons.

L'histoire des coptes est aussi l'histoire de leurs monuments : chaque pierre de leurs églises nous raconte le développement de leur culture. Comme nous l'avons déjà vu à propos du nouvel âge d'or byzantin du VIe siècle, les coptes reprennent certains thèmes de l'ancienne Égypte pour les adapter à la foi chrétienne et, dans le même mouvement, convertissent d'anciens temples en églises. Après l'arrivée des Arabes, ce mouvement continue et même s'amplifie. Du Sinaï au Soudan et dans tout le delta du Nil, les églises surgissent. Sur le prestigieux site de Faras, dans le Soudan actuel – capitale chrétienne de toute la Nubie, Faras était à la tête d'un évêché solidement constitué –, une véritable cathédrale est construite sur les vestiges pharaoniques. Conscients de l'importance de ce site, les archéologues en ont construit une maquette : exposée au musée Allan-Pierson d'Amsterdam, elle révèle toutes les caractéristiques des cathédrales telles que nous les connaissons, avec leur nef centrale et leurs nefs colatérales.

D'importants vestiges d'un monastère, le monastère Saint-Siméon, ont également été retrouvés tout près des tombes d'Assouan, sur les bords du Nil, ainsi que d'admirables tombes sculptées, sur la rive ouest de la falaise de sable d'Assouan. Les monastères situés à Kellia ainsi que ceux du Ouadi-Natroun (Basse-Égypte) et du Fayoum (Haute-Égypte). En Moyenne-Égypte furent exhumés au siècle dernier les vestiges de la remarquable église de Baouit, non loin d'Hermopolis, dont la construction s'étend du VIe au XIe siècle ; ces vestiges, auxquels s'ajoute une admirable icône représentant saint Ména, ont été transportés au Louvre.

C'est encore en Moyenne-Égypte que les couvents de Sohag, dits « couvent rouge » et « couvent blanc », sont bâties avec des pierres taillées à l'époque des pharaons et récupérées sur des temples.

1• *Cf.* S. Morenz.

Enfin, dans l'ancien site pharaonique de Dendérah, où s'élevait l'un des grands sanctuaires du culte égyptien, une église est édifiée à côté du temple Mamisi datant d'Auguste. Entre les deux lieux de culte s'effectue un syncrétisme étonnant : les coptes reprennent l'image d'Isis portant l'enfant Horus, déjà adoptée par les Romains, pour l'assimiler à l'iconographie de la Vierge à l'Enfant.

À cette époque, de multiples églises surgissent à côté ou dans les temples eux-mêmes, comme si certains lieux résonnaient encore de ce dialogue millénaire établi avec le divin. Dans l'enceinte de Karnak, haut lieu s'il en fut de la spiritualité en Égypte, on retrouve dans le temple de Rhonsou et dans l'Akhemenou, près du premier pylône du grand temple d'Amon, les restes d'édifices religieux chrétiens ; découvertes identiques devant le parvis du temple de Louqsor ou dans la chapelle des barques du Ramesseum. Dans la Vallée des Reines, un monastère du nom de Deir-Roumi est érigé aux côtés des anciennes tombes, et sur le site de Deir el-Médineh (« le monastère du village »), un autre monastère est fortifié, dont les murailles sont encore intactes.

Si la récupération de blocs est une chose courante, la copie de formes l'est également : à Médinet-Habou, le grand temple de Ramsès III sert de modèle à la construction d'une église copte dont les colonnes sont encore visibles et témoignent d'une très nette inspiration pharaonique. Les chapiteaux des églises qui se développent dans tout le pays à cette époque reprennent les thèmes des temples gréco-romains, tel celui d'Esna. Le musée copte du Caire conserve l'ensemble des colonnes ainsi que la chaire de l'église Saint-Jérémie, datant du IVe siècle et retrouvée sur le site de Saqqarah, lui-même remontant au IIIe millénaire av. J.-C. !

Quant à l'étrange temple de Deir el-Bahari (« le monastère du Nord »), datant de l'époque d'Hatchepsout et que les Grecs avaient transformé en sanatorium, il devient un monastère dans lequel sont conservés les symboles et images de l'ancienne Égypte ; on y célèbre le culte d'un saint appelé Phebe Amon, venu de la tradition pharaonique en passant par la tradition gréco-

romaine. Le mot *phébus* évoque la lumière, attribut d'Apollon, tandis qu'Amon évoque le Caché, l'Invisible, autrement dit le Dieu de l'Évangile. C'est ainsi que, paradoxalement et dans tout le pays, les anciens temples païens de la déesse Hathor ou du dieu Amon sont devenus les enclos sacrés de la nouvelle foi, gardant au cours des millénaires leur fonction de réceptacle de « l'âme du monde », comme les coptes nomment l'esprit des origines à partir du VIe siècle : l'Esprit souffle depuis plus de trois mille ans sur le site lumineux de Deir el-Bahari. Rares sur la planète sont ainsi les lieux qui ont traversé les siècles avec autant de constance symbolique, se transmettant au cours des âges l'admirable charge de porter dans leurs murs la foi multiple des hommes, telle une colonnade qui se tendrait éternellement vers le Ciel.
Mais le temps et les hommes ont eu raison de certains édifices égyptiens, car l'harmonie entre les anciens temples et les nouveaux lieux de culte chrétiens n'est pas toujours aussi parfaite que les exemples que nous venons de donner. Ainsi à Tôd, au sud, non loin de Louqsor, les temples pharaoniques du Moyen Empire, remontant à Sésostris Ier et Amenemhat Ier, sont démantelés. Le matériau propre aux édifices du Moyen Empire est en effet le calcaire ; après avoir été brûlé dans des fours, celui-ci se transforme en chaux, matériau très intéressant pour la constuction de nouveaux bâtiments. Il est certain que si les temples du Moyen Empire avaient été construits en grès – pierre qui servit aux édifices plus anciens – les coptes les auraient réutilisés tels quels, ou auraient construit une église à côté, sans même essayer de les détruire.

Toutefois, le syncrétisme est globalement dominant entre les anciens temples pharaoniques et les nouvelles églises coptes, non seulement en ce qui concerne les formes architecturales, mais aussi la décoration intérieure et l'iconographie. Les murs intérieurs du temple de Karnak se parent de gravures coptes, prouvant que des chapelles y ont trouvé abri. L'un des grands sites de Nubie, Ouadi-es-Seboua, auquel correspond le temple de Ramsès II, a

subi une modification tout à fait surprenante : Ramsès, grand bâtisseur de l'Égypte et conquérant, y est représenté aux côtés de saint Pierre : les coptes ont en effet remplacé Amon, qui accompagnait Ramsès sur la gravure antique, par la figure du saint chrétien !

Ainsi les images de la foi chrétienne se superposent-elles à l'iconographie de l'Égypte ancienne : Horus se métamorphose en cavalier terrassant l'esprit du mal, représenté par un crocodile au pied de son cheval (musée du Louvre, VIIe siècle). L'image même du baptême, sous-tendue par le thème de l'eau pourvoyeuse de vie éternelle, est un thème chrétien qui s'est parfaitement adapté à une symbolique égyptienne déjà fondée sur l'eau et son retour perpétuel. Plusieurs reliefs de monuments antiques montrent en effet le « baptême » du pharaon : cette *lustration* était censée renouveler chaque année les pouvoirs divins d'un pharaon régénéré, comme si, des milliers d'années avant la chrétienté, il avait subi le rite de la renaissance et du baptême. Plus frappant encore, les coptes ont repris à leur compte l'habitude de momifier leurs morts dans des bandelettes, rite éminemment pharaonique.

Le symbole primordial de l'ancienne Égypte, le *ankh* ou clé de vie, va également être adapté sous une nouvelle forme, la croix grecque ou croix de Saint-Georges, en particulier sur les gravures du temple de Philae ; sur certains reliefs, il se drape, évoquant même la soutane des prêtres chrétiens. Sur des reliefs de pierre rose visibles au musée copte, le *ankh* se déforme et ses bras horizontaux s'animent comme les ailes des anges. Le *shen* entourant le *ankh* est un symbole d'éternité. Cette symbolique annonce la future mandorle du tympan de nos cathédrales du Moyen Âge. Le *ankh* servira même de modèle pour les proportions de la nouvelle croix chrétienne.

Le phénix posé sur le tertre initial émergeant des flots, évoquant le tout premier instant de la Création, est aussi un symbole typiquement égyptien. Il est rattaché en particulier à l'antique ville d'Hermopolis et on le retrouve pour célébrer dans la foi chrétienne la nature du Christ et sa résurrection. Une immense

mosaïque syrienne retrouvée à Daphné, près d'Antioche, en est l'un des multiples témoignages. Au musée copte toujours, on peut voir des stèles peintes représentant originellement Horus et Anubis, mais que l'époque chrétienne, au IVe siècle, a voulu accompagner d'une famille d'inspiration copte. Une autre stèle cintrée évoque Horus étendant ses ailes pour protéger un défunt dont la tête rayonnante reçoit la couronne du martyre, justification de l'éternité.
Les coptes reprennent en particulier les symboles animaliers de l'Égypte pharaonique[1], tel le lion – un très beau lion retrouvé dans la ville d'Oxyrinche est actuellement exposé au musée d'Amsterdam. Un fragment d'étoffe copte, exposé au Louvre, reprend très nettement le thème égyptien du Nil avec sa corne d'abondance, tandis qu'un chasseur tenant un canard se tient sur une pirogue, face à un pêcheur : ce vieux thème égyptien exprime symboliquement la rencontre du Nil et de la Méditerranée. Tout un ensemble de sujets d'inspiration végétale et animale se perpétue ainsi dans l'art copte, opérant un amalgame avec l'art égyptien antique. Le thème symbolique des rinceaux de vigne, en particulier, traduisant picturalement l'idée de la renaissance, fleurira de nouveau au Moyen Âge dans nos églises romanes.

Cette forte filiation entre deux civilisations *a priori* si différentes – l'Égypte considérée un peu rapidement comme païenne et le monde copte chrétien – et des similitudes frappantes, voire troublantes, imposent l'idée que les symboles propres à l'Égypte préparaient déjà, en quelque sorte, le terrain au christianisme.
Grâce à la civilisation copte vieille de plusieurs siècles, l'Égypte devient un pôle spirituel de référence pour l'Occident chrétien. Les premiers moines occidentaux viennent y chercher un enseignement dès le IVe siècle et rapportent en Europe les principes reçus et les symboles qui rayonnent ensuite sur tout l'Occident. Cette alliance millénaire entre l'Égypte et l'Occident est admira-

1• *Cf.* chap. 9, « Les animaux de la création », p. 189-193.

blement évoquée par un tissu copte conservé au musée du Louvre. Un colosse barbu y rencontre une jeune fille coiffée d'un oiseau. Il s'agit d'une allégorie : le Nil (le colosse barbu) rencontre la Méditerranée (la jeune fille), de même que le chasseur en pirogue rencontrait le pêcheur sur le tissu allégorique que nous avons précédemment décrit.

Il faut aller au musée copte du Caire pour ressentir profondément tout l'apport que le monde occidental chrétien doit à la civilisation copte. La très douce clarté de son patio entouré de palmiers et de colonnes, la lumière apaisante baignant d'une intense spiritualité les salles spacieuses qui abritent les pierres, témoignages éternels de la foi chrétienne, incitent au recueillement et à la méditation.

■ ■ ■

L'héritage de la symbolique égyptienne en Occident au Moyen Âge

Cette influence de l'Église d'Orient et de l'Église copte sur les missionnaires occidentaux nous amène à réfléchir à l'empreinte profonde de l'Égypte sur les civilisations. En effet, les concepts propres à l'ancienne Égypte touchant au mystère des triades ramenées à l'unité – comme l'a révélé Champollion à propos du temple de Kalabcha –, les principes de morale, de justice, les croyances en l'immortalité de l'âme, en la vie éternelle, la foi en un seul Dieu, tout cela explique la facilité avec laquelle le christianisme s'est développé en Égypte.

Tout commence d'abord par l'activité missionnaire des IVe et Ve siècles, qui a été décisive quant à l'influence exercée par l'Égypte sur l'Occident. Si, dès les Ve et VIe siècles, l'Égypte chrétienne se couvrait d'églises et de cathédrales, il faudra attendre le XIIe siècle avant que les hautes flèches de la foi chrétienne ne se dressent en Europe et que nos pays ne se peuplent de monastères. L'un des aboutissements de cette activité missionnaire reste en France l'abbaye de Cluny.

L'histoire nous renseigne sur cette migration des formes de civilisation en civilisation : ce sont les coptes qui nous les ont transmises, venus s'installer en Europe à la fois pour des raisons missionnaires et parce qu'ils fuyaient les invasions arabes. Des moines missionnaires sont venus du Ouadi-Natroun pour fonder, dans le département de la Loire Atlantique, deux établissements dont il ne reste plus que les noms : Saint-Lumine-de-Clisson et Saint-Lumine-de-Courtais. Ces moines étaient originaires du monastère de Deir-Amba-Bishoy, dans le delta du Nil. Le nom *Bishoy* vient, en arabe, d'un grand saint copte, *Pi-shoy*, c'est à dire « le Lumineux ». De même, les villages ou lieux dits « -du désert » indiquent d'anciens ermitages coptes orthodoxes, et donc originellement égyptiens.

Cet héritage copte va perdurer, et c'est ainsi qu'au Moyen Âge les bâtisseurs et maîtres d'œuvre entretiendront ce savoir, conscients qu'il leur vient de la lointaine Égypte, gardant le secret comme une richesse spirituelle d'ordre initiatique. Le Moyen Âge réécrit donc ces « livres de pierres » de l'ancienne architecture sacrée, en leur ajoutant les plus belles pages de l'histoire sainte, c'est-à-dire de sa propre vision de la religion et des concepts de la foi chrétienne. De même que les moines copistes du Moyen Âge réutilisaient parfois d'anciens parchemins pour y inscrire de nouveaux textes, opérant ainsi des *palimpsestes*, on peut dire que les architectes du Moyen Âge chrétien ont transcrit les concepts de leur foi sur les pages déjà écrites de l'art et de la religion égyptienne, nous livrant une magnifique architecture palimpseste.

Si l'on comprend en effet que les coptes ont été les vecteurs de la symbolique de l'ancienne Égypte vers l'Occident, on découvre également que les missionnaires ont ramené les principes et les plans de l'architecture égyptienne chrétienne – copiés eux-mêmes sur l'art de l'Égypte pharaonique – pour les reproduire dans le langage architechtonique des cathédrales occidentales. Ainsi, la symbolique des monuments du Moyen Âge prend sa source sur les rives du Nil. Certains plans sont même adoptés tels quels. Le temple égyptien de la période classique préfigure le plan

des cathédrales, et la grande salle hypostyle annonce la nef de Notre-Dame de Paris, de Chartres, de Bourges ou de Reims. Autant sur le plan purement architectural que sur le plan symbolique de chaque élément, le temple ou l'église, véritable maison de Dieu, est le microcosme de la création.

À travers les siècles, défiant le temps, la forme des lieux sacrés s'est transmise de religion en religion et a survécu comme un vaste corps vivant. Si le temple égyptien apparaît comme un organisme structuré, comme un être vivant avec ses lois et ses contraintes, avec son élan vital vers le Ciel, avec sa forme définie et éternelle, on ne peut s'empêcher de songer à l'allusion fondamentale dans la liturgie : « L'Église, corps vivant du Christ ». Toute la symbolique que nous connaissons dans le monde occidental s'explique en effet à partir de la civilisation nilotique, parce que l'inspiration est la même, comme diffusée par une même foi éternelle et universelle. Les colonnes floriformes évoquent le milieu initial, le marais végétal de la Création ; chaque détail du temple, puis de la cathédrale, répète l'écho originel de la Création et évoque dans le sanctuaire, qu'il soit chrétien ou pharaonique, la présence du Créateur.

La dynamique des deux tours de nos cathédrales répond à la symbolique des deux massifs de pierre, appelés pylônes, de l'ancienne Égypte. Or ces deux pylônes évoquent à l'origine l'horizon où apparaît la lumière : c'est un signe hiéroglyphique, et l'on voit que de l'écriture sacrée des Égyptiens est née la forme de leurs temples, et donc celle de nos cathédrales. Or ces gigantesques symboles de pierre, dressés comme des hiéroglyphes sur le ciel, ne signifient-ils pas eux aussi, à l'instar du signe « horizon », l'éveil du monde sous le doigt divin de la Lumière, cette aube mystique d'où est née la foi des hommes ? En Occident, comme en Égypte, le soleil a la même nature religieuse : il est la présence visible de l'Invisible. Les textes bibliques ne nous parlent-ils pas du « nouveau soleil » pour désigner le Christ ?

Songeons aussi aux chapiteaux qui décorent les grandes travées de l'architecture chrétienne, et dont l'ornement semble être une

création exclusive du Moyen Âge. Pourtant, c'est aussi dans les temples pharaoniques qu'il faut aller chercher leur source ; dans celui d'Esna par exemple, dont les chapiteaux semblent avoir inspiré ceux de l'église copte du Baouit, édifiée au VIIe siècle en Moyenne-Égypte. On retrouve d'ailleurs de tels chapiteaux presque à l'identique dans la basilique Saint-Marc, à Venise, ou encore dans l'église de la Madeleine, à Vézelay.

Au Moyen Âge, alors que les cathédrales s'élèvent de toutes parts en Occident, fleurit aussi la notion de « crèche ». Or cette notion était déjà primordiale dans le grand temple d'Abou Simbel, véritable *spéos*, réceptacle de la parcelle d'énergie divine qui est chaque année renouvelée et comme ressuscitée à la vie.

Les supports symboliques du christianisme – tels le soleil, l'eau, la vigne, le blé, le pain, les animaux, et même le tétramorphe correspondant aux quatre points du globe, sur lequel veille la toute-puissance divine – ont d'abord été des notions fondamentales de l'ancienne religion égyptienne et cela explique pourquoi les prêtres coptes ont utilisé les sépultures de la montagne thébaine comme cellules de réflexion, de méditation, en conservant l'iconographie de l'ancienne Égypte : ils ont compris que leurs ancêtres louaient et priaient en Amon le même Dieu qu'eux ; ainsi semble en témoigner cette prière égyptienne antique : « Tu es Amon [...] Celui qui répond à l'appel du malheureux. Je te prie chaque fois que je suis dans la détresse. Et toi, tu viens pour me sauver. »

De nombreux textes du Nouvel Empire, et notamment de l'époque d'Aménophis IV-Akhenaton, s'apparentent aux psaumes et au credo des chrétiens.

Dès lors, on mesure l'importance de la spiritualité des textes de l'ancienne Égypte qui ne manqueront pas d'influencer les traductions faites dès le IIe siècle par saint Irénée, surtout celle de la Genèse et de l'Exode. Leur influence se fera sentir au IVe siècle sur saint Jérôme, qui à son tour traduira la Bible en latin, la Vulgate, transmettant cet héritage ancien au monde chrétien.

Les distances entre l'Égypte et l'Occident tombent donc sitôt que

l'on mesure l'impact de la civilisation nilotique sur le christianisme. Mais l'intensité de cette influence a été délibérément oubliée, reniée et même dénoncée au nom de la vérité qui dérangeait le moins. Il y a eu à travers l'histoire une volonté évidente de travestir une réalité qui apparaît pleinement au grand jour après une étude objective de l'histoire.

Nous avons déjà évoqué la mosaïque de la basilique Saint-Marc à Venise (IXe siècle), qui montre le saint arrivant d'Égypte sur sa barque, véritable allégorie que nous offre le Moyen Âge illustrant les liens très forts qui unissent l'Égypte et notre monde. Sur cette mosaïque apparaît d'ailleurs le phare d'Alexandrie, détruit quelques siècles plus tard, mais qui illumine toujours notre civilisation de sa présence symbolique.

Cette influence de l'ancien monde égyptien sur notre monde se prolonge après la vague des premiers moines voyageurs par-delà la Méditerranée. Les croisades vont en effet avoir une autre influence décisive sur notre symbolique. Des masses de soldats pèlerins vont déferler sur le Proche-Orient, en rapportant de nouvelles sources d'influence qui vont revivifier et relancer l'héritage égyptien.

L'influence de l'Égypte persiste encore au Moyen Âge dans la construction de nos châteaux, dont les plans sont ceux de la citadelle de Syrie du krack des Chevaliers. Or ce type de forteresses du Proche-Orient trouve en réalité son origine dans les citadelles de Kadesh, également en Syrie, et qui datent du Nouvel Empire égyptien (-XIVe siècle).

Les symboles de notre royauté sont aussi hérités de l'Égypte. Maints exemples peuvent être cités remontant à l'époque de Philippe le Bel, tels les lions qui ornent son trône, évoquant ceux qui protègent le siège d'apparat de Toutânkhamon, exposé au musée du Caire. Le lion est depuis resté un des attributs de la royauté en Occident. Le roi en majesté portant dans sa main la fleur de lys, image familière en France, est également propre à l'Égypte ancienne.

L'influence de l'Égypte ne s'arrête pas là. Notre histoire a encore été marquée par la détention de saint Louis en Égypte (1250),

ainsi que par l'arrivée en Égypte de saint François d'Assise (1219) dont la rencontre avec le sultan a été admirablement représentée par Giotto dans les fresques de la chapelle Scrovegni, à Padoue. Or c'est ici, sur cette terre d'Égypte, que saint François rédigea sa célèbre prière au soleil – comme Akhenaton l'avait fait quelques milliers d'années auparavant ! Cet hymne à Aton, au Créateur, si proche de la belle prière de saint François, montre que l'influence de l'Égypte était d'origine divine.

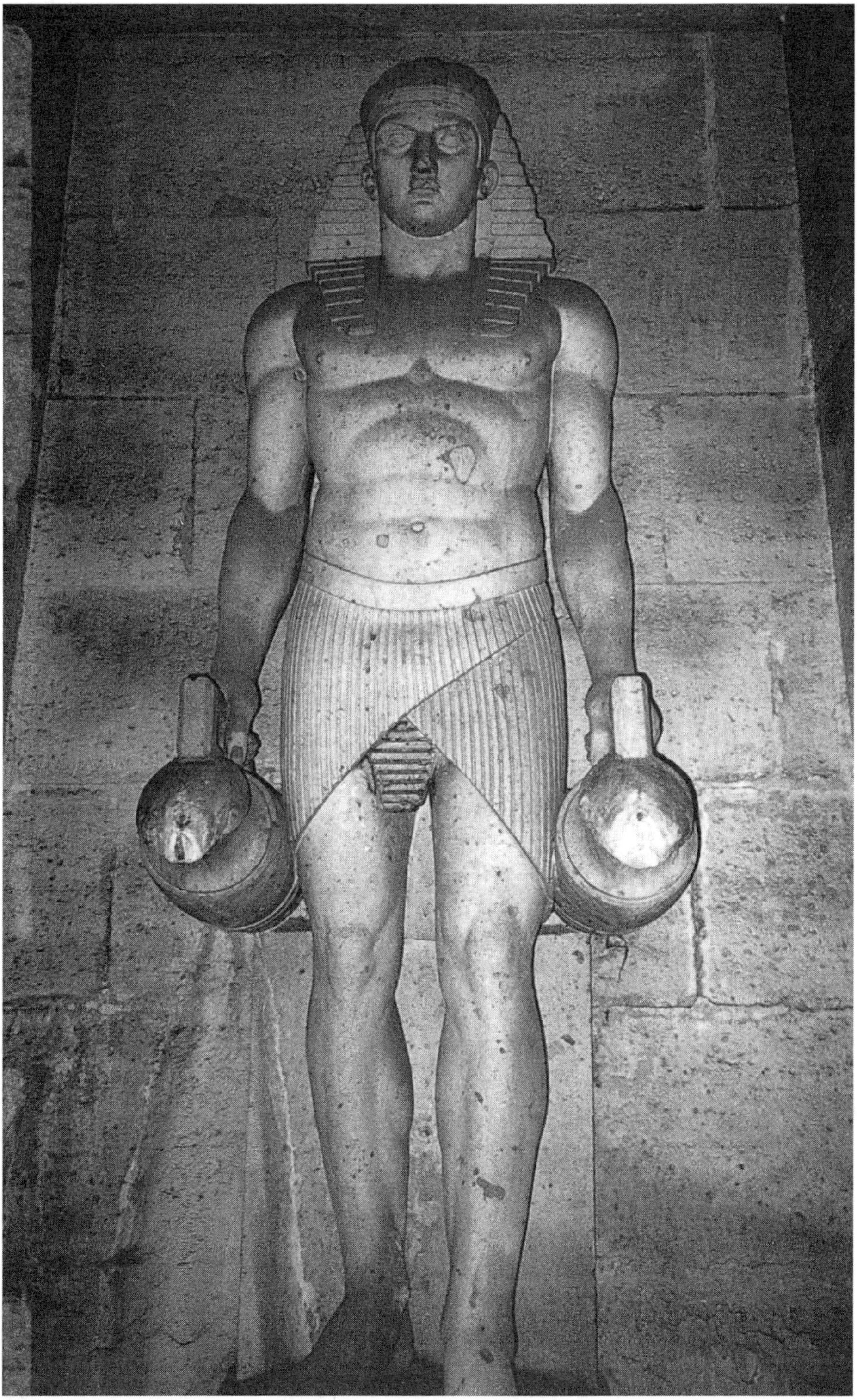

La fontaine du Fellah ou du Porteur d'eau par Beauvallet (1806) d'après un modèle d'Antinoë désormais exposé au Vatican
(Paris, 42, rue de Sèvres, près de l'hôpital Laennec).

Influence de l'Égypte sur l'Occident du XVIe au XIXe siècle

JUSQU'AU Moyen Âge, l'Égypte ne s'est manifestée en Occident que sous la forme d'une influence sous-jacente. Avec les Temps modernes, plus qu'une influence elle va être un goût, une référence consciente, étudiée ou reprise pour elle-même, mais souvent déformée.

■ ■ ■

L'Europe sous le charme égyptien

Le début du XVIe siècle est marqué par la découverte à Rome, en 1525, d'une plaque de bronze veinée d'argent représentant des silhouettes de divinités égyptiennes, et notamment celle de la déesse Isis. Cette plaque, exposée aujourd'hui au musée de Turin,

porte le nom de « table isiaque » et marque un renouveau d'intérêt pour l'Égypte pharaonique. Les artistes de la Renaissance s'en inspirent autant que du monde gréco-romain – auquel on accorde en général la plus forte influence sur cette époque. La ville de Rome se pare de monuments de style égyptien : les décisions du pape Sixte Quint, en particulier, sont exécutées dans cette mouvance par son architecte, Domenico Fontana. Sphinx et sphinges dominent la Piazza del Popolo, les obélisques sont déplacés pour être érigés sur les places principales : Piazza del Popolo, place Saint-Jean-de-Latran, et même devant le monument phare de la chrétienté, Saint-Pierre de Rome.

Mais l'Italie n'est pas le seul pays à chercher à s'embellir grâce au style égyptien, car toute l'Europe de la Renaissance tombe sous le charme des formes fines et puissantes de la civilisation nilotique. En Autriche, devant le château d'Helburn, outre des obélisques, des chiens couchés au corps fuselé, modelé d'après celui du chacal noir d'Anubis, rappellent leurs ancêtres égyptiens. En France, des sculptures de style égyptien accueillent majestueusement les visiteurs à l'entrée des châteaux de François Ier, en particulier celui de Chenonceau.

Toute la mode française de ce siècle s'inspire de l'Égypte : ses gravures et ses peintures reprennent des thèmes bibliques à décor nilotique, qu'il s'agisse de Moïse sauvé des eaux ou du drame de Cléopâtre. Ces mêmes thèmes inspirent par exemple les motifs très élégants des tapisseries de l'école d'Aubusson. À Paris, la grande déesse Isis continue même à exercer sa séduction : à l'emplacement de l'abbaye de Saint-Germain-des-Prés, un *iseum*, temple d'inspiration païenne, aurait été dédié à la déesse égyptienne[1].

Face à l'omniprésence de l'Égypte dans le renouveau artistique de l'Europe du XVIe siècle, il demeure troublant que peu d'auteurs aient donné sa juste place à cette civilisation. De nos jours encore, aucun ouvrage ne propose la primauté de l'Égypte sur le monde de la Renaissance.

1• *Cf.* J. Baltrusaïtis.

C'est à Venise, carrefour de l'Orient et de l'Occident, que les symboles ont opéré leur passage d'une civilisation à l'autre dès le début du Moyen Âge et ultérieurement, notamment dans une série de tableaux de Vittore Carpaccio daté de 1500. L'illustre auteur de la *Légende de sainte Ursule* nous a laissé, à la Scuola di San Giorgio, un ensemble de tableaux que des générations de spécialistes de l'art italien ont décrit avec brio. Mais l'œil exercé à une lecture des symboles animaliers découvre dans l'ensemble un sens global qui prend ses racines dans la pensée de l'Égypte ancienne.

Dans le premier tableau, l'image de saint Théodore terrassant le dragon correspond à Horus annihilant l'esprit du Mal. Les squelettes et les corps disloqués par la cruauté du démon, gisant sur le sol, évoquent de manière saisissante et proprement surréaliste la violence, la sauvagerie. Dans le dernier tableau au contraire, le spectateur contemple la sérénité de saint Augustin recevant la lumière, sérénité renforcée par la présence d'un petit chien qui suggère le repos et la domestication des forces incontrôlées – à l'opposé de l'animal furieux qui figurait le démon dans le premier tableau. Or, dans la symbolique égyptienne, la présence du canidé est souvent liée aux idées de bonheur, de sagesse, de paix, et surtout de renouveau, notamment à l'apparition de l'année nouvelle.

La présence de saint Augustin dans sa bibliothèque fait allusion à la force de l'esprit, aboutissement de toute une progression représentée par les différents animaux se succédant de tableau en tableau, dont l'ensemble pourrait s'intituler « De la sauvagerie à la domestication », ou « De la guerre à la paix ». La symbolique de tous ces animaux ne peut être comprise qu'à partir de l'ancienne Égypte. C'est le cas du griffon, dont on retrouve des représentations au Moyen Empire, vers 2000 av. J.-C., au temps de Sésostris. Succédant à cet animal menaçant, une bête apaisée apparaît aux côtés de saint Jérôme dans le tableau qui lui succède, il s'agit d'un lion : or, dans l'imaginaire de l'Égypte antique, le lion exprime la lumière, mais aussi la force ou l'eau. Ne soyons donc pas surpris de trouver à Venise, dans l'emblème de Saint-Marc ainsi

que dans un autre tableau de Carpaccio exposé à l'Académie, un lion ailé dont les deux pattes avant reposent sur la terre et les deux pattes arrière sur l'eau.

En Occident, les animaux ont donc parfois conservé le même langage que dans l'ancienne Égypte. Leur présence ne correspond en aucun cas à une interprétation profane, au premier degré, mais bien à de véritables *conversations sacrées* ; nous pourrions dire que nous sommes dans l'Irréel, pour reprendre le titre d'un ouvrage d'André Malraux. À travers les siècles, l'Occident s'est approprié cette symbolique propre à l'imaginaire nilotique pour la restituer à la Renaissance en perdant le sens du sacré.

Les hommes modernes ont perdu cette signification. Si nous voulons parvenir à la vraie compréhension des symboles de notre religion, nous devons regarder vers les images de l'ancienne Égypte, nous ouvrir aux concepts de la foi et de l'art en tant que valeurs métaphysiques associées. L'union de l'art et de la foi dans un même sens métaphysique, c'est là une idée égyptienne, et elle est fondamentale. Dans les civilisations qui se réclament du sacré, l'art et le beau ont toujours tenté de traduire l'image de l'Invisible. Et c'est ainsi que l'Égypte et l'Occident peuvent s'éclairer mutuellement à partir de la lecture de leurs symboles respectifs.

Ces symboles, quelque peu modifiés, expriment le secret du langage de l'œuvre. Ajoutons aux animaux symboliques utilisés par les anciens Égyptiens l'image d'Isis et d'Horus, véritable préfiguration de la Vierge à l'Enfant, et nous comprendrons alors plus aisément l'ensemble de l'œuvre de Carpaccio. Nous retrouvons en effet une Vierge à l'Enfant au centre de tous ses tableaux. Autrement dit, nous avons au cœur de son ensemble pictural, évoquant d'un côté la guerre, de l'autre la paix, l'élément essentiel représenté par l'enfant, le sauveur du monde.

En dépassant le tout premier sens que nous lui avions attribué (« De la sauvagerie à la domestication »), nous pourrions donc donner à cet ensemble magistral le titre suivant : « De l'épée à l'esprit », ou encore : « Victoire de la lumière sur les ténèbres ». Et

c'est la reprise du bestiaire symbolique propre à l'Égypte qui nous rend capables de lui restituer sa valeur oubliée.

Au XVIIe siècle, quelques savants tentent d'aller plus loin et de déchiffrer les hiéroglyphes, mais leur compréhension de cette symbolique reste très aléatoire. Le père A. Kircher* (1636-1679) publie ainsi en 1652, à Rome, quatre volumes intitulés *Œdypus-Aegyptiacus*, relatifs à la civilisation égyptienne. Il tente de percer le secret de la chambre forte des hiéroglyphes, mais demeure sur le seuil...
L'intérêt de l'Europe pour l'Égypte croît par ailleurs au XVIIe siècle avec le développement de la franc-maçonnerie. Cette dernière s'appuie en effet sur l'imagerie de l'ancienne Égypte, réutilisant ses rites et ses symboles. Ainsi, la position codifiée du bras droit posé sur l'épaule gauche ou encore celle des mains enlacées que l'on trouve dans la symbolique maçonnique viennent-elles directement de l'iconographie égyptienne antique. Évoquons ces rites par l'image d'Horus conduisant le défunt devant le Seigneur de la vie, tel qu'on le voit sur le papyrus d'Ani (datant d'environ -1400, conservé au British Museum).
À l'instar des francs-maçons, les Rose-Croix s'inspirent de thèmes égyptiens, prenant plus particulièrement pour référence le pharaon Thoutmosis III, qu'ils considèrent comme le fondateur originel de leur ordre.

Au XVIIIe siècle, la musique s'empare à son tour des thèmes égyptiens, réinventant toute une Égypte d'opérette avec grâce et fantaisie. Dans la *Flûte enchantée*, l'œuvre la plus célèbre de cette veine, Mozart revisite allègrement, avec la maestria que l'on sait, les rites d'Isis et d'Osiris. Haendel reprend pour sa part le thème d'*Israël en Égypte*, tandis que Rameau puise une partie de son inspiration dans le Nil de ses rêves.

* Les ouvrages dont les auteurs sont suivis d'une étoile ont été récapitulés en annexe de la première partie : « Publications et événements célèbres du XVIe au XXe siècle ».

L'Égypte continue également à fasciner peintres et sculpteurs. À Rome, les statues égyptiennes modèlent le regard des artistes, ce qui apparaît nettement dans les belles gravures que réalise Piranèse. J. Winckelman*, auteur d'ouvrages de référence sur l'Égypte, en étudie quant à lui les formes du point de vue de l'historien de l'art ; les dessins qu'il présente de l'Égypte sont malheureusement très fantaisistes.
C'est encore au XVIIIe siècle que la vogue de l'Égypte gagne la littérature. En 1722, B. de Montfaucon* publie dix volumes sur l'Antiquité expliquée et représentée en figures. En 1731, l'abbé Terrasson* fait paraître à Paris un livre intitulé *Séthos*, histoire ou vie des monuments, anecdotes de l'ancienne Égypte. R. Pococke*, un Londonien, et F. Norden*, de Copenhague, publient dans les années 1740 des récits de voyages en Égypte et en Nubie. À la fin du XVIIIe siècle, le comte de Volney* rédige en France un véritable reportage de son voyage, premier travail sérieux sur l'Égypte, ouvrage dans lequel on trouve la description de l'initiation aux mystères égyptiens traduits d'un manuscrit grec. Livre de chevet de Bonaparte, il aura une influence déterminante sur sa décision d'aller en Égypte. Enfin, la mode de l'Égypte se poursuit tout au long de ce XVIIIe siècle, et une petite pyramide est même édifiée dans le parc Monceau à Paris.

Bonaparte ressuscite l'Égypte

Mais c'est grâce à Bonaparte que le monde scientifique s'ouvre réellement à L'Égypte et que celle-ci devient un sujet d'étude sérieux. Lancée en 1798, l'expédition Bonaparte est composée de milliers de soldats et de cent soixante savants de tous horizons scientifiques – géologues, historiens, biologistes, chimistes, dessinateurs, architectes... Bonaparte opère la transition entre le XVIIIe et le XIXe siècle en ce qui concerne l'intérêt porté à l'Égypte ; s'il apparaît comme le catalyseur d'une mode, il est aussi le « mécène » d'une nouvelle science à venir, l'égyptologie.

Pour la première fois dans l'histoire sont réalisés des relevés précis et des gravures de sites égyptiens. Dès son retour d'Égypte, l'un des membres de l'expédition, Dominique Vivant Denon* – également connu pour ses écrits littéraires et parce qu'il deviendra le premier directeur du musée du Louvre – publie un ouvrage intitulé *Voyage dans la Basse et la Haute Égypte* (1802). Plus tard, entre 1809 et 1828, le magistral ouvrage commandé par Bonaparte aux scientifiques de l'expédition, la *Description de l'Égypte*, paraît en dix tomes contenant quelque mille planches gravées.

L'Égypte devient alors le pôle de tous les intérêts (et ne parlons pas des pilleurs de trésors qui travaillent pour les musées d'Occident, ou des profanateurs de pyramides qui revendent sans scrupule leurs trouvailles en Europe). Tout un style portant le nom de « retour d'Égypte » envahit les salons parisiens, aussi bien dans l'art du mobilier que dans celui des vêtements ou de la table.

Des petites têtes de pharaons servent de coin d'accoudoir, des sphinx miniatures ornent des pendules, des sphinges font office de chenets ou décorent l'entrée des palais – comme le Louvre ou les Tuileries... Parmi les meubles de style égyptien, l'un des plus étonnants est le médaillier fabriqué en acajou plaqué d'argent pour Denon. Il est aujourd'hui exposé au Metropolitan Museum de New York. Une pendule est réalisée en bronze doré à partir d'un dessin de Denon évoquant le temple de Dendérah, en 1806.

Les robes des dames de l'époque, à la taille sous la poitrine, au long drapé, leurs coiffes en forme de large ruban ou de casque, s'inspirent directement des canons esthétiques égyptiens (telle par exemple la magnifique robe dont est vêtue la « Dame Toui » datant de la XIXe dynastie, vers 1325 av. J.-C., exposée au Louvre) et dominent la mode vestimentaire de l'époque.

L'orfèvrerie et l'art de la table subissent également cette égyptomanie naissante, et c'est ainsi que le gracieux petit temple de Philae sert de modèle pour la porcelaine de Sèvres. Un service à dessert de cette collection sera d'ailleurs offert ultérieurement au tsar Alexandre Ier (1801-1825). Quelques années plus tard, des

vases en porcelaine sont créés, dont les motifs s'inspirent des dessins rapportés par Champollion, notamment un vase à décor de gazelles galopant parmi des bouquets de fleurs.
Le répertoire égyptien semble donc inépuisable. C'est en architecture et en décoration urbaine qu'il a peut-être le plus fort retentissement, marquant d'abord profondément l'esprit de Bonaparte. Quelques années après son retour en Égypte, le 15 août 1809, il signe un décret ordonnant la construction d'un obélisque à la gloire de la Grande Armée, destiné à orner le pont Neuf. Ce projet n'eut pas de suite, et c'est une statue du roi Henri IV qui sera finalement édifiée à cet endroit. Il faudra attendre 1836 pour que, grâce à Champollion, un obélisque – le fameux obélisque de Ramsès II offert par l'Égypte et ramené de Louqsor – soit érigé au cœur de Paris, donnant lieu à l'un des événements qui ont marqué la mémoire des Parisiens de l'époque.
De nombreuses places, des rues de Paris sont également décorées de motifs égyptiens. Sur la place du Châtelet, la fontaine aux gueules de sphinx crachant de l'eau et surmontée d'un obélisque dressé vers le ciel est un parfait exemple de ce style ; une autre fontaine, rue de Sèvres, abrite une sculpture d'inspiration égyptienne. On réalise des copies de statues, notamment plusieurs du bel Antinoüs, l'ami d'Hadrien, dont un des plus beaux originaux, datant du IIe siècle, est exposé au musée du Vatican. Le sculpteur Pierre Nicolas Beauvallet exécute en 1810 une copie en marbre bleu d'Antinoüs d'un mètre soixante-quinze de haut, exposée au musée Marmottan.
Sur le plan architectural, l'hôtel de Beauharnais (78, rue de Lille, à Paris) est orné en 1807 d'un portique réalisé par Nicolas Bataille dans le plus pur style égyptien : comme dans l'Égypte des pharaons, la corniche est décorée d'un soleil ailé et soutenue par des colonnes palmiformes.
La place du Caire, à Paris encore, est illustrée de visages représentant la déesse Hathor. On peut voir des décors égyptiens datant du XIXe siècle au Louvre, ainsi qu'au Père Lachaise, où des savants de l'expédition Bonaparte ont voulu décorer leur tombeau de motifs purement égyptiens. C'est le cas de Monge

ou, plus tard, de Champollion, dont la tombe sera ornée d'un obélisque.
La mode de l'Égypte se répand dans toute l'Europe, en Italie, en Angleterre (avec l'*Egyptian Hall*), en Russie... En Autriche, à Salzbourg, le temple de Dendérah sert de modèle pour réaliser, en 1828, une commode ayant pour thème Hathor, la déesse de l'amour. En 1842, une filature de lin est édifiée en Angleterre sur le modèle du temple égyptien d'Edfou, et cette filature est baptisée *Temple Mills Leeds* ! En Belgique, l'Égypte inspire l'architecture d'une partie du zoo d'Anvers, notamment pour le pavillon des éléphants bâti en 1855. Ce petit édifice porte même une inscription hiéroglyphique dont le sens n'a d'ailleurs rien de fantaisiste : « Sous sa majesté le Roi, soleil et vie de la Belgique, fils du Soleil, Léopold Ier, fut faite cette maison. »

Vers le déchiffrement des hiéroglyphes

Plusieurs hommes restés célèbres vont participer à cette émulation générale pour l'Égypte – des Anglais et des Français principalement. Après l'expédition Bonaparte, qui a ouvert la voie, le consul de France Drovetti[1] et le consul d'Angleterre Salt[2], à l'instar de Denon précédemment, accomplissent au début du siècle un immense travail. Suivant la méthode de Lord Elgin pour le Parthénon, ils parcourent l'Égypte pour « récolter » et rapporter des antiquités pharaoniques dans leur pays ; se livrant à une véritable concurrence, ils se font aider par des hommes de mains tels J.-J. Rifaud*, originaire de Marseille, ou G. Belzoni*, Italien de Padoue. Ce dernier a cependant joué un rôle dans la grande aventure de l'égyptologie débutante : en 1820, de retour en Europe, il publie les résultats de ses recherches et organise une tournée européenne avec une reconstitution de la tombe de Séthi Ier ; il est

1• Bernardo DROVETTI (1775-1852), d'origine italienne, consul de France au Caire entre 1802 et 1829.
2• Henry SALT (1780-1827), consul d'Angleterre au Caire entre 1816 et 1827.

amusant de signaler que Champollion fit partie des spectateurs enthousiastes de cette inédite et première exposition égyptienne lors de son passage à Paris.
C'est encore au début du XIXe siècle que le docteur Clot, lui aussi originaire de Marseille, laisse son nom au Caire comme fondateur de l'École de médecine. Reconnaissant sa valeur, les Égyptiens lui donnent le nom de Clot Bey. Quelques années plus tard, il rapporte une importante collection d'objets égyptiens qui font aujourd'hui l'honneur du Musée d'archéologie de la cité phocéenne. À Londres, L. Mayer* publie en 1801 un ouvrage de référence comprenant de nombreuses représentations de l'Égypte ancienne et moderne.
Quelques années plus tard, le Français J.-N. Huyot*, architecte de l'Arc de triomphe, se rend en Égypte et réalise des relevés qui seront mis à profit par Champollion pour déchiffrer les hiéroglyphes, en 1822.
Alors peut véritablement commencer l'égyptologie, et se créer au musée du Louvre un département des Antiquités égyptiennes qui ne doit rien à aucune mode ; 1822 marque d'ailleurs une charnière dans le siècle, puisque c'est cette année-là que F. Gau* et F. Cailliaud* partent pour une expédition en Nubie qui donnera lieu à plusieurs publications. La même année, J.-L. Burckardt*, de retour d'Égypte où il a découvert le temple d'Abou Simbel, publie à Londres *Travels in Nubia.*
En 1828-1829, J.-F. Champollion* entreprend à son tour une expédition. Accompagné du Toscan I. Rossellini*, il se rend en Égypte et rapporte – avec des moyens évidemment moindres que ceux que Bonaparte, son illustre prédécesseur, avait à sa disposition – quantité de documents qui seront publiés en partie en France et en partie en Italie, sous le titre *Monuments de l'Égypte et de la Nubie* (1832-1845). Cet ouvrage fait toujours référence auprès des égyptologues actuels.
Champollion disparaît en 1832, mais d'autres grands personnages lui succèdent et font avancer la science qu'il avait inaugurée. Pensons particulièrement à H. Horeau*, D. Roberts*, J. G. Wilkinson*, mais

aussi K. R. Lepsius* qui se rend en Égypte en 1843, puis en Nubie et au Soudan. Une douzaine de volumes, les *Denkmäler aus Aegypten und Aethiopen*, seront tirés de cette expédition commandée par le roi de Prusse, sur le modèle scientifique napoléonien.

L'égyptologie de l'époque se double toujours de dessinateurs de talent, indispensables aux relevés effectués sur le terrain. L'Anglais D. Roberts, rentré en 1838, a laissé de sublimes aquarelles, sans doute les plus belles du genre. Le Français E. Prisse d'Avesnes* publie en 1879 son *Histoire de l'art* dont une grande part est réservée à l'Égypte. O. Jones*, également, laisse son empreinte dans l'histoire de l'égyptologie grâce à ses élégants relevés.

Mais un grand bouleversement marque le milieu du XIXe siècle : l'apparition de la photographie, qui va révolutionner l'égyptologie. Le grand photographe M. Du Camp* se rend en Égypte accompagné de Gustave Flaubert. En 1862, l'Anglais F. Frith* publie à son retour d'Égypte un album de photos d'une grande qualité artistique : *Egypt, Nubia and Ethiopia* servira de référence à l'égyptologie en voie d'élaboration.

Maxime Du Camp lègue à la postérité un ensemble de photographies qui illustrent avec beaucoup de sensibilité tous les grands monuments de l'Égypte ancienne. Ces photos sont extrêmement émouvantes, car elles nous montrent les grands temples – comme Abou Simbel ou Louqsor – tels qu'ils étaient à l'époque, ensablés. Une grande nostalgie se dégage de la vision de ces immenses vaisseaux de pierre ancrés dans le sable d'Égypte pour l'éternité.

Dans le domaine littéraire, le fameux *Roman de la momie*, de Théophile Gautier*, illustrera avec talent cette veine.

Mariette, Lesseps, Verdi...

L'égyptologie de ce milieu du XIXe siècle est marquée par l'arrivée d'un autre savant illustre, A. Mariette*. Ce célèbre archéologue effectue en 1852 un ensemble de découvertes sur le site de Saqqarah, dont plusieurs tombes – en particulier les magnifiques

tombeaux des taureaux Apis du Serapeum, entièrement enterrés sous le sable. Certains objets de ces fouilles sont ramenés en France et exposés au musée du Louvre, tel le magnifique « Scribe accroupi », le sphinx de Nectanébo, ou le pectoral du fils de Ramsès II, chef-d'œuvre d'orfèvrerie.
En 1867 se tient à Paris l'Exposition universelle, pour laquelle Mariette fait monter la copie d'un temple égyptien. À l'occasion de cette réunion internationale de vaste ampleur, le « Scribe accroupi » est présenté au public, ainsi que la statue en diorite du roi Khéphren (v. -2500) et le trésor de la reine Ahotep, qui intéresse fortement l'impératrice Eugénie. Elle va jusqu'à exprimer le désir de posséder un des somptueux bijoux de la princesse, mais Mariette a la fermeté de s'opposer à ce caprice impérial...
L'ouverture du canal de Suez par le Français Ferdinand de Lesseps en 1869 participe à la vogue de l'Égypte et du Proche-Orient en France, vogue qui, on le voit, traverse le siècle de Bonaparte à Napoléon III et se répand dans toute l'Europe.
En 1871, Verdi, l'illustre compositeur italien, fait représenter pour la première fois *Aïda*, l'un de ses chefs-d'œuvre. Par souci d'exactitude historique, en particulier dans les décors et les costumes, le grand musicien travaille avec Mariette, qui réalise en partie le livret et choisit les décors pour la représentation au Caire ; le petit temple de Deir el-Médineh sert de modèle à leur architecture.
Dans d'autres pays d'Europe, les gouvernements n'hésitent pas à exiger de l'Égypte des obélisques pour décorer leurs capitales. Tout le monde veut son obélisque ! Londres aura le sien en 1878, venu d'Alexandrie et érigé sur les bords de la Tamise. En 1880, un autre obélisque d'Alexandrie traversera l'Atlantique, pour se dresser dans Central Park, à New York, juste derrière le Metropolitan Museum.
Cette forme dynamique de l'obélisque fuselé, dressé vers le ciel, est reprise par les Américains à la fin du XIXe siècle, avec le gigantisme qui caractérise souvent cette nation : un obélisque géant est construit au cœur de Washington ; de son sommet, accessible de l'intérieur, on peut admirer toute la ville, dont le plan des voies

n'est pas sans rapport avec l'urbanisme des anciens Égyptiens... L'obélisque de Washington s'harmonise en tout cas très bien avec le reste de l'architecture de la capitale américaine.
Si la musique, on l'a vu, a mis à l'honneur des thèmes propres à l'antique civilisation égyptienne, la peinture du XIXe siècle n'échappe pas non plus à cette influence : les paréos des Tahitiennes de Gauguin semblent dessiner les mêmes plis que les voiles des épouses de pharaon. Une troublante similitude existe en effet entre les femmes de son tableau intitulé *Le Marché*, exposé aujourd'hui au musée de Bâle, et les silhouettes féminines gravées sur la tombe de Nefer-Renpet, datant du Nouvel Empire (-XVe siècle). C'est un peu comme si l'art de notre XIXe siècle s'était tout entier épanoui dans un « air du temps » totalement imprégné des parfums de l'Égypte...

À Istambul, Paris, Londres, New York, Leningrad…, les monuments égyptiens rayonnent sur notre temps par leur puissante symbolique et leur présence millénaire (obélisque d'Istambul).

L'Égypte et notre temps

DEPUIS l'arrivée des Grecs et des Romains en Égypte, et leur rencontre avec les trésors des temples et des tombeaux, l'Égypte continue à exercer un pouvoir magique qui s'est perpétué jusqu'à nous par-delà les siècles.

L'impact artistique sur le XXe siècle, Toutânkhamon

Au début du XXe siècle, dans la continuité du XIXe, l'Égypte demeure une source d'inspiration et les artistes puisent dans son répertoire les éléments d'une beauté intemporelle. Ainsi toutes les formes d'art réutilisent-elles des motifs de l'ancienne Égypte : dans le mobilier, les bijoux, ou la verrerie, Van Cleef, Cartier, Gallé ou Lalique créent des scarabées, des lotus ou des cobras côtoyant des déesses égyptiennes.
L'influence de la civilisation des pharaons s'exerce aussi dans la littérature et Sigmund Freud lui-même

est hanté par les images des dieux de l'ancienne Égypte – une gravure des colosses d'Abou Simbel est accrochée au-dessus de son bureau – et il laissera une étude sur Moïse et le monothéisme dans laquelle le législateur du peuple hébreu est considéré comme un prêtre du roi Akhenaton.
Plusieurs publications d'égyptologie paraissent au début du XXe siècle à Bruxelles. Jean Capart* est l'auteur de nombreux ouvrages sur cette civilisation, relayé à New York par Norman De Garis Davies*.
Mais c'est Howard Carter qui, en 1922, crée l'événement en mettant à jour, après des années de recherche et de persévérance, la sépulture du jeune roi Toutânkhamon. Ce fabuleux trésor est en effet unique dans l'histoire de l'égyptologie, et plus généralement dans celle de l'archélogie, puisqu'il reste le seul à être aussi gigantesque et à garder intact des milliers d'objets. Le visiteur qui a la chance de parcourir les salles du musée du Caire pour admirer le trésor de ce jeune roi se rend compte de la qualité et de la quantité exceptionnelles de cette découverte archéologique. Mobilier, bijoux, objets, vases témoignent de la splendeur inouïe des pharaons. Le visage du roi et son sarcophage en or massif illustrent merveilleusement la richesse et l'art de l'Égypte au Nouvel Empire ; le pays exerçait alors son rayonnement sur toute la Méditerranée, autrement dit, du point de vue de l'époque, sur le monde entier.
La découverte de ce trésor et la publication des reproductions des objets de la tombe favorisent une nouvelle « égytomanie », au point que les recherches qui s'effectuent à la même époque en Mésopotamie et révèlent les trésors d'Ur, en Chaldée, passeront pratiquement inaperçues. Or l'Égypte est une terre parsemée de trésors infinis. Quelques années après la découverte de la tombe de Toutânkhamon, les Allemands découvrent à Tell el-Amarna, en Moyenne-Égypte, le splendide visage de la reine Néfertiti, exposé de nos jours au musée de Berlin.

■ ■ ■

L'influence de l'iconographie égyptienne

Après l'interruption de la Seconde Guerre mondiale, la mode est relancée et les publications à l'intention du grand public s'enchaînent. À partir de 1950, la bande dessinée en plein essor exploite la grande vogue des explorateurs, dont les aventures, après toutes les horreurs de la guerre, font rêver jeunes et moins jeunes. Avec *Le Mystère de la grande pyramide*, Edgar Jacobs inaugure avec talent une veine qui semble inépuisable. Ses héros, Blake et Mortimer, vivent une aventure au scénario bien construit, qui exploite à merveille tout le potentiel onirique et romanesque, pictural aussi, de l'Égypte antique. Les enfants frémissent avec plaisir à l'idée légendaire, répandue très tôt, que les premiers visiteurs des pyramides seront maudits par les dieux anciens en punition de leur profanation ! Qualité à ne pas négliger, cette bande dessinée d'aventures invite aussi, par un exotisme bien pensé, à découvrir l'Égypte.

En 1955, Hergé publie *Les Cigares du Pharaon*, bande dessinée suivie, dix ans plus tard, de *Astérix et Cléopâtre* de Goscinny et Uderzo. Par la suite, la bande dessinée de science-fiction s'empare à son tour de l'Égypte antique ! Ainsi les ouvrages de Enki Bilal, tels *La Foire aux Immortels*, mettent en scène les plus grands dieux de l'Égypte d'une façon qui ferait frémir les spécialistes : Horus, Isis, Osiris et d'autres atterrissent sur notre planète à bord d'une pyramide volante afin de remettre un peu d'ordre parmi les humains, après la Troisième Guerre mondiale ! Aussi délirant que soit le scénario, on ne peut qu'admirer la qualité graphique de cette bande dessinée, qui reprend à son compte, de façon éblouissante, les lignes de la statuaire égyptienne.

L'Égypte ne cesse donc jamais de proposer ses lignes et ses formes, y compris aux œuvres les plus humoristiques ou les plus fantaisistes. Son énorme potentiel esthétique semble pouvoir s'adapter à toutes les formes d'art, picturales ou narratives.

L'après-guerre est également marquée par le grand début de la presse de vulgarisation scientifique, et l'Égypte est un sujet qui s'avère très porteur. Les publications d'égyptologie réservées aux

spécialistes et celles adaptées pour le grand public ne cessent d'alimenter un intérêt qui va croissant. L'Égypte entre enfin à l'école, et l'étude de sa civilisation occupe une bonne part du programme de sixième en collège.
Parallèlement, on assiste au développement du septième art. Une mode à énorme retentissement s'empare de tous les écrans : les péplums, dont les deux meilleurs exemples sont sans doute le célèbre film où Elisabeth Taylor incarne une divine *Cléopâtre*, et le film *Les dix commandements* dont le succès sera quasiment planétaire.
Les films de science-fiction reprennent également le thème très porteur de l'Égypte, et les réalisateurs semblent fascinés par la mise en parallèle d'une civilisation très ancienne, comme originelle, et la fin des temps. En dépit de sa qualité médiocre, le récent *Stargates* nous interpelle de la même façon que les bandes dessinées de Bilal : par une sorte de boucle temporelle, métaphore de leur éternité, les dieux égyptiens ouvrent une porte dans l'espace (en forme de pyramide, bien sûr) pour sauver l'humanité d'un désastre fatal...
Dans le courant de cette mode, certains cinémas parisiens prennent des noms égyptiens, comme *le Louxor* dont la salle est décorée de colonnes papyriformes et de mosaïques polychromes ornées de disques ailés rappelant les motifs de l'Égypte ancienne.
L'Égypte est également à la pointe de l'actualité en 1960 lorsque, grâce à l'Unesco, les temples de Nubie – notamment le grand temple d'Abou Simbel et celui de la déesse Isis édifié sur l'île de Philae – sont sauvés de la montée des eaux provoquée par la construction du barrage du lac Nasser.

■ ■ ■

Un succès planétaire

L'année 1967 est marquée en France par un grand événement : l'exposition Toutânkhamon à Paris. Elle se poursuivra à Londres puis, en 1978, à New York. Le succès gagne alors toute l'Amérique, avec une ampleur que seules rencontrent les stars de ce continent ! *King Tut* intervient même dans la politique : lors des

accords entre Nixon et Sadate, le président américain demande en effet au président égyptien : « Donnez-nous Toutânkhamon pour montrer que vous abandonnez les Russes ! »
Sur le plan économique, cette exposition rapporte dix millions de dollars à l'Égypte et un profit non négligeable aux États-Unis. À l'époque, une véritable mode Toutânkhamon se développe, à laquelle on donne le nom de *tutmania*... Dans l'Illinois, Jim Oman, un riche américain, fait même construire sa maison en forme de pyramide plaquée d'or, à laquelle on accède par une allée bordée de sphinx ! Sur le gazon du parc qui entoure la maison figure un immense portrait de Toutânkhamon regardant le ciel...
L'égyptomanie se développe donc à l'échelle américaine, avec une ampleur colossale. La puissance de ces deux civilisations n'est d'ailleurs pas sans rapport : à des milliers d'années de distance, toutes deux dominent le monde grâce à un énorme pouvoir économique symbolisé par des constructions architecturales grandioses. Ce qui explique que l'Amérique soit très naturellement fascinée par l'ancienne Égypte. N'est-ce pas la raison de la pyramide qui orne le billet vert auquel est assujeti le monde, le dollar américain ? Et l'aigle déployant ses ailes, symbole de l'Amérique, n'évoque-t-il pas irrésistiblement l'image d'Horus étendant sa protection et sa puissance solaire sur le monde ?
Mais, sur ce plan, la fascination de l'Égypte n'épargne pas la France. En 1976, rappelons-nous que le transport à Paris de la momie de Ramsès II pour la confier à des spécialistes des mycoses et prolonger sa conservation a donné lieu à une véritable « ramsèsmania », touchant d'ailleurs profitablement les enfants et tirant partie de la télévision...
Et n'avons-nous pas eu récemment un président dont l'un des multiples surnoms était « le Sphinx », et dont le tout dernier voyage a été dédié à l'Égypte, sa grande passion ? Le même président, François Mitterrand, n'a pas hésité à remettre la pyramide à l'honneur en choisissant cette forme architecturale pour décorer l'entrée du musée du Louvre, symbole de l'aura culturelle française dans le monde.

Cette pyramide en verre, qui a déclenché tant de polémiques, se présente comme le pendant audacieux de l'obélisque de la place de la Concorde, que la belle perspective des Tuileries place dans son prolongement. Le matériau choisi, le verre, était d'ailleurs l'un des matériaux privilégiés des Égyptiens, et parfaitement dominé par leurs artistes, comme en témoigne la sublime *Tête bleue* exposée au Louvre et remontant à la XVIIIe dynastie (v. -1350). Peut-être s'agit-il d'ailleurs d'un portrait de Toutânkhamon. La technique de la pâte de verre ne fut sans doute jamais portée à un tel niveau de connaissance, d'habileté et de perfection.
Cette pyramide du Louvre est directement inspirée par la grande époque des pyramides de Khéops, il y a plus de quarante-cinq siècles, et la transparence du matériau choisi pour sa construction, rappelant aussi celle des yeux du beau « Scribe accoupi » de Saqqarah, demeure une forme d'hommage à cette civilisation.
Mais si Toutânkhamon connaît un tel succès sur tous les continents, et si l'Égypte est à la mode dans le monde entier, la véritable profondeur de la pensée égyptienne reste occultée. Au milieu des nombreuses publications commerciales actuelles, l'Égypte antique est totalement dénaturée, avilie même, par des procédés plus que contestables. On vend des préservatifs portant le nom de Ramsès ; curieuse désignation pour un roi dont on dit qu'il eut plus de cent dix enfants... En 1994, l'obélisque de Ramsès, édifié au centre de la place de la Concorde, à Paris, fut utilisé à des fins publicitaires : sur cette gigantesque et noble aiguille de pierre, symbole de l'Égypte ancienne et de sa religion, la marque Benetton fit placer un immense préservatif de couleur rose ! Heureusement, les vives protestations qui s'élevèrent aussitôt firent en quelques heures retirer l'objet du litige.
La place de la Concorde a retrouvé la sérénité de son obélisque éternel, symbole solaire qui se dresse vers le ciel, témoin d'une civilisation millénaire à laquelle nous devons tant, et d'une religion qui a été le terreau fertile de la nôtre. Il reste le témoignage vivant de cette grande civilisation qui n'a cessé d'être un sujet dominant pour l'art occidental.

Un message qui nous échappe

Si les artistes occidentaux qui reprennent les formes égyptiennes s'arrêtent à un niveau purement esthétique, il ne faut pas oublier que le message véritable de l'art égyptien touche au spirituel. Or ce message nous échappe. Nous l'avons avili par nos manœuvres commerciales ou politiques, et nous l'avons perdu de vue. La vérité a paru si encombrante, si dérangeante, que certains pouvoirs ont tenté de réduire l'Égypte pharaonique à une civilisation primitive et archaïque. Il faut se souvenir de la difficulté de Champollion à imposer ce que la lecture des hiéroglyphes livrait comme une authenticité irréfutable. Ce qui nous manque peut-être le plus aujourd'hui, dans notre approche de l'Égypte, c'est l'infini respect dû à une civilisation qui, des miliers d'années avant la nôtre, a fondé les valeurs qui animent encore notre monde.

Ces lignes pyramidales qui caractérisent l'art égyptien, reprises on l'a vu et dans le monde entier, ont en effet un étrange pouvoir : dans leur massivité de pierre, elles évoquent la puissance de la matière, mais aussi sa sublimation spirituelle et métaphysique. Dans son ouvrage sur la forme pyramidale à travers le temps, J. Kerisel, ingénieur de l'École nationale des ponts et chaussées, prouve combien les architectes de l'Égypte pharaonique furent confrontés à des problèmes identiques à ceux posés par la construction des grandes nefs des cathédrales ou des dômes des mosquées islamiques

De nombreux auteurs du XXe siècle ont tenté d'apporter une vision nouvelle sur la signification de la grande pyramide. Certains, même, n'hésitent pas à développer à son sujet des thèses faisant appel à l'astronomie, voire à l'astrologie, dérivant immanquablement vers l'ésotérisme, en tout cas vers une vision fantaisiste de l'histoire des hommes, et provoquant inévitablement le sourire moqueur des savants.

Mais d'autres auteurs, tel Christian Jacq, insistent sur la spiritualité particulièrement élevée de l'ancienne Égypte, et notamment à propos de la Grande Pyramide. La théorie que nous avons émise en 1990 dans *La Bible de pierre ou l'alphabet sacré de la Grande Pyramide* s'inscrit dans le même courant.

Naturellement, ces remises en cause successives, qui restent cependant toujours orientées vers la révélation d'une spiritualité égyptienne à haute teneur métaphysique, irritent certaines personnes, qui feraient bien de méditer sur les découvertes de Champollion. S'appuyant sur ses recherches égyptologiques, celui-ci ne cessait en effet de s'interroger sur le bien fondé d'une chronologie biblique qui, au XIXe siècle, ne pouvait remonter à 2000 ans av. J.-C. C'était il y a cent cinquante ans.

Ne devons-nous pas aujourd'hui faire davantage preuve de réflexion au sujet des nombreuses découvertes de l'ancienne Égypte ? Souvent, pourtant, les archéologues n'hésitent pas à conclure leurs analyses par des affirmations hâtives et dogmatiques. Ils semblent vouloir ignorer qu'un message supérieur est incontestablement sous-jacent dans la religion égyptienne et la volonté de ses prêtres. Et pourquoi l'égyptologie s'érigerait-elle en censeur et en détenteur de la vérité ? Nous ne sommes plus à l'époque de l'Inquisition. Il est bien sûr indispensable de conserver un esprit scientifique et d'éviter les errances et les contre-vérités, mais faut-il pour autant, en l'absence de preuve irréfutable, se cantonner dans des affirmations que l'on sait contraires à l'esprit historique ?

Car, contrairement à l'image qui nous a souvent été donnée, nous devons comprendre qu'en aucun cas nous n'avons affaire à un peuple de zoolâtres, d'adorateurs d'animaux ou de pauvres esprits faisant peindre dans leurs tombes des scènes ludiques à seule fin de se distraire dans l'au-delà !

De nombreux égyptologues ont laissé toute une série de clichés stéréotypés à la postérité. Ainsi, devant l'image d'une reine qui jouait aux échecs, certains auteurs s'empressaient-ils d'affirmer qu'il s'agissait là d'un agréable passe-temps dans l'au-delà !

Concernant les amas d'or avec lesquels les rois ont étés enterrés, la seule explication avancée est celle d'une démonstration de puissance et de richesse...

Or un langage, un seul, est celui de la foi par-delà les âges et les frontières, par-delà les peuples et les religions. Et c'est uniquement par rapport à ce langage, et grâce à lui, qu'il faut tenter d'approcher le véritable sens de la civilisation égyptienne antique. Il s'apparente au langage qui touche une âme chrétienne ou toute âme sensible à la foi quelle qu'elle soit.

Prenons pour exemple les scènes évoquant des représentations musicales dans les tombes égyptiennes. Dans notre religion, la harpe symbolise l'appel du divin. C'est un instrument céleste, dont le son est synonyme d'harmonie, pour nous comme pour les Égyptiens de l'Antiquité.

Or, dans l'iconographie égyptienne, l'harmonie est également représentée par la déesse Maat, dont le signe hiéroglyphique est une sorte de socle évoquant une cale coupée en biseau. Ce signe symbolisait les notions d'harmonie et d'équilibre, et c'est pour cette raison qu'on le trouve parfois dans les tombes égyptiennes, sous les représentations picturales de la harpe. Ce signe minuscule, qui peut passer inaperçu, promet l'harmonie éternelle et transfigure ce que l'on pourrait prendre pour une simple scène musicale. Dans ces représentations la musique devient alors, symboliquement, une véritable promesse métaphysique de sérénité et d'équilibre dans l'au-delà.

La force de la religion égyptienne et la valeur de ses symboles sont ainsi contenues dans le moindre détail : une seule lettre s'inscrivant dans la composition picturale, ou même dans l'écriture architecturale, peut en réalité former une phrase pleine de sens.

Ce langage n'a malheureusement été compris ni par les Romains ni par le christianisme établi en Égypte, ni par l'islam. Toutes ces civilisations ont transmis à l'Occident l'image d'une Égypte réduite à un pays de momies, peuplé d'idoles, de pyramides et de trésors pharaoniques. Seuls quelques noms suggérant sa haute portée métaphysique ont survécu dans la Bible, ceux de Joseph,

Moïse, Jéroboam, ou encore l'épisode du séjour de la Sainte Famille en Égypte.
L'Égypte nous a aussi légué, comme une trace intangible de son héritage millénaire, des noms dont nous ignorons aujourd'hui qu'ils nous viennent d'elle, mais qui sont pourtant sa trace encore vivante dans notre langue. Curieux destin pour un pays que l'Occident a baptisé *Aeguptos*, et dont un Français a décrypté les signes, que de voir les mots de sa langue se perdre et être oubliés dans les nôtres, alors que leur étymologie les ancre dans son passé prestigieux[1]. L'Égypte est pourtant la source vivante de nos symboles sacrés, de nos prières. Les méconnaissant et les réduisant souvent à un folklore douteux, nous risquons de passer à côté du message essentiel que nous a légué, par-delà les siècles, le noble peuple des pharaons.

■ ■ ■

Modernité et humanité : un art proche de nous

Si l'Égypte a vu son véritable sens avili voire radicalement perdu en Occident, si l'écriture hiéroglyphique ne s'est transmise que comme folklore sur des tee-shirts ou de grossiers papyrus, elle a pourtant transmis une écriture à l'Occident, celle de ses formes : sans doute parce que la pureté de leur ligne, meilleur passeport pour l'éternité, parle à notre modernité. Modernes et éternelles, elles demeurent une source inépuisable d'inspiration pour notre art et seront adoptées telles quelles par notre civilisation.
Nous en avons déjà vu de nombreux exemples dans l'architecture de nos paysages urbains. Mais, plus fondamentalement, au-delà du simple égyptianisme qui a consisté à ponctuer d'obélisques nos places et de sphinx nos fontaines, les formes géométriques de la colonne et de la pyramide sont passées directement dans toute notre architecture contemporaine.

1• *Cf.* chap. 8, « L'origine des mots », p. 176-179.

Dans un autre domaine artistique, les vases rouge et noir de l'époque prédynastique, admirables de pureté, préfigurent tout ce qui est effectué dans ce domaine en France dans les années trente. Les vases du Moyen Empire demeurent aussi d'inspiration universelle avec leurs lignes schématiques et très stylisées ; ainsi que ceux, splendides de modernité, du trésor de Tanis.
L'Égypte a su penser et placer une grande beauté jusque dans les objets de la vie quotidienne. Du plus petit pot à onguent à la plus sublime cuiller à fard, dont le manche s'achève par la forme sculpturale d'une nageuse ou d'une porteuse d'eau, les objets de toilette semblent eux aussi s'animer du souffle esthétique propre à l'art égyptien. Miroirs admirablement décorés, petits coffrets contenant un vase aux anses formées par deux canards restent les humbles et splendides témoins d'un art de vivre mêlant la beauté au quotidien et ne cessant d'inspirer, dans son élégance et sa modernité, notre XXe siècle. L'« Art déco » en particulier, dès le début du siècle, avec ses lignes courbes et déliées, ses audaces jamais lourdes, semble s'inspirer directement de certaines formes égyptiennes du quotidien.
L'Égypte excelle également dans l'art de la parure et des bijoux. La qualité des objets découverts notamment dans les tombes de l'Ancien Empire, datant de l'époque de la reine Hetep-Herès, mère de Khéops, nous laisse encore admiratifs et continue à inspirer nos joailliers.
Pour la sculpture, l'Égypte propose aussi un langage très actuel. Cela commence au moins dès Rodin, qui reprend à son compte la notion de statue-cube créée par l'Égypte dès 2000 av. J.-C. Dans l'univers de la peinture, comme Gauguin au XIXe siècle, Picasso ou Braque témoignent dans leurs dessins d'une grande connaissance de l'art égyptien, et même d'une fraternité avec cet art millénaire.
Les Égyptiens ont également été les inventeurs de la technique du collage qui a tant inspiré les arts décoratifs et par exemple Matisse. Des motifs effectués en collage ont été retrouvés dans les salles funéraires du roi sous la pyramide à degrés de Djoser. Toutes ces petites tuiles de faïence bleue turquoise évoquent avant l'heure la

qualité d'art moderne des collages de l'Américain Courtright. Les Égyptiens, en effet, étaient déjà sensibles à la traduction picturale du mouvement. Plusieurs de leurs dessins évoquent des effets stroboscopiques.

Ainsi, de tous temps, on retrouve dans les formes de l'art occidental celles inaugurées avec une pureté exemplaire par la civilisation égyptienne. Les visages de ses statues sont aussi frappants que les lignes des corps par l'humanité intense qu'ils dégagent a traversé les siècles. Le visage de la reine Néfertiti, exposé au musée de Berlin, établit une relation émotionnelle intense avec le spectateur ; la douceur des traits et du regard annonce le travail de l'expression et du regard tel que Michel-Ange le poussera, au plus haut degré de perfection, en Occident. D'autre regards d'Amarna font également songer aux expressions les plus pures que nous ait léguées notre art roman. Ils dégagent à la fois force et douceur, fermeté d'âme et grande humanité, tel un modèle intemporel qui nous serait transmis du fond des âges.

Par la richesse de son enseignement, l'Égypte frappe et séduit notre modernité, et elle est pour nous, par l'extraordinaire quantité et qualité de ses découvertes, une école de modestie et une école de vie. Cette grande civilisation nous a aussi laissé de grands textes à méditer, qui parlent toujours à notre âme ; tel ce papyrus datant d'environ 2500 av. J.-C., énonçant l'enseignement de Ptahotep : « L'art n'a pas de limite et aucun artiste ne possède la perfection. »

Des milliers d'années avant l'avènement de notre propre culture, l'Égypte avait compris que l'art se perpétue de siècle en siècle, toujours à la recherche du même accomplissement. La prodigieuse qualité des reliefs gravés dans la tombe de Ramosé, dans la Vallée des Nobles, à Louqsor, reste pour le monde entier un objet d'admiration, tant pour un Français que pour un Japonais ou un Américain. L'universalité de l'Égypte est absolue, car son art est intemporel : l'écart des millénaires semble réduit à néant par sa capacité à conquérir l'éternité.

L'art égyptien nous parle parce que le temps ne peut lui imposer de limite, et que nos propres artistes sont toujours en quête de ce

qui animait les artistes antiques : la perfection, l'absolu. Le sens que dégagent les tableaux égyptiens est celui que nous continuons à chercher dans nos propres tableaux.
À l'origine, ce sens était religieux, et c'est aussi par ce biais que l'Égypte nous parle. Dans le tableau représentant la reine Néfertari conduite par la déesse Hathor dans sa demeure d'éternité, les deux femmes, main dans la main, se dirigent vers la Divinité comme deux sœurs, confiantes et sereines. L'art égyptien n'est en rien un art figé comme on tend à le penser. Dans ce tableau, la montée des deux femmes vers l'éternité se fait selon une sorte de rythme pictural qui rend le mouvement et, pour ainsi dire, l'ascension : le tableau dégage une vie pareille à celle de la musique. Mozart fait parler Sarastro comme si, des milliers d'années plus tard, le charme de ce tableau agissait sur lui : « Une âme pure désire contempler la lumière divine. Il faut lui tendre la main. »
Plus tard, dans son opéra *Aïda*, Verdi n'hésitera pas, avec raison, à faire chanter ce vers sous un temple dit païen : « Ciel, accepte nos âmes qui s'élèvent vers la lumière éternelle... »

Publications et événements célèbres du XVIe au XXe siècle

1559 • Publication de la Table de Turin, *Tabula Bembo*, découverte en 1525.

1652 à 1654 • KIRCHER, Athanase, *Œdypus Ægyptiacus*, 4 vol., Rome.

1722 • MONTFAUCON, Bernard de, *L'Antiquité expliquée et représentée en figures*, 10 vol., Paris.

1731 • Abbé TERRASSON, *Séthos*, Paris.

1741 • NORDEN, Frédéric, *Travels in Egypt and Nubia*, Londres 1741, Copenhague 1755, Paris 1795.

1743 • POCOCKE, Richard, *Observations on Egypt*, Londres 1743, 1746, Paris 1772-1773 et 1782.

1767 • WINCKELMAN, Johann Joachim, *Monumenti antichi inediti spiegati ed illustrati*, Rome.

1789 • VOLNEY, Constantin François de Chassebœuf, comte de, *Voyage en Égypte et en Syrie pendant les années 1783, 1784 et 1785*, 2 vol., Paris.

[**1791** • Première de *La Flûte enchantée* de Mozart à Vienne.]

→ [**1798** • Campagne d'Égypte, mai 1798-août 1801.]

1801 • MAYER, Ludwig, *Views in Egypt from the original drawings in the possession of Sir R. Ainslie*, Londres.

1802 • DENON, Dominique Vivant, *Voyage dans la Basse et la Haute Égypte pendant les campagnes du général Bonaparte*, Paris.

1809 à 1829 • *Description de l'Égypte, recueil des observations et des recherches qui ont été faites en Égypte pendant l'expédition de l'armée française, sous les ordres de Napoléon Ier*, Paris.

1817 à 1821 • HUYOT, Jean Nicolas, *Albums des voyages de J.N. Huyot à Smyrne et en Asie Mineure, à Constantinople, en Égypte et en Grèce 1817-1821*, inédits apportant des corrections à la *Description de l'Égypte* et conservés à la Bibliothèque nationale de Paris.

1820 • BELZONI, Giambattista, *Forty-four Plates illustrative of the Researches and Operations of Belzoni in Egypt and Nubia*, Londres.

1820 • Belzoni, Giambattista, *Narrative of the Operations and Recent Discoveries within the Pyramids, Temples, Tombs and Excavations in Egypt and Nubia, and a Journey to the Coast of the Red Sea, in search of the Ancient Berenice, and another to the Oasis of Jupiter Ammon*, Londres.

1821 • Bankes, William John, *Geometrical Elevation of an Obelisk from the Island of Philae, together with the pedestal first discovered there by W.J.B.*, fol.

1821 • Cailliaud, Frédéric, *Voyage à l'oasis de Thèbes et dans les déserts situés à l'Orient et à l'Occident de la Thébaïde fait pendant les années 1815, 1816, 1817 et 1818*, 1 vol. de texte et 1 atlas, Paris.

→ **1822** • Déchiffrement des hiéroglyphes par Jean-François Champollion (Communication à l'Académie des Inscriptions et Belles Lettres, 27 septembre 1822, *Précis du système hiéroglyphique*, 1824).

1822 • Burckardt, John Lewis, *Travels in Nubia*, Londres.

1822 • Linant de Bellefonds, Louis, *Account of a Journey into the Oases of Upper Egypt*, Londres.

1822 à 1835 • Burton, James, Dessins et plans, copies et inscriptions de monuments égyptiens inédits, conservés en 63 vol. au British Museum.

1824 • Gau, François, *Antiquités de la Nubie, ou Monuments inédits des bords du Nil, entre la première et la deuxième cataracte*, Paris.

1824 à 1838 • Hay, Robert, Journaux de voyage et dessins inédits, conservés en 49 vol. au british Museum.

1825 • Dr Clot, Antoine Barthélémy, s'embarque pour l'Égypte à la demande du vice-roi Méhémet Ali et fonde l'École de médecine du Caire.

1826-1827 • Cailliaud, Frédéric, *Voyage à Méroé, au fleuve blanc au-delà de Fâzoql, dans le midi du royaume de Sennar, à Syouah et dans cinq autres oasis, fait dans les années 1819, 1820, 1821 et 1822*, 4 vol. de texte et 3 vol. de planches, Paris.

→ [**1829** • Inauguration du musée Charles X qui deviendra le musée du Louvre.]

1831 • CAILLIAUD, Frédéric, *Recherches sur les arts et métiers, les usages de la vie civile et domestique des anciens peuples de l'Égypte, de la Nubie et de l'Éthiopie, suivies de détails sur les mœurs des peuples modernes de ces contrées.*

1832 • ROSSELLINI, Ippolito, *Monumenti dell'Egitto et della Nubia*, Pise.

→ [**1836** • Érection de l'obélisque de Louqsor à Paris.]

1837 • WILKINSON, John Gardner, *Manners and Customs of the Ancient Egyptians including their Private Life, Government, Laws, Arts, Manufactures, Religion and Early History, derived from a Comparison of the Paintings, Sculptures and Monuments still existing, with the Accounts of Ancient Authors*, 3 vol. Londres.

1841 • HOREAU, Hector, *Panorama d'Égypte et de Nubie*, Paris.

1843 • JONES, Owen, *Views on the Nile from Cairo to the Second Cataract*, Londres.

1845 • CHAMPOLLION, Jean-François, *Monuments de l'Égypte et de la Nubie*, Paris.

1846 • ROBERTS, David, *Egypt and Nubia*, 3 vol., Londres.

1847 • PRISSE D'AVENNES, Émile, *Monuments égyptiens, bas-reliefs, peintures, inscriptions, etc. d'après les dessins exécutés sur les lieux pour faire suite aux « Monuments de l'Égypte et de la Nubie » de Champollion le Jeune*, Paris.

1849 à 1859 • LEPSIUS, Karl Richard, *Denkmäler aus Aegypten und Aethiopien*, 12 vol., Berlin.

[**1852** • MARIETTE, Auguste, découvre le Serapeum de Saqqarah.]

1852 • DU CAMP, Maxime, *Égypte, Nubie, Palestine et Syrie. Dessins photographiques recueillis pendant les années 1849, 1850 et 1851*, accompagnés d'un texte explicatif et précédés d'une introduction, Paris.

1855 • DU CAMP, Maxime, *Le Nil (Égypte et Nubie)*, Paris.

1855 • ROBERTS, David, *The Holy Land... Egypt and Nubia*, Londres.

1858 • GAUTIER, Théophile, *Le Roman de la Momie*, Paris.

1862 • FRITH, Francis, *Egypt, Nubia and Ethiopia*, album de photographies.

→ [**1867** • Temple égyptien de l'Exposition universelle, par Mariette.]
→ [**1869** • Ouverture du canal de Suez.]
→ [**1871** • Première d'*Aïda* de Verdi au Caire (24 décembre).]
→ [**1877** • Érection de l'aiguille de Cléopâtre à Londres.]
1879 • PRISSE D'AVENNES, Émile, *Histoire de l'art égyptien d'après les monuments depuis les temps les plus reculés jusqu'à la domination romaine*, Paris.
[**1882** • Occupation de l'Égypte par les Anglais.]
1898 • DAVIES, Norman de Garies, travaille au service de F. Pétrie ; il publiera *Upper Egypt and Ethiopia*, Londres, s.d.
→ [**1922** • Découverte de la tombe de Toutânkhamon (25 novembre) par Howard Carter.]
1922-1947 • CAPART, Jean, *L'Art égyptien* : I. L'architecture (1922), II. La statuaire, III. Les arts graphiques (1942), IV. Les arts mineurs (1947).
1923 • CARTER, Howard et MACE, Arthur, *The Tomb of Tut-ankh-Amen*, avec 104 photographies, Londres.
1930 • CAPART, Jean, *Memphis*.
→ **1950** • JACOBS, Edgar, *Le Mystère de la Grande Pyramide*, Bruxelles.
1952 • HERGÉ, *Les Cigares du Pharaon*, Bruxelles.
→ [**1960** • Campagne de l'Unesco pour déplacer les temples de Nubie.]
→ [**1967** • Exposition Toutânkhamon, Paris.]
→ [**1978** • Exposition Toutânkhamon, New York.]

2e partie

Le legs scientifique et spirituel de l'Égypte

« L'interprétation des monuments de l'Égypte
mettra encore mieux en évidence l'origine égyptienne
des sciences et des principales doctrines
philosophiques de la Grèce. »

J.-F. CHAMPOLLION, *Grammaire égyptienne.*

En haut : Les deux massifs de pierre appelés pylônes évoquent l'horizon d'où surgit la lumière (Karnak). En bas : Les deux tours de nos cathédrales répondent à la symbolique des temples de l'ancienne Égypte (Reims).

Sciences et techniques

PAR ses formes et ses idées, l'ancienne Égypte a laissé une empreinte décisive, ineffable, durable, sur les civilisations, léguant au monde un double message – scientifique et religieux, profane et sacré. C'est cet immense legs de l'Égypte à l'Occident que nous allons tenter à présent de mettre en relief, dans le domaine des sciences et des techniques, de l'art et des lettres et plus encore dans la structure des religions, car sur les rives du Nil coule la mémoire des hommes.

L'architecture

Si l'Égypte a transmis un héritage immense aux civilisations qui lui ont succédé, l'architecture reste indéniablement le domaine où elle a le plus rayonné. Encore aujourd'hui, la civilisation pharaonique demeure liée, dans notre inconscient collectif, à la notion de pyramide : c'est cette forme qui nous vient immédiatement à l'esprit à la seule évocation des rives du Nil.

Des monuments pour l'éternité

Cette image spontanée n'est pas fausse. Si l'on se penche sur l'architecture urbaine de l'Égypte du début du IIIe millénaire, d'emblée apparaît une énorme différence entre les vestiges de l'habitat populaire et les temples et monuments funéraires. Mais la même différence existe entre les palais des pharaons et les constructions proprement liturgiques. Car de cette civilisation restent essentiellement les pyramides et les temples, et bien peu de traces des lieux d'habitation, riches ou pauvres, anonymes ou royaux.

Que trouvons-nous en effet en Égypte ? D'un côté une multitude de temples et de tombes parfaitement conservés, de l'autre des vestiges si pauvres et si délabrés – simples lignes de fondations retrouvées au sol – qu'il est bien difficile d'imaginer et de reconstituer les conditions de la vie quotidienne de la population sur les bords du Nil à l'époque pharaonique. Les textes religieux et certaines scènes de la vie de l'au-delà aident beaucoup mieux à s'en faire une idée.

On peut se demander pourquoi les Égyptiens dépensèrent tant d'énergie dans la réalisation de monuments funéraires alors que les habitations ne firent l'objet d'aucune attention majeure. Contrairement à d'autres civilisations avancées, les Égyptiens n'ont en effet laissé aucun vestige important de palais ou de maisons de maîtres, peu de traces d'urbanisme.

La réponse se trouve dans la spiritualité avancée des anciens Égyptiens : en Égypte, le temporel et les choses matérielles de la vie ne devaient revêtir qu'un caractère fini. Ce qui touchait au divin – les temples et les tombes – se devait au contraire de durer éternellement : l'ambition des bâtisseurs de pyramides était bel et bien de construire des monuments pour l'éternité, en l'honneur de Celui pour qui ces monuments avaient été érigés. La nature infinie du divin devait se refléter dans ces constructions éternelles, élevées par les hommes, mais inspirées par le souffle du Tout-Puissant.

Alors que dans d'autres civilisations toutes les constructions sont bâties selon les mêmes critères, les techniques employées et le

choix des matériaux diffèrent ici entre le domaine religieux et le domaine humain ; cette distinction délibérée semble intervenir de façon définitive dès le début du IIIe millénaire.

Après l'avènement de la IIIe dynastie, le roi Djoser demanda à son architecte Imothep de lui construire ce qui reste l'un des bâtiments les plus étonnants de l'Antiquité : la pyramide à degrés de Saqqarah. Il s'agit d'une construction qui, partant du *mastaba* ancien, s'élève comme un empilement d'étages successifs ayant l'aspect d'une tour à gradins. Cette pyramide est en fait une géniale métaphore de pierre : Imothep ne l'a-t-il pas imaginée comme un escalier monumental permettant au souverain défunt de quitter la terre et d'accéder au monde divin ?

Une extraordinaire créativité

Ce type de construction constitue déjà une nouveauté, mais c'est dans le choix des matériaux qu'Imothep innove radicalement. À partir de cette époque en effet, et ce exclusivement pour la construction des demeures divines, les architectes abandonnent la brique crue pour la pierre de taille. Celle-ci se voit donc définitivement marquée du sceau de l'éternité, tandis que la brique reste liée aux usages de la vie quotidienne.

Il s'agit de la première grande révolution architecturale dans l'histoire des hommes. Très vite, cette innovation fondamentale permettra la construction de ce que les Grecs, environ mille cinq cents ans plus tard, considéreront comme l'une des sept merveilles du monde : la Grande Pyramide de Gizeh. La brique, en effet, ne permettait pas d'atteindre des hauteurs importantes ; avec la pierre taillée, les pyramides vont pouvoir s'élever à la dimension de l'idée qui les soutient : celle de Dieu. Se dressant de plus en plus haut vers le ciel, elles vont entraîner dans leur élan une spiritualité de plus en plus raffinée, forte et épurée, et deviendront à juste titre, pour des siècles et des siècles, le symbole de la splendide civilisation égyptienne.

La pyramide de Khéops étonne par son gigantisme, mais plus encore par le fait qu'elle marque l'apogée de l'architecture égyptienne seulement trois siècles après l'instauration des principes

techniques d'Imothep, rendant flagrante la suprématie radicale de l'Égypte sur les autres civilisations de son temps. Comment ne pas être surpris en effet de l'immense hiatus qui existe entre elle et ses voisins, que ce soit la Mésopotamie, le Proche-Orient, le monde crétois ou la Grèce – laquelle n'en est même pas à ses premiers balbutiements architecturaux ?

Inutile d'ailleurs d'être très versé dans l'art de la construction pour se rendre compte de l'avance technologique phénoménale que représente la Grande Pyramide de Khéops par rapport aux autres constructions de l'époque. Les chiffres parlent d'eux-mêmes : elle mesure cent trente-six mètres de haut, occupe près de cinq hectares de couverture au sol ; il a fallu environ sept millions de mètres cubes de matériaux pour la construire. Pour donner un ordre d'idée, même si ces comparaisons sont toujours assez discutables, elle pourrait entièrement recouvrir le Mont-Saint-Michel... À titre de comparaison encore, un des bâtiments les plus hauts de l'époque, la *ziggourat* d'Ur, construite en briques liées par du bitume et offrant par ailleurs une curieuse parenté géométrique avec la pyramide à degrés de Saqqarah, ne fait que quarante mètres de haut...

L'étonnement persiste lorsqu'on pénètre à l'intérieur : la perfection de la réalisation et la disposition architectonique des pierres, particulièrement dans la grande galerie qui mène à la salle dite « du Roi », paraissent encore plus admirables que les dimensions colossales de l'édifice...

En matière de décoration comme en matière d'architecture pure, les Égyptiens ont donc fait preuve d'une capacité d'innovation tout à fait extraordinaire, et les connaissances techniques acquises par ce peuple restent surprenantes, surtout comparées à celles généralement maîtrisées à l'époque.

On sait en effet combien les moyens techniques étaient alors limités : seuls la force des bras et un nombre très élevé d'ouvriers suppléaient à l'absence de machines. Que la force physique de l'homme, si chétif auprès de ces constructions colossales, ait pu suffire à les ériger, voilà qui émerveille toujours autant nos civilisations techniquement avancées : « L'ingénierie pharaonique avait

inventé des procédés subtils mais dont la simplicité confond », dit J. Yoyotte, résumant ainsi le sentiment général.
À force d'astuce et de persévérance, à l'aide de cordes, de leviers et de plans inclinés, armés surtout de leur nombre, les ouvriers égyptiens ont ainsi réussi à ériger les uns sur les autres des blocs d'un poids ahurissant. Ici point d'esclaves, comme il a trop souvent été affirmé, mais l'immense volonté de tout un peuple animé par une foi profonde. En raison de l'inondation, ce peuple d'agriculteurs était contraint à l'inactivité pendant que le Nil nourricier déposait sur les terres cultivables le précieux limon. Toutes les énergies se conjuguaient alors pour se mettre au service de réalisations grandioses. Le Nil à son niveau le plus haut apportait son précieux concours à l'homme pour véhiculer les matériaux lourds et les déposer au pied des futurs monuments, à la limite des terres inondées.
Ces énormes blocs ont été parfois joints par une sorte de ciment résultant de la calcination à plus de cent degrés du gypse associé à du charbon de bois. Mais cette technique n'a pas été utilisée dans le couloir de la pyramide : les blocs taillés y sont si parfaitement assemblés que même une aiguille ne pourrait se glisser entre eux ! À certains endroits du monument, les Égyptiens ont ainsi réellement atteint la perfection. Si les blocs de remplissage sont relativement grossiers, le monument était habillé d'un revêtement de calcaire qui a suscité l'admiration des peuples pendant plus de quatre mille ans. Au Moyen Âge, les Arabes, nouveaux maîtres de l'Égypte, utiliseront ces revêtements pour construire la ville du Caire et ses nombreuses mosquées.
Mais si l'architecture égyptienne reste sans nul doute caractérisée par la Grande Pyramide de Khéops, symbole universel, il n'en reste pas moins vrai que cet art monumental, si perfectionné, est le fruit d'un apprentissage millénaire commencé à la IIIe dynastie, sous le règne de Djoser. Dès cette époque, comme nous l'avons déjà dit, on peut admirer les premières colonnes cannelées dans le vaste ensemble architectural de Saqqarah, colonnes que les Grecs reprendront à leur compte dans leurs désormais classiques colonnes protodoriques. Ces éléments d'architecture fasciculés

annoncent déjà, avec plus de deux mille ans d'avance, les colonnes du Parthénon, autre chef-d'œuvre universel, qui doit beaucoup à l'architecture égyptienne.

Si l'on remonte aux débuts de l'architecture égyptienne, on s'aperçoit que les voûtes apparaissent très tôt elles aussi, vers 3000 av. J.-C., sous la IIe dynastie ; comme en Mésopotamie d'ailleurs, où la brique a permis d'élever les toutes premières voûtes connues. Cette technique est extrêmement délicate : la hauteur gagnée ne l'a pas été sans de considérables difficultés de départ...

Les premières voûtes en pierres taillées, dites « à encorbellement », n'apparaissent que plus tard, sous la IVe dynastie (v. -2600). Avec cet art, les Nilotiques dominent incontestablement l'architecture et restent, pour longtemps encore, la seule civilisation ayant atteint une telle maîtrise.

Urbanisation et grands travaux

Après l'apogée de l'Ancien Empire, l'Égypte poursuit ses performances. Au Moyen Empire se dressent les premières grandes forteresses, demeurées quasiment intactes de nos jours, notamment dans le désert de Nubie, dans la région de Semna ou de Mirgissa. Dans ces régions reculées, donc protégées du pillage, on a même retrouvé des traces de barrages. Construits aux alentours de -2000, ils constituent une autre grande prouesse technique, inouïe pour l'époque. Grâce à eux, l'Égypte, pays visionnaire, a pu franchir les cataractes et faire passer ses navires loin des obstacles de granit qui jalonnent le Nil entre le Soudan et l'Égypte.

Ainsi l'Égypte a-t-elle su dominer les éléments naturels grâce aux techniques mises au point lors de l'érection de monuments funéraires. Sa maîtrise des constructions de grande ampleur a permis à l'homme de passer dans les endroits les plus inaccessibles, et a donc contribué concrètement à l'avance de sa civilisation dans le monde.

Pour ce faire, des caravanes sillonnaient le pays à la recherche des meilleurs matériaux. On extrayait du granit à Assouan, de l'améthyste, de l'or et de la cornaline dans les mines de Nubie, on découpait le grès dans les carrières d'El-Kab et du Djebel Silsileh.

Au Ouadi Hamanat, en descendant le Nil, on trouvait une pierre très particulière, grise et verte, la brèche, destinée à certaines sculptures. Plus au nord, à Hatnoub, près de Tell el-Amarna, on trouve encore des carrières d'albâtre et de quartzite. Les carrières de calcaire de Tourah, près du Caire, furent amplement utilisées pour la réalisation des pyramides de Gizeh, tandis que la péninsule du Sinaï fournissait les belles turquoises dans lesquelles les orfèvres façonnaient des pectoraux à incrustations, des inclusions sur plaques, des bracelets cloisonnés ou des diadèmes.

Si les forteresses militaires du Moyen Empire ont perduré, il demeure très peu de choses de l'architecture civile : constructions temporelles, constructions éphémères... Toutefois, à partir des vestiges très détériorés qui subsistent, on peut encore identifier des plans de cités dignes d'un urbanisme très avancé : vers 1900 av. J.-C., d'immenses villes résultant de l'héritage de l'Ancien Empire évoquent immanquablement, par leur ampleur et leur forme de quadrillage, le centre de New York, Manhattan.

Malheureusement, l'état de ruine dans lequel elles se trouvent ne nous permet que d'imaginer le degré de technicité élevé qui a présidé à leur construction. Seules les lignes des fondations tracent au sol la gigantesque écriture de ces villes mortes et peuvent en évoquer l'histoire.

À Kahoun par exemple, ville de l'époque des Sésostris (v. -1900), un vaste ensemble urbain découpe dans le sol des lignes droites se croisant perpendiculairement autour d'une avenue centrale de huit mètres de large, avec, latéralement, des rues plus étroites de quatre mètres de large. Les archéologues ont mis en évidence qu'il existait au centre de l'avenue une rigole pour l'évacuation des eaux usées.

L'histoire de l'architecture égyptienne ne s'arrête pas là : si l'on revient vers une époque plus proche, on constate que les progrès ont été constants. Ainsi Amarna, la capitale d'Aménophis IV (-1350), a-t-elle continué de croître sous le Nouvel Empire. Elle présente un plan d'urbanisme simplifié et moderne. À Louqsor, la cité poursuivra son expansion sur le site de Deir el-Médineh, village d'artisans. Ce village, extrêmement bien pensé, est très

fonctionnel : les maisons des ouvriers sont toutes séparées par des ruelles qui se coupent à angle droit, préservant de l'espace et une vraie qualité de vie.

Respectueux de l'environnement, les Égyptiens avaient conçu des espaces verts autour des palais, créé des jardins urbains, devenant de véritables spécialistes de cet art source de fraîcheur en pleine ville, percevant que la beauté et la poésie peuvent également naître d'une certaine maîtrise de la nature. Avec un grand sens du raffinement, ces artistes jardiniers ont ainsi créé des colonnes d'arbres se dressant autour de bassins de lotus...

Un pays de temples

L'ambition des Égyptiens était beaucoup plus élevée en ce qui concernait les temples : il s'agissait pour eux de transformer la matière inerte en matière vivante animée par le souffle de l'Esprit, d'incarner dans la pierre élevée vers le ciel l'âme de leur peuple et de rendre visible leur foi. La pierre, élevée contre le ciel, devait transmettre le message divin pour les générations à venir, et l'homme, par son art de la pierre, voulait représenter, comme par une vaste métaphore, l'acte même de la création divine.

L'apogée du développement des temples a lieu au Nouvel Empire ; Karnak en est le plus bel exemple. Commencé sous la XIIe dynastie, au temps des Sésostris, il prend de l'importance sous Aménophis III et ses successeurs, notamment Ramsès II. Pendant deux mille ans, cet immense temple qui couvre une dizaine d'hectares sera embelli et enrichi de nouvelles constructions. Au temple de Karnak répond celui de Louqsor, l'un des fleurons de l'architecture égyptienne, dont la nef centrale préfigure nos cathédrales du XIIIe siècle[1].

À Deir el-Bahari, le grand temple de la reine Hatchepsout (-XVe siècle) reste lui aussi l'un des plus étonnants qu'aient jamais conçus les architectes égyptiens. Il a été édifié sur plusieurs étages et le sanctuaire a été creusé dans le rocher : il s'agit d'un temple

1• *Cf.* chap. 4, « L'héritage de la symbolique égyptienne en Occident... », p. 95-96.

que l'on pourrait qualifier d'*hémi-spéos*, la partie du spéos étant creusée au sein même de la montagne et formant en quelque sorte un utérus naturel propre à générer le divin.
Le grand temple de Ramsès II à Abou Simbel (-XIIIe siècle), construit sur le même modèle, donne la preuve du talent des carriers et les géologues égyptiens : avant de ciseler dans la montagne les énormes colosses représentant le pharaon, il leur a fallu se livrer à une étude précise de la qualité de la pierre et de l'angle sous lequel l'attaquer. Plusieurs des salles à colonnes ont été creusées sans que jamais, depuis des millénaires, aucune fissure ne vienne fragiliser le rocher dans lequel est découpé le temple – c'est un tremblement de terre qui a endommagé l'une des statues de la façade.
Notre admiration ne peut que demeurer sans faille devant tant de talent et de maîtrise...

■ ■ ■

La sculpture

Si les architectes égyptiens ont forcé l'admiration de tous, et même des envahisseurs venus de Grèce et de Rome, que dire de la statuaire ? Contrairement à notre Occident, qui dès la Renaissance a eu besoin de noms célèbres, les grands génies de la sculpture égyptienne sont, eux, restés anonymes. Mais ils nous ont laissé des œuvres d'une telle perfection que certaines confinent au divin, d'une telle maîtrise et d'une telle beauté qu'on est bien obligé de se poser la question de la motivation des artistes qui les ont conçues : n'ont-ils pas produit une véritable œuvre de foi ?

Sublimer la matière

L'acte du sculpteur est très similaire à l'acte créateur du démiurge : de même que Dieu façonna l'espèce humaine à partir d'un bloc de glaise, le sculpteur égyptien fait jaillir du silence de la matière un véritable souffle de vie. L'artiste égyptien sait admirablement animer les visages d'une âme dont l'expression nous

touche encore. Reproduisant le geste du Créateur, il fait passer dans la matière inerte les caractères propres à l'humain.

C'est pourtant dans le cadre de normes très strictes que s'est développée la statuaire égyptienne, soumise à toutes les époques à des canons esthétiques rigoureux que tout artiste devait respecter. Mais ces règles n'ont émoussé ni le talent ni l'imagination des créateurs : des œuvres très diverses ont trouvé leur place sous les auspices sévères de l'esthétique égyptienne. Ici, l'artiste est au service de l'art, et non le contraire.

Ainsi l'art de la statuaire a-t-il été maîtrisé par les Égyptiens à un niveau rarement atteint. S'il ne devait nous rester qu'une seule sculpture égyptienne à admirer, le délicat visage de Ramsès II retrouvé dans la palmeraie de Memphis suffirait à témoigner de l'infinie beauté de cet art. Une extrême sensualité se dégage en effet de cette œuvre. Ses traits sont si doux et ses proportions si parfaites qu'elle fait immanquablement songer à une œuvre issue de la Renaissance italienne au XVe siècle ; en vérité, elle préfigure cet art de la Renaissance avec vingt-huit siècles d'anticipation, semblant en opérer l'accomplissement dès l'origine. On ne peut qu'admirer le poli de la pierre, d'un grain si fin qu'elle évoque la peau, et la position figée du pharaon, correspondant aux canons de l'époque, ne peut faire oublier la beauté de son visage ni le rayonnement qui semble sourdre de tout son corps.

Or les sculpteurs égyptiens sont capables de tels chefs-d'œuvre dès le temps des pyramides. La statue de Khéphren taillée dans un bloc de diorite, exposée au musée du Caire, est un exemple frappant de ce que les sculpteurs pouvaient déjà accomplir treize siècles avant Ramsès II. Il s'agit de l'une des plus magnifiques créations de l'art égyptien de tous les temps, par la qualité du matériau, la taille de la sculpture, le parfait du polissage et jusqu'à l'utilisation géniale d'une veine de la pierre, donnant l'impression que le roi est animé d'une force surhumaine, descendue du ciel pour lui insuffler la vie.

Quand il s'agit d'analyser cette œuvre, tout pose problème. Les questions techniques sont loin d'être résolues et face à tant de prouesses, on se contente d'admirer sans se lasser.

Le scribe du musée du Louvre date de la même époque. Il fut rapporté de Saqqarah au siècle dernier par l'égyptologue français Auguste Mariette. On ne peut rester insensible face à ce chef-d'œuvre absolu, ciselé dans le calcaire. Le scribe est représenté en position assise ; il arbore un embompoint rendu de façon très réaliste, reflétant, selon les critères de l'époque, le respect dû à sa charge. Un papyrus est déroulé sur ses genoux et, de sa main tenant le *calame*, il s'apprête à tracer les *medou-neter*, les hiéroglyphes, les « paroles de Dieu ». La vie, le mouvement et la concentration qui se dégagent de ce personnage sont absolument saisissants. La tête légèrement relevée attend dans une attitude de soumission et d'écoute, tandis que le regard se porte à l'infini, comme pour mieux saisir ces « paroles divines » que la main transcrira en signes. C'est le regard, surtout, qui frappe : intense, lumineux. Le scribe nous regarde en face, directement, et cela nous donne un choc tant il semble animé de vie. Mais en même temps il nous transperce, comme habité par la vision d'un infini auquel nous n'avons pas accès, mais qui semble toujours là, devant ce regard fixé.

Le réalisme parfait de cette sculpture n'a d'égal que la transcendance qui l'anime ; le corps humain représenté tel quel, avec une foule de détails concrets et réalistes, peut en même temps se trouver animé, dans la pierre, d'un souffle transcendant ! On a là une merveilleuse union des contraires touchant à une dimension métaphysique de l'art.

Confronté par-delà les siècles à la représentation concrète de ce qui hante métaphysiquement la civilisation égyptienne, le visiteur ressent une émotion extraordinaire ; car dans ce chef-d'œuvre universel se lit l'essence même de cette grande civilisation : celle de l'homme à l'écoute du divin.

Une parfaite maîtrise de la pierre

Les sculpteurs égyptiens maîtrisèrent très tôt l'art de traduire la vie dans la matière en ciselant la pierre – aussi bien le calcaire le plus tendre que la diorite ou le silex les plus durs. Les premiers dans l'histoire des hommes, ils manièrent le ciseau de cuivre, le

maillet de bois et quelques autres instruments très simples auxquels ils joignirent l'eau et le sable pour polir, ainsi que leur infinie patience. Cinq mille ans avant notre époque, leur foi et leur savoir, unis pour créer, firent les chefs-d'œuvre que nous connaissons. Les matériaux les plus délicats ne mirent aucun obstacle à leur génie créateur : ainsi en témoigne la splendide statue en albâtre de Pépi II exposée au musée de Brooklyn et datant de la VIe dynastie (v. -2400).
Si le voyageur qui foule le sol d'Égypte est confondu par tant de maîtrise, il est particulièrement interpelé par les statues monumentales : comme les pyramides, elles dépassent tout ce que l'échelle humaine pouvait laisser envisager. Comment en effet ne pas rester sans voix devant les deux gigantesques colosses de Memnon, sculptés dans la quartzite provenant du Djebel Amar, à des centaines de kilomètres de Louqsor ! Hauts de dix-sept mètres, ils marquaient l'entrée du grand temple funéraire d'Aménophis III. Chacun de ces colosses est sculpté dans un seul bloc de pierre et représente le roi Aménophis III entouré de sa mère et de sa femme, la reine Tiyi. Depuis trente-cinq siècles, ces deux blocs monumentaux accueillent le visiteur sur la rive ouest de Thèbes... Ni l'éloignement des carrières ni la rareté des matériaux ni la difficulté représentée par le travail d'une seule pierre n'ont pu arrêter l'élan créateur des artistes égyptiens... Tous nous ont laissé de véritables miracles modelés dans le roc.

■ ■ ■

Connaissance du ciel et décompte du temps

Le calendrier

L'héritage de l'Égypte se lit d'abord dans notre calendrier, car nous utilisons encore le mode de division du temps des anciens Égyptiens : le découpage de l'année en douze mois et trois cent soixante-cinq jours et celui de la journée en vingt-quatre heures nous viennent directement d'eux. À une époque très reculée, les

prêtres savaient déjà calculer la différence chronologique entre l'année réelle et l'année du calendrier. Se livrant à une observation raisonnée et précise du ciel tout au long de l'année, ils étaient capables de prévoir le retour périodique des astres.

Toutes ces observations figurent sur le plafond des tombes : le défunt trouvait le repos éternel et la voie de l'au-delà sous une voûte représentant un firmament étoilé. L'un des exemples les plus connus est le plafond de la tombe de Senenmout, architecte de la reine Hatchepsout. Cette représentation consiste en un vaste ensemble de cercles divisés par des rayons correspondant aux douze constellations que le soleil parcourt en un an. Ces douze constellations se traduisent par les douze mois de l'année, divisés en groupes de quatre formant les trois saisons qui rythment la vie agricole égyptienne : celle de l'inondation, celle des semailles, celle des moissons.

Le plafond de la tombe de Senenmout est un témoignage irremplaçable sur le niveau de connaissance atteint par les Égyptiens quinze siècles avant notre ère, et sur le mode de pensée qui y était lié, en particulier quant à la façon de se situer dans l'année en cours. Mais l'exemple qui demeure le plus éblouissant se trouve dans la Vallée des Rois : c'est le plafond de la tombe de Séthi Ier. Ce grand pharaon, père de Ramsès II, fit décorer le plafond de sa « maison d'éternité » par une reproduction de la voûte céleste : sur le fond bleu se détachent des personnages nimbés d'or.

Cette iconographie magnifique renvoie à l'étoile Sirius ; nommée *Sepedet* par les Égyptiens et *Sothis* par les Grecs, elle a été d'une importance capitale pour la civilisation nilotique, car son apparition annonçait l'arrivée de l'inondation, vers la mi-juillet. Or cette inondation, en plus de son indispensable fonction économique, avait une valeur symbolique très forte : apportant le renouveau, elle était devenue, sur le plan spirituel, synonyme de la renaissance cyclique du monde.

Sepedet apparaît fréquemment comme motif de décoration des tombes : rayonnant dans l'au-delà du tombeau, elle est promesse de résurrection pour le défunt. L'importance que les rois accordaient

à ces représentations ne traduit pas de leur part un intérêt scientifique en matière d'astronomie, mais bien le lien qui se faisait immédiatement dans leur esprit, et dans celui de tout Égyptien, entre l'étude du ciel et la spiritualité. Ils pensaient leur vie, leur corps, leur âme en union avec le mouvement éternel du cosmos. L'univers gigantesque se reflétait en harmonie dans la petitesse de leur vie, et dans la puissance de leur foi.

L'étoile Sepedet est notamment représentée sur le plafond de la grande salle hypostyle de Dendérah, se déplaçant sur une barque en compagnie d'une déesse portant le nom de Sathis. Ce dessin est motivé par un jeu de mot sur le nom grec de l'étoile ; entre *Sathis* et *Sothis* se lit en effet tout le parcours spirituel et régénérateur de l'étoile associée à l'inondation. La barque symbolise la montée du flot miraculeux, source de vie et de fertilité pour l'Égypte. Tout près de la barque qui porte l'image de la déesse, messagère du renouveau, dans une autre nacelle figure la silhouette d'Orion, tournant le regard vers Sothis, la plus brillante des étoiles.

La connaissance du cycle de cette étoile se retrouve sur les constellations gravées sur le plafond de la salle hypostyle du Ramesseum de Louqsor, sur la rive ouest. Elle figure également, à l'époque de Thoutmosis III, sur le calendrier du temple de l'île Éléphantine : sur ce calendrier, des inscriptions témoignent de la connaissance de la réapparition annuelle de cette étoile qu'avaient les Égyptiens.

Fréquemment associées à Isis, les représentations de Sepedet sont accompagnées d'inscriptions portant une invocation à « Isis-Sothis en tant que Sekmet, dame des années au nombre de sept cent trente ». Cette inscription étrange s'explique ainsi : en multipliant l'année de trois cent soixante-cinq jours par deux, on obtient sept cent trente jours, ce qui revient à doubler le cycle de l'étoile. Doubles sont également les divinités qui, en Égypte, correspondent à chaque jour de l'année : Sekmet (la force) et Bastet (la tempérance). Cette dualité traduit non pas un aspect positif et un aspect négatif – comme nous serions tentés de le comprendre –,

mais la complémentarité des forces indispensables au mouvement de vie et au mouvement de mort qui animent conjointement nos jours. L'allongement du cycle de l'étoile correspond encore à une autre réalité : une nécessité mathématique, qui n'a pas échappé à Champollion. Le premier égyptologue a noté que les Égyptiens avaient parfaitement conscience du fait que l'année réelle était retardée d'un quart de jour par rapport à l'année théorique des calendriers. Or le début de l'année, à la mi-juillet, ne correspond exactement à l'arrivée de l'étoile que tous les mille quatre cent soixante années, c'est-à-dire qu'il fallait multiplier le cycle de l'étoile jusqu'à ce que le calendrier retrouve une date juste, et ce indéfiniment.

Jules César avait remarqué la précision du calendrier égyptien et, comme nous l'avons vu[1], il le fit adopter à Rome par la réforme julienne. Plus tard, par la réforme grégorienne de 1582, l'Europe continuera à utiliser ce calendrier, les saisons du cycle agricole égyptien s'adaptant à notre propre rythme.

L'astronomie

Dès la plus haute antiquité, et probablement même dès la préhistoire, les hiérogrammates égyptiens ont scruté le ciel et observé les astres afin de prévoir la venue de l'inondation, gardant ces observations inscrites sur leurs tablettes et leur papyrus pendant des siècles dans le but d'établir une correspondance entre les éléments fixes cosmiques et les événements terrestres. N'appliquant pas dans leur calendrier le réajustement des années bissextiles tous les quatre ans, il leur fallait trouver une référence permettant de corriger l'inévitable décalage : c'est ainsi qu'ils découvrirent que tous les mille quatre cent soixante ans l'arrivée de l'inondation coïncidait exactement avec le lever héliaque de l'étoile de Sothis (Sirius).

Une telle mémoire du cosmos, et si tôt dans l'histoire, a de quoi émerveiller. Ce souci de consigner les faits, qui nous impressionne

1• *Cf.* chap. 3, « Empreinte de Rome sur la terre des pharaons », p. 69.

tant lorsque nous nous trouvons devant des papyrus égyptiens, vient donc directement de l'attention aux astres et des notations sur les observations astronomiques qu'effectuait cette civilisation depuis les temps les plus reculés.

La présence de Sirius dans le ciel est en effet délicate à observer : seul un savoir millénaire pouvait permettre aux prêtres de déterminer la date exacte du passage de Sothis dans leur ciel. Cette connaissance des étoiles – et de leur influence sur les mouvements de la terre et de l'eau – témoigne de la grande maîtrise des Égyptiens dans le domaine du cosmos.

On ne saurait donc être surpris de retrouver dans des chapelles beaucoup plus tardives, datant du IIe siècle de notre ère, des tombes aux plafonds décorés de cercles évoquant le zodiaque : elles sont dans la continuité de cette longue tradition de savoir. Dans la région d'Akhmin, en Moyenne-Égypte, près de Sohag, les tombes de Salamuni contiennent des illustrations zodiacales qui représentent en leur centre un jeune enfant. Celui-ci préside, dans l'ancienne conception de la religion égyptienne, à la naissance de l'enfant Dieu Horus, fils d'Isis, engendré par l'étoile Sothis au moment de l'arrivée de l'inondation. Cet enfant se tient au milieu d'une roue divisée en douze cases, qui ne sont autres que les douze maisons du ciel traversées par le soleil au cours d'une année. Cette roue est une évocation du temps et de l'éternel retour des choses : c'est la roue de l'éternité, à laquelle les Grecs donneront le nom de zodiaque. Cette conception de la symbolique, mettant en évidence la relation entre la forme zodiacale et les prémices de la résurrection évoqués par l'enfant, contient en gestation la symbolique des rosaces de nos cathédrales, dont chaque pétale évoque les grandes étapes de la vie mystique.

L'orientation des édifices

La parfaite orientation mathématique et astronomique du plus grand monument conçu par l'homme dans l'Antiquité, la pyramide de Khéops, est proprement stupéfiante. Ce monument phénoménal pose une question restée sans réponse à ce jour :

comment les architectes égyptiens, trois mille ans avant le Christ, ont-ils pu si admirablement situer et orienter cette gigantesque construction par rapport au nord ? C'étaient en fait les astronomes qui déterminaient l'orientation des monuments : on prend ici conscience de la place que tenait l'astronomie dans la civilisation égyptienne et dans son organisation sociale et cultuelle. Dans son ouvrage, *Le Secret des bâtisseurs des Grandes Pyramides*, G. Goyon décrit ainsi le rituel qui présidait à la décision d'orientation des monuments : « Les opérations doivent commencer la nuit afin d'orienter les monuments selon les rites en se réglant sur la position de l'étoile polaire à ce moment. Sans cesser ses incantations, le roi, sa démarche se conformant au mouvement des étoiles, ayant aperçu la Grande Ourse (*Msht*), s'assimile à Sek-Aha. Thot, le dieu géomètre qui connaît le *merkhet* (appareil de visée comparable au sextant), consulte l'heure à la clepsydre, mesure le temps et fixe enfin les limites officielles du monument en établissant les quatre angles du lieu sacré. »

À cette recherche du nord venait s'ajouter la nécessité de connaître la position de l'est, afin de créer l'axe est-ouest selon lequel était bâti tout temple. Ayant remarqué que le soleil ne se levait pas au même endroit tout au long de l'année, les prêtres avaient imaginé de déterminer l'est en calculant le point médian entre le nord-est du solstice d'été et le sud-est du solstice d'hiver. Pour ce faire, ils choisissaient un point fixe et, grâce à une marque verticale située à une certaine distance, marquaient au sol les différentes positions du lever du soleil tout au long de l'année : l'est correspondait au point médian entre les deux extrêmes.

Clément d'Alexandrie précise que dans chaque temple un prêtre horologue maîtrisait parfaitement tous les écrits existant sur les planètes, le mouvement de la lune, le lever des astres ou leurs positions relatives. Véritables savants, ces prêtres notaient, consignaient et comparaient tout ce qui pouvait être observé : grâce à ce souci de conserver la moindre information, les Égyptiens possédaient une grande connaissance de la topographie céleste.

Il est difficile, dans ce domaine précis, de savoir quel niveau de

connaissance avaient atteint les prêtres égyptiens chargés de ces recherches, immédiatement assimilées à la métaphysique religieuse. Une chose cependant nous incline à penser que ce niveau était élevé : l'admiration unanime des voyageurs grecs venus puiser auprès d'eux des connaissances. Leur témoignage laudatif se voit en outre confirmé par le nombre important de documents astronomiques égyptiens qui nous sont parvenus de cette époque, et qui permettent aux scientifiques actuels de comparer et d'apprécier le niveau de leurs recherches.

Les mots et les symboles

Les savants utilisaient certes le soleil pour orienter leurs cartes, mais il leur arrive de lui donner une forme étrange : un cercle doté d'un point central, véritable évocation anatomique d'un sein, comme pour illustrer le fait que le soleil donne la vie à l'homme, signe déjà symbolique en lui-même. Or l'astronomie moderne a gardé les mêmes symboles : le point au centre d'un cercle désigne le soleil. Les Égyptiens situaient les villes par un cercle divisé en quatre par une croix : c'est ce signe que nous avons adopté pour désigner la Terre.

Les Égyptiens nous ont aussi légué les noms de certaines constellations, par exemple celle du Chien : leurs astronomes faisaient en effet symboliquement correspondre à l'étoile Sepedet une petite chienne, qui dès la protohistoire, comme l'a signalé C. Desroches-Noblecourt, apparaissait dotée d'une petite queue bouclée. Toute une iconographie dérive de ce symbole premier et se prolonge jusqu'à Rome : ainsi les Romains ont-ils représenté l'apparition de Sirius par Isis chevauchant un canidé, et le retour du cycle salvateur du monde – l'inondation originelle des Égyptiens – par un chien portant un petit enfant suçant son doigt : il s'agit du jeune Horus, le Sauveur du monde, le soleil régénérateur de juillet.

Au canidé correspond en effet l'été, les grosses chaleurs commençant au milieu du mois de juillet et se prolongeant jusqu'à la mi-août. Cette période torride porte en latin le nom de *canicula*, qui signifie étymologiquement « petite chienne », mot qui s'est

transmis presque tel quel dans notre langue. Cette petite chienne a traversé la Méditerranée il y a des siècles pour parvenir jusqu'à nous, inscrite au cœur de notre langage.

■ ■ ■

La chirurgie et la médecine

L'art de l'embaumement

Dans l'état actuel de nos connaissances et en l'absence de documents d'époque tels que ceux qu'a pu consulter Hippocrate, nous ne pouvons nous en tenir qu'à une hypothèse : la distinction entre connaissances empiriques et connaissances scientifiques devait être importante dans la médecine égyptienne. D'un côté, la médecine diagnostique et thérapeutique, y compris la pharmacopée, était probablement très imprégnée de magie et d'obscurantisme, et de l'autre, l'anatomie humaine était sans doute parfaitement maîtrisée grâce à l'art de la momification. Cela laisse présager qu'ils effectuaient certains actes chirurgicaux avec une grande aisance, et que ce savoir débordait sur la clinique de certaines affections.

Mais la religion est à la source de la connaissance du corps, et les concepts religieux des anciens Égyptiens se résumaient essentiellement à la croyance en l'immortalité de l'âme et en la résurrection. Ce sont ces croyances qui ont poussé les savants à vouloir conserver les corps et à procéder à leur momification.

Le terme « momification » est d'ailleurs impropre, utilisé par l'Occident pour désigner le traitement si spécial appliqué aux défunts. En réalité, il s'agit d'un embaumement à l'aide d'un produit appelé le *natron* (de l'égyptien ancien *neter*), extrait dans la région du Ouadi Natroun et chimiquement proche du carbonate de sodium : c'est ce dernier qui permet la protection et la conservation des corps. Ce traitement du corps humain amènera très tôt les médecins égyptiens à étudier l'art de la dissection. On sait qu'il faudra attendre des milliers d'années pour que l'Occident commence à dépasser ses interdits à ce sujet, comme l'atteste le célèbre

tableau de Rembrandt, *La Leçon d'anatomie du docteur Tulp*[1], peint en 1632, à une époque où ces tabous représentaient encore une entrave à la science – au point que les dissections, même autorisées, ne se pratiquaient que la nuit.

Les papyrus médicaux

Dans l'inventaire de la science sacrée des Égyptiens tel que nous l'a transmis Clément d'Alexandrie ne figure aucune liste d'ouvrages médicaux. Par ailleurs, peu de papyrus concernant cette science égyptienne sont parvenus jusqu'à nous et nous ne pouvons que déplorer la perte des papyrus de la bibliothèque de Memphis, lesquels nous auraient sans doute éclairés sur l'avancée des Égyptiens dans ce domaine.
Tout ce que nous pouvons affirmer avec certitude, c'est qu'Hérodote parle à plusieurs reprises des médecins égyptiens en des termes fort louangeux, évoquant des spécialistes dans telle ou telle branche. Plus tôt encore, dans *L'Odyssée*, il est fait mention de praticiens égyptiens habiles et bien plus évolués que leurs collègues du pourtour méditerranéen. On sait également que des souverains étrangers, hittites et mésopotamiens, ont fait appel à plusieurs reprises à des médecins égyptiens pour la qualité de leur diagnostic. Le papyrus Ebers[2] mentionne quantité de traitements pour diverses maladies. Ce papyrus fut rédigé au début de la XVIIIe dynastie, mais on peut légitimement penser qu'il est lui-même la copie d'ouvrages antérieurs de plusieurs siècles.
Quelques autres papyrus ont encore été découverts, concernant spécifiquement la médecine. Le papyrus Edwin Smith[3], à teneur chirurgicale, témoigne de connaissances et de pratiques très rationnelles pour l'époque. Quant au papyrus Hearst[4], il semble

1• Ce tableau est exposé au Maurits Huys Museum de La Haye.
2• Papyrus datant du XVIe siècle av. J.-C., contenant plus de 100 pages. Découvert en 1862 et acheté en 1872 à Louqsor par Georg Ebers (1837-1898), égyptologue allemand élève de R. Lepsius, il est conservé depuis à l'université de Leipzig.
3• Papyrus datant comme le précédent du XVIe siècle av. J.-C., acheté par Edwin Smith (1822-1906), marchand d'antiquités et égyptologue, et conservé à la *New York Academy of Medicine*.
4• Hearst, médecin californien, qui finança les expéditions en Égypte de l'université de Californie. Celle-ci conserve ce papyrus découvert en 1899 en Haute-Égypte.

avoir été rédigé à l'époque de Thoutmosis III et va dans le même sens. Enfin, le papyrus de Berlin[1], datant de l'époque de Ramsès II (XIXe dynastie, -XIIIe siècle) et présentant d'étroites similitudes avec les deux précédents, permet d'établir des regroupements instructifs entre les différents écrits.

Tous ces documents font la plupart du temps état d'un mélange hétéroclite de science et de superstition. Plusieurs documents conservés à Paris, Turin, Rome, Budapest et Leyden dressent ainsi le tableau d'une médecine parfois avancée mais toujours associée à des formules magiques ou autres pratiques irrationnelles. N'oublions pas qu'Isis, la principale déesse, était aussi appelée « la grande magicienne » : elle délivrait de tous les maux et les prières qu'on lui adressait ressemblaient sans doute beaucoup à celles qu'un chrétien dans l'affliction adresse aujourd'hui à la Vierge Marie. Religion et savoir étaient ainsi intimement mêlés dans l'Égypte ancienne, et la médecine ne s'exerçait pas hors du champ du sacré.

C'est pourquoi, en médecine comme dans bien d'autres domaines, il est très délicat d'avoir une juste appréciation de l'étendue des connaissances dominées par les prêtres égyptiens. Car en plus d'être des savants astronomes et de cumuler de multiples fonctions, ils étaient guérisseurs. Certains textes portent à penser qu'ils avaient une connaissance et une compétence parfaitement rationnelles en matière de médecine, alors que d'autres laissent entrevoir des éléments de pure superstition, ponctués de traces de fétichisme ou d'incantations magiques et autres formules qui nous paraissent aberrantes – encore que persiste de nos jours, dans certains milieux, la croyance au « mauvais œil ». De la même façon, les Égyptiens croyaient que les maladies étaient envoyées par la lionne Sekmet, ou par un sort jeté contre le malade. Exorciser le mauvais génie était donc une nécessité vitale. Les prêtres pratiquaient l'exorcisme en récitant des formules magiques apprises par cœur, « aidés » dans cette tâche par un ensemble de divinités

1• Découvert à Saqqarah, publié en 1863.

qu'ils invoquaient, comme par exemple la déesse Selkit – la déesse scorpion – réputée guérir les piqûres de cet animal. De la même façon, les prêtres honorant la mémoire d'Imothep, le célèbre architecte de la pyramide de Saqqarah, quasiment déifié et même considéré, à la Basse Époque, comme le fils de Ptah[1], étaient censés remédier à certaines maladies.

Le bruit courait parfois dans le pays que des miracles avaient été accomplis, ou que tel prêtre avait un pouvoir infaillible. Alors les Égyptiens allaient le voir en foule pour se faire soigner. La ferveur populaire a également voué un culte à l'architecte d'Aménophis III, Amenhotep, fils d'Hapou, car il était censé posséder de grands pouvoirs de guérisseur.

Ces formes de croyance nous éloignent évidemment de notre conception moderne de la médecine. Certaines pratiques des anciens Égyptiens, comme l'usage de statues guérisseuses, ne relèvent de rien d'autre que de la magie, voire de la sorcellerie. La tradition grecque nous rapporte cependant qu'au Ve siècle Hippocrate est venu en Égypte étudier des livres conservés à la bibliothèque de Memphis pour ses recherches médicales.

Les traitements

Les Égyptiens avaient observé les détails du corps humain dès le temps des pyramides : c'est ce qui apparaît dans les premiers traités de chirurgie rédigés sous l'Ancien Empire, vers 2500 av. J.-C., traités qui seront plus tard repris dans les papyrus précédemment décrits, le papyrus Smith essentiellement. Ce document concerne notamment le traitement des lésions osseuses et des articulations, ainsi que la réduction des fractures par des atelles, à l'aide de sutures. Il est donc vraisemblablement le premier traité de chirurgie osseuse connu de l'humanité.

Il ne faut cependant pas sous-estimer les effets de la médecine sous sa première forme : les formules magiques, les manipulations, les incantations ont de tout temps eu un effet certain. Une branche

1• *Cf.* chap. 2, « L'altération des noms et de la symbolique », p. 61.

de la médecine égyptienne devait être une « médecine-placebo » sans doute assez efficace.
La pharmacopée était à base d'herbes, de plantes, de fleurs, de miel, de potions et d'onguents associés à de savants massages. On a retrouvé de nombreux pots à pharmacie, conservés intacts notamment au Louvre et au musée du Caire. Des textes indiquent que les médecins égyptiens pouvaient connaître le sexe des enfants en gestation en faisant réagir l'urine de la mère avec certaines graminées, préfigurant ainsi le principe de nos tests de grossesse, mais dans le but de prédire le sexe de l'enfant.
Pour les ophtalmies dues au soleil, on préconisait le lait des jeunes mères, et on proposait également des traitements en cas de maux de gorge, d'estomac ou même de maladies cardio-vasculaires. On peut en effet supposer que les troubles du cœur et des vaisseaux étaient relativement bien appréhendés par les médecins égyptiens : ayant facilement accès par le toucher aux veines des bras et des jambes, ils comprenaient, grâce à leur grande science de l'anatomie humaine, que ce réseau sanguin fonctionnait en relation avec le cœur.
En ce qui concerne les soins des dents et des mâchoires, on a retrouvé le nom d'un médecin dentiste exerçant au temps des pyramides, un certain Hesy-Rê dont le portrait a été découvert dans la nécropole de Saqqarah. À la même époque, un autre dentiste réalisa l'un des premiers essais de prothèse dentaire sur deux dents que leur déchaussement avait rendues mobiles : il réussit à maintenir les deux molaires à l'aide d'un fil d'or judicieusement disposé.

L'enseignement

On comprend qu'Hippocrate, le père de la médecine occidentale, ait été attiré par le savoir égyptien. C'est sans doute pour cette raison que les Grecs ont associé Imothep, l'architecte de la pyramide de Saqqarah – que les Égyptiens considéraient comme le père de la science –, à leur dieu de la médecine, Asclépios.
Ce qui reste de façon certaine de l'héritage égyptien en matière de médecine, c'est comme nous l'avons vu la science du corps

humain. Leur grande connaissance de l'anatomie, l'étude poussée des symptômes, les observations cliniques précises et les observations justes auxquelles se livraient les prêtres permettaient en toute logique un diagnostic correct, puis un traitement adapté selon les moyens de l'époque.

Les civilisations méditerranéennes qui se développeront plus tard hériteront donc de connaissances considérables, que ce soit dans le domaine de la chimie et des plantes utilisables pour la phamacopée ou dans l'étude du corps humain pour édifier les premières bases de la médecine et de la chirurgie.

Ainsi devons-nous à nouveau nous tourner vers cette terre initiatique pour trouver l'origine de notre caducée, composé d'un serpent enroulé considéré dans la symbolique égyptienne comme le gardien du passage de la vie.

L'Aurige de Delphes.
Bronze, -ve siècle
(musée de Delphes).

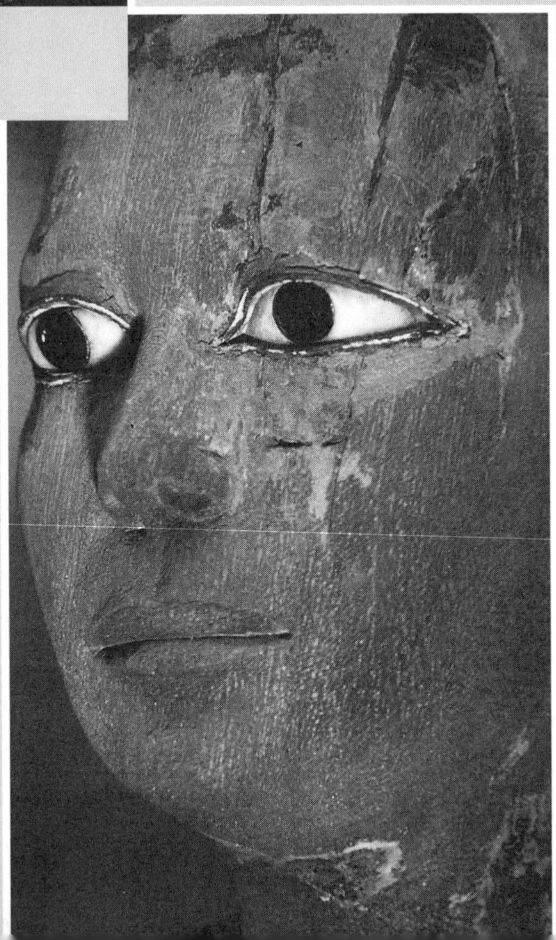

Le visir Methety.
Bois, -xxve siècle
(musée de Brooklyn).

La balance du « Jugement dernier ». La pesée du cœur du défunt : Anubis conduit le défunt (*ci-dessus*) et juge l'équilibre des actions (*ci-dessous*). (Papyrus, -xve siècle.)

Cartouches d'une inscription royale dans la Vallée des Reines à Louqsor.
En haut, le signe hiéroglyphique *Mès* donnera le nom de Moïse.
En bas, les hiéroglyphes évoquant l'expression *Méri-Amon*, « Aîmé d'Amon », sont à l'origine du nom de Myriam, la sœur de Moïse.

Le monde des lettres

Si l'Égypte ancienne a su forcer l'admiration unanime des civilisations qui lui succédèrent par l'aspect démesuré de son architecture et de sa sculpture ainsi que par le niveau de ses connaissances scientifiques dans tous les domaines, tout ce savoir n'a pu être transmis que grâce à une autre science : celle de l'écriture.

L'écriture

« C'est l'écriture qui crée l'histoire » : elle seule permet de fonder une civilisation dans laquelle le savoir de chaque génération s'appuie sur celui de la précédente. Une mémoire commune ne peut en effet se développer qu'à partir du moment où la conservation de la pensée est assurée : du souvenir exact lié à l'écriture naît pour chacun le sentiment de s'inscrire dans le temps et de faire partie d'une « histoire ».

Naissance de l'écriture

Il est difficile de dater véritablement la naissance de l'écriture, car le système scriptural des anciens Égyptiens se confond avec leur art graphique : ce qui semble être la représentation d'une scène de tous les jours peut être une suite de hiéroglyphes dotés d'un sens précis. Ceci pose d'ailleurs un autre problème : peut-on réellement parler d'écriture quand une série d'idéogrammes purement symboliques sont censés transmettre une idée au lecteur ? Ou reste-t-il dans l'écriture égyptienne une part très importante de graphisme réaliste, de dessin à visée représentative ? Le sens naît-il du symbole ou de la représentation ? À quel moment les deux concepts se différencient-ils ?

Il est bien difficile de le dire, et le débat n'est pas clos, mais il est probable que des peintures remontant au paléolithique, retrouvées sur les parois de certaines grottes et évoquant *a priori* de simples représentations stylisées, soient en réalité une véritable écriture.

D'autres éléments très anciens illustrent parfaitement la difficulté de situer la frontière entre dessin et écriture chez les Égyptiens. Sur le manche en ivoire d'un couteau du Djebel el-Arak exposé au Louvre, datant de l'époque prédynastique (IIIe millénaire), est gravée une scène de combat sans aucune inscription complémentaire : une symbolisation est manifestement présente, et donc un début d'écriture plutôt qu'une représentation réaliste.

De la même façon, le schiste de la palette de Narmer exposée au musée du Caire est gravé sur ses deux faces ; les scènes représentées ont été lues par les chercheurs comme étant la figuration de l'unification de l'Égypte sous l'égide du roi Narmer, succédant au roi Scorpion : l'adjonction de petits signes précisant le nom des personnages de la scène tend à faire penser qu'on se rapproche ici d'une véritable écriture. Mais cette importante différence avec le couteau du Djebel el-Arak ne suffit pas encore à délimiter une frontière nette entre écriture et non-écriture.

Prenons aussi l'exemple de la superbe stèle dite « du roi Serpent », exposée au Louvre et exécutée en calcaire à Abydos. Sur ce relief

figurent trois éléments superposés : un faucon, un serpent et une façade de palais. Bien qu'elle ne comporte aucun additif signifiant, cette stèle *se lit*, car le serpent, prenant une double valeur idéographique et phonétique, transcende le simple dessin évoquant sa forme pour devenir l'équivalent d'un mot écrit, d'un signe.
Il est donc bien difficile de prendre position sur une date exacte d'apparition de l'écriture : on peut seulement avancer qu'elle prit naissance en Égypte dans des temps très reculés, sans doute dès le Ve millénaire av. J.-C., bien avant l'époque thinite, car dès le IIIe millénaire, à l'orée de la Ire dynastie, elle a atteint sa pleine maturité.

Les paroles de Dieu

Cette perfection est due au fait que l'écriture égyptienne a trouvé un support immuable et sacré dans les hiéroglyphes, les *medou neter* : les « paroles de Dieu ». Les scribes gravaient la pierre pour conserver les paroles de l'Être Suprême.
Cette écriture est à la fois « figurative, phonétique, mais aussi symbolique », dit Champollion, et nous pouvons lui faire confiance. Le chanoine E. Drioton a mis en évidence que l'image d'un roi conduisant son cheval, par exemple, dépasse de loin la simple évocation réaliste, invitant au contraire à une interprétation qui signifie le nom même d'Amon-Rê. L'illustre égyptologue a également montré que des images apparemment aussi différentes que celles d'un enfant assis sur une petite corbeille, d'un bouquet de lotus ou d'un cobra ont en fait le même sens crypté : toutes désignent l'éternel, le tout puissant Amon-Rê.
Reprenant le travail de Drioton, le professeur J.-C. Goyon, de l'université de Lyon, a également souligné que l'image toute simple d'une barque portant le soleil peut correspondre à un jeu d'écriture, véritable rébus signifiant encore le nom d'Amon-Rê : la barque se dit *Imou*, le disque solaire se dit *Rê* ; le soleil dans la barque se lit donc *Imou-Rê*, sa traduction littérale pouvant être « la barque, réceptacle de Rê ». En réalité, l'image de la barque correspond à une notion spatio-temporelle conjuguant les idées de

voyage et de déroulement infini du temps : l'éternité. Et s'il y a deux barques, cela signifie que cette durée éternelle est précisée par l'évocation du jour et de la nuit en perpétuel retour. Dans le cas présent, donc, il faut lire ce vaisseau du soleil comme le signe de l'éternité d'Amon-Rê, concept même du divin unissant l'éternité à la révélation de la Lumière.

De cette façon cryptée, le nombre de combinaisons est illimité dans l'écriture égyptienne, qui fait jouer signes, symboles et lettres pour une immense possibilité de significations. Les hiérogrammates, spécialistes de l'écriture égyptienne, étaient les maîtres de ce sens souvent caché. Leurs jeux sont infinis. Un texte hiéroglyphique gravé sur le temple d'Isis, dans l'oasis de Kharga, donne un parfait exemple de ce style d'écriture composé d'homophones. Lorsque les prêtres de l'ancienne Égypte écrivent : « Amon qui réside en toutes choses », ces spécialistes de l'écriture sacrée ont voulu jouer avec les mots pour signifier de la façon la plus frappante la présence de la divinité. En effet, le nom d'Amon s'écrit *Imn* en hiéroglyphique et correspond en valeur de synonyme au verbe « résider », qui se dit également *Imen*. Ainsi donc les hiérogrammates ont-ils redoublé le sens du verbe dans la phrase, en lui juxtaposant l'homophone qui veut dire « Amon ». Ce puissant procédé d'écriture veut montrer que la divinité réside, demeure, est, enfin, en toutes choses. La difficulté même de la traduction montre bien que notre langage ne saurait rendre le même effet. Les hiérogrammates vont même plus loin dans leur subtile complexité ; car le mot *Imen* (*Imn*) signifie aussi « caché », et sa racine (*men*), « être durable ». À partir d'un mot se crée toute une série de noms qui se complètent et se renforcent pour essayer de s'élever à la hauteur de celui qui reste caché, de celui qui n'a pas de nom, l'éternel Amon. La langue égyptienne est donc réceptacle, signe même de la divinité dans son indicibilité.

Ainsi, tout au long de son histoire, y compris aux heures sombres de la Basse Époque, quand le pouvoir tombe aux mains des envahisseurs étrangers, l'Égypte conserve son écriture sacrée comme un pouvoir venu de Dieu, et que seul Dieu lui retirera avec le

bouleversement théologique des Écritures chrétiennes. L'édit de Théodose, qui en 393 ferme les temples d'Égypte, met un terme à l'aventure sacrée des hiéroglyphes. L'écriture égyptienne s'endort alors pour un long sommeil de quinze siècles, avant de renaître au monde grâce au génie de Champollion.

Mais ce qui force l'admiration, dès l'origine, c'est la perfection à la fois technique et grammaticale des écrits. Car en trouvant les signes qui pouvaient soutenir et conserver des concepts très complexes, cette écriture a permis d'élaborer des textes d'une grande richesse et d'une maturité de pensée très élevée.

Prenons-en pour preuve les très anciens textes des pyramides qui remontent à la Ve dynastie, vers 2500 av. J.-C., découverts par Maspero dans les chambres souterraines des pyramides royales de Saqqarah. Ces textes d'emploi liturgique font allusion à l'ascension du roi au Ciel, et sont déjà d'une très haute tenue théologique, allant jusqu'à évoquer la notion d'immortalité de l'âme.

Dominer l'écriture permit donc aux Égyptiens non seulement de conserver leurs concepts, mais aussi de créer des réseaux de sens grâce auxquels ils purent s'élever toujours davantage dans leur réflexion. Écriture et conceptualisation vont invariablement de pair dans l'émergence d'une civilisation, sans qu'il soit jamais possible de démêler quel aspect de cette double dynamique est la cause de l'autre. Seule l'écriture permet de se dégager de la matière et d'accéder au sens abstrait : les Égyptiens y ont réussi avant tout autre peuple, révélant ainsi les profondeurs de l'intelligence humaine.

Les hiéroglyphes, mémoire d'un peuple

Cette écriture merveilleusement élaborée va également permettre d'autres victoires sur la matière avec l'émergence des temples. La conceptualisation de leur plans est liée à la maîtrise de l'écriture, et le graphisme des hiéroglyphes mêle audacieusement et harmonieusement écriture sacrée et élément de décoration pour les murs de ces temples, l'immuable solidité des constructions de pierre venant relayer la notion de conservation des textes pour

transmettre, sur leurs parois éternelles, les signes également éternels des *medou neter*.
Comment imaginer en effet un temple égyptien sans l'ornement de ces signes gravés, un tombeau sans ses peintures, un objet d'orfèvrerie sans le support esthétique des hiéroglyphes ? Et comment ne pas être admiratif devant ces bagues, pendentifs ou pectoraux en or constellés d'inclusions hiéroglyphiques ? Devant ces objets magnifiques, on comprend que l'Égyptien antique faisait de l'écriture la base de tout art.
Moyen de communication et de mémoire, omniprésente dans l'art, l'écriture se fait vecteur de beauté et participe dans tous les domaines – religion, savoir, morale, arts plastiques, vie pratique – à l'existence des Égyptiens de l'Antiquité, jusqu'à nous transmettre la mémoire de leur civilisation.
Prenons l'exemple d'un admirable bijou en forme de scarabée, de l'époque de Sésostris III, sur lequel le scarabée pousse le Soleil : cette scène toute simple et très esthétique n'est pas l'illustration d'une fable, elle signifie en fait le nom de Sésostris. En hiéroglyphique, ce nom se lit *Ra-Kepher-ou-Rê*, ce qui signifie : « Qu'apparaissent les transformations de Rê ». Le petit scarabée est l'expression hiéroglyphique du *Kepher*, c'est-à-dire de l'image matinale de la régénération de Rê (le soleil) après son éloignement nocturne de la voûte céleste.
Cet objet admirablement ciselé, gravé et cloisonné, témoigne non seulement de l'habileté et du savoir-faire des orfèvres égyptiens au Moyen Empire quelque deux mille ans avant notre ère, mais de leur savoir tout court, de leur véritable science des hiéroglyphes. Tous les bijoux retrouvés dans la tombe de Toutânkhamon en 1922 viennent appuyer la constatation d'une orfèvrerie égyptienne poussée à un très haut degré de technicité, et que seule la maîtrise de l'écriture hiéroglyphique peut faire apprécier pleinement, le moindre petit bracelet pouvant déceler un sens caché.
Les inscriptions gravées sur le mobilier de la mère de Khéops, la reine Hethepherès, conservé au musée du Caire, témoignent de cette complète participation de l'écriture à la vie et à l'art en

Égypte. Les inscriptions qui le recouvrent sont en quelque sorte une métaphore de cette symbiose. Chaque lettre est gravée dans l'or – symbole du soleil et donc de la divinité, corps même de Dieu. Telle la trace que laisse le rayon de soleil sur le monde, chaque lettre évoque ici la vie : l'abeille, le vautour, le faucon et le serpent inscrivent dans l'or l'élément animal, tandis que le végétal est symbolisé par l'arbre et la branche, également en or. Brillants sur le fond sombre du meuble, tous ces éléments semblent évoquer la Création sortant de l'obscurité du monde des origines.
L'écriture hiéroglyphique est cependant réservé à une élite. Liée aux pouvoirs fondamentaux, convoitée par les uns et jalousement protégée par les autres, sa connaissance est le privilège des prêtres et des hauts fonctionnaires, l'apanage des scribes. Ces derniers compilent tout ce qui touche à la vie publique du pays dans les domaines du social, du politique, de l'économique, du religieux, mais aussi au devenir métaphysique de l'individu : sa vie dans la cité, ses rapports avec les dirigeants et, au-delà, les rapports de l'âme avec Dieu, sans oublier les découvertes scientifiques, l'ordonnance de l'administration égyptienne... Ayant ainsi consigné les moindres faits et événements, ils ont inventé la science historique, ce qui a d'ailleurs contribué à accroître leur pouvoir politique.
Mais il ne suffit pas de savoir écrire pour conserver la mémoire d'une civilisation : encore faut-il savoir, très matériellement, conserver les supports de l'écriture afin de les rendre aptes à traverser les âges.

Une innovation, le papyrus

L'élaboration d'un support solide a toujours été un enjeu historique d'importance. Au début, comme en Mésopotamie, les premiers textes étaient gravés dans la pierre. Petits blocs de calcaire recouverts de signes hiéroglyphiques pour les Égyptiens, cunéiformes pour les Mésopotamiens, qui servaient à la fois à entreposer les textes dans les bibliothèques et à faire circuler les idées ou le savoir. Une multitude de documents égyptiens, souvent fragmentaires, nous sont parvenus sur des supports de ce type, qui ont la particularité

d'être minuscules : les *ostraca*. *Ostracon* est le nom grec donné à de petits éclats de calcaire ou à des fragments de poterie sur lesquels sont gravés ou dessinés des scènes représentant des animaux, des personnages, et même parfois des textes. Certaines scènes évoquent la vie du roi, d'autres sont des fables à caractère moral ou littéraire. C'est encore sur des *ostraca* qu'ont été retrouvés les plans de tombes royales et même des textes juridiques ou administratifs : en mettant bout à bout des fragments trouvés dans des lieux parfois très éloignés, les archéologues, mettant toute leur ingéniosité à reconstituer ces puzzles d'histoire, ont pu rendre à l'Égypte des parcelles de sa mémoire.

Les ouvriers, surtout, utilisèrent longtemps ce support, parce que le papyrus restait trop cher. Les *ostraca* demeurent donc pour nous le moyen le plus sûr de nous renseigner sur les choses simples de la vie quotidienne des Égyptiens. Dans le village des artisans de Der el-Médineh, par exemple, les archéologues en ont retrouvé des centaines, qui leur ont permis de mieux comprendre la vie du peuple égyptien dans l'Antiquité. Car tout ce que renferme le sol d'Égypte, y compris le plus petite fragment de calcaire, peut receler un trésor de sens et de mémoire.

Mais le souci de transcription des Égyptiens se trouve résolu par une invention géniale : le papyrus. Au lieu de ressembler à des sortes de carrière de pierres entassées, les bibliothèques gagnent en place et en diversité. Facilement transportables, les papyrus permettent la mise en place d'un système de messagerie bénéfique pour le développement économique du pays, outre l'énorme impact culturel que représente un tel moyen de conserver les textes. Les Égyptiens s'aperçurent des qualités du papyrus, plante très répandue sur les bords du Nil, il y a cinq mille ans. La tige, de forme triangulaire, pouvait être aisément taillée en fines lamelles, dans le sens de la longueur. Après les avoir fait sécher au soleil, on assemblait ces lamelles par bandes horizontales et verticales, en une sorte de fin treillis très solide dont on fabriquait finalement les feuilles. Celles-ci étaient ensuite collées pour constituer des rouleaux prêts à recevoir l'écriture.

Véritable révolution, cette invention ne demandait qu'à être exportée, ce qui fut fait dans toute la Méditerranée, en particulier vers Byblos, au Proche-Orient, ville qui a laissé de nombreux livres transcrits sur ce support importé d'Égypte – au point qu'elle porte le même nom que celui de la Bible, le Livre par excellence. Carrefour de communication dans le monde méditerranéen, elle fut aussi un centre important pour le commerce du papyrus.
Mais l'Égypte a toujours conservé le monopole de la fabrication du papyrus, car ce support était d'une importance politique et économique dont on a du mal à imaginer l'ampleur : pour donner un ordre d'idée, on retrouve aujourd'hui des enjeux comparables dans les grandes batailles que se livrent les géants de l'informatique pour dominer les réseaux de communication mondiaux. Contrôler le papyrus, c'était contrôler la communication dans le monde entier. Cet embargo sur le papyrus allait à la longue interdire à d'autres civilisations la transmission de leur savoir et priver le monde du support d'une pensée autre qu'égyptienne. Cela n'était pas admissible, et la réplique est venue de Pergame, en Asie Mineure.
De Pergame en effet vient une autre révolution dans le monde de la communication, tout aussi géniale que le papyrus : peu avant le début de notre ère, le *pergameum* devient le support de l'écriture. Le mot *pergameum* vient du grec *pergamênê* qui signifie « peau de Pergame ». Il s'agit de peaux d'ovins ou de capridés spécialement tannées pour être conservées. Du *pergameum* naît le parchemin, les deux mots ayant d'ailleurs la même racine étymologique. Ce nouveau support présentait des qualités supérieures à celles du papyrus : la fibre animale se conservait mieux que la fibre végétale et pouvait être utilisée dans des pays où ne poussait pas le précieux papyrus. Ce dernier amorce alors un déclin qui ne s'achèvera qu'avec la disparition quasi totale des circuits de communication.
L'histoire et l'étymologie ont cependant conservé la mémoire de cette invention égyptienne vieille de plus de cinq mille ans : le mot *papier*, comme *paper* en anglais, vient directement de *papyrus*. Ces dérivés phonétiques européens sont d'ailleurs très peu éloignés du mot originel, puisque papyrus se disait *pa-per-aa* en égyptien.

Ce mot originel montre bien l'importance qu'avait le papyrus dans l'Antiquité : ses deux dernières syllabes, *per-aa*, qui signifient littéralement « la grande maison », donneront par transformation le mot *pharaon*. Étrange appellation pour celui qui, véritable Dieu sur terre, présidait aux destinées de l'Égypte... Mais il faut comprendre cette appellation métaphoriquement, de la même façon qu'à l'époque othomane Constantinople signifiait « la sublime porte », le symbolisme des lieux rejoignant toujours celui du pouvoir. Le mot entier *pa-per-aa* pourrait se traduire par « le produit de la grande maison », autrement dit le produit de la maison royale : la maîtrise de ce support d'écriture était en effet si déterminante que sa fabrication constituait une prérogative royale.

Des hiéroglyphes à l'alphabet

La technique de fabrication du papier, le support qui détrônera le parchemin, vient d'ailleurs de celle utilisée pour le papyrus, car la confection des premiers grands livres reliés est également d'invention égyptienne. Si ce fait est depuis longtemps connu, un autre l'est beaucoup moins en revanche : le fait que les formes hiéroglyphiques – par l'intermédiaire des Phéniciens, des Grecs puis des Romains – sont à l'origine de certaines lettres de notre alphabet.

Comment cela est-il possible ? Contrairement à ce que pouvait laisser présager une position géographique isolée et profondément enfoncée dans le continent africain, l'Égypte, attirante oasis entre les deux grands déserts du Sinaï et du Sahara, fut en contact étroit avec les populations du Proche-Orient, aussi bien par sa façade méditerranéenne que par le Sinaï.

Ce vaste plateau aride qui peut apparaître comme une barrière naturelle s'est avéré, par le hasard de la géopolitique, un lieu de passage capital : richement pourvu de mines de turquoise et de cuivre, le Sinaï était en fait l'objet de toutes les convoitises. Car la turquoise constituait un élément essentiel dans l'art et la décoration religieuse (les Égyptiens nommaient la déesse Hathor « la Dame de turquoise »). Fortement recherchée par les orfèvres, cette gemme semi-précieuse fut exploitée dès la plus haute

Antiquité, et ce en faisant appel à une main-d'œuvre d'origine sémite.
Comme nous l'avons vu, ces populations sémites travaillant pour le compte des Égyptiens furent sans aucun doute les vecteurs des formes hiéroglyphiques dans leur parcours historique vers les futurs alphabets du monde méditerranéen, dont le nôtre. On a d'ailleurs retrouvé dans le Sinaï des inscriptions qui ne sont pas sans rappeler les formes hiéroglyphiques.
Prenons l'exemple de la lettre B. Elle vient du signe hiéroglyphique *per* qui désignait le plan d'une maison rectangulaire. Ce signe se prononce *bêt* en hébreu, ce qui donnera la deuxième lettre de l'alphabet sémite, puis le *bêta* des Grecs et notre B. De la même façon, les Sémites adopteront la forme du signe hiéroglyphique évoquant la tête d'un bovidé, associant à ce signe égyptien la lettre A tout en conservant le nom originel de leur propre alphabet, *aleph*. Par combinaison, les Grecs créeront ensuite l'*alpha* qui donnera notre A.
Autre exemple : notre C, qui se prononce *gimel* en hébreu et *gamma* en grec. À *aleph*, *bêt*, *gimel*, vont ainsi correspondre *alpha*, *bêta* et *gamma*, les deux premières lettres donnant d'ailleurs le mot *alphabet*. Les bases de cet alphabet seront transmises aux Grecs par les Phéniciens à l'occasion du transit des produits exportés vers le Proche-Orient et le grand centre de Byblos.
Notre alphabet trouve donc une partie de son origine dans le hiéroglyphique et l'on ne peut s'étonner que notre langue utilise encore des mots venant directement de l'écriture sacrée égyptienne. Nous en avons déjà énuméré plusieurs ; ajoutons à ces exemples celui d'un prénom qui revient souvent dans la Bible, Suzanne, transcrit par les Sémites sous la forme *Sechen*. Or ce prénom a pour origine le mot hiéroglyphique *Ssm* qui signifie « lotus ».
C'est encore vrai pour le nom d'un oiseau mythique, le phénix, parvenu jusqu'à nous par un parcours étymologique *a priori* surprenant : les Égyptiens l'appelaient *benou*, qui se transforma en *fenou* pour donner finalement *phénix*. Les Phéniciens l'adoptèrent pour symbole, comme étant le peuple qui renaît de ses cendres.

Leur nom même vient du mot phénix, tant ont de pouvoir les symboles sur les hommes !

■ ■ ■

La littérature

Les emprunts qui précèdent prouvent combien le hiéroglyphique avait de puissance et d'influence sur les peuples qui côtoyaient les Égyptiens. Cette langue a atteint très tôt une pleine maturité, et l'Égypte déroulera longtemps sur notre monde ses papyrus chargés d'histoire ainsi que ses pierres gravées aux formes de sa mémoire, se faisant pour des siècles l'immuable bibliothèque de l'univers.

Textes sacrés et sagesses

Comme nous l'avons vu, les Hébreux puis les Grecs, dont Platon, sont venus chercher en Égypte de quoi nourrir leurs propres écrits. Mais bien avant l'avènement de la philosophie hellénique, dès le IIIe millénaire, les Égyptiens avaient produit une énorme quantité de textes philosophiques et liturgiques. Ceux qu'on appelle « sagesses » en particulier, sont nombreux et de très grande qualité. Antérieurs aux textes des pyramides, les plus anciens connus sont les *Préceptes* de Kagemni (v. -2700) :

> **Ne sois pas orgueilleux de la puissance, de ton savoir, car on ne sait pas quels événements Dieu suscite quand il punit.**

Un peu plus tardives (v. -2500), les réflexions de Ptahhotep nous laissent tout aussi méditatifs :

> **Ne sois pas fier de ton savoir**
> **Suis ton cœur tant que tu vis**
> **Sois généreux, sois juste [...]**

Ou encore :

Fais profiter les autres de ton bien, de ce que tu possèdes.
C'est le devoir de celui que Dieu favorise.

Au Moyen Empire, l'enseignement du roi Merikarê (XIIe dynastie, v. -2070) est également une source importante de sagesse, qui ne sera pas sans influencer les textes à venir :

Agis pour Dieu afin qu'il te rende la même chose
Occupe-toi des hommes, qui sont le troupeau de Dieu,
Qui sont issus de sa chair, qui sont à son image.
C'est à leurs narines qu'il a donné le souffle de vie.

Au Nouvel Empire, après les « sagesses » d'Ani (début XIXe dynastie), Amenemôpe (XXe dynastie) a laissé des textes dont on peut se demander s'ils n'ont pas marqué de leur empreinte notre morale chrétienne :

Mieux vaut être pauvre dans la main de Dieu
que d'avoir des richesses plein son grenier.

Cet enseignement est à rapprocher des *Proverbes* (III, 9-10) :

Honore Yahvé de tes biens
et des prémices de tout ton revenu ;
alors tes greniers regorgeront de blé
et tes cuves déborderont de vin nouveau.

Cette ressemblance entre les deux textes a engendré un débat : A. Ermann pensait dans les années vingt que Salomon s'était inspiré des *Enseignements* d'Amenemôpe tandis que E. Drioton estimait quarante ans plus tard que les *Proverbes* pouvaient être une source hébraïque originellement composée en Égypte.
Nombre d'autres écrits égyptiens pourraient être cités, dont les enseignements résonnent à nos oreilles comme des paroles de l'Évangile. On en trouve particulièrement au Nouvel Empire :

ceux de Pahery[1], qui vivait à l'époque d'Hatchepsout, les pensées gravées dans la tombe de Pet-Osiris[2], à la fin du IVe siècle av. J.-C., ou celles contenus dans le papyrus Insinger[3] :

> **Il est mieux de bénir le prochain que de lui faire du mal s'il t'a offensé.**

Et bien sûr les textes du *Livre des Morts* (chapitre CXXV) :

> **Je n'ai pas commis l'iniquité envers les hommes,**
> **Je n'ai pas maltraité les gens,**
> **Je n'ai pas commis de péché,**
> **Je n'ai pas blasphémé Dieu,**
> **Je n'ai pas volé,**
> **Je n'ai pas affamé,**
> **Je n'ai pas fait pleurer.**

L'*Hymne au Soleil* date quant à lui de l'époque d'Akhenaton, et son inspiration se retrouve presque telle quelle dans les Psaumes de la pensée religieuse occidentale.

Mais il y aurait également une très riche étude comparative à faire entre le *Cantique des Cantiques* et les émouvants chants d'amour écrits au Nouvel Empire. Leur grande qualité poétique témoigne de la splendeur des XVIIIe et XIXe dynasties, c'est-à-dire des grands règnes des Aménophis et des Ramsès, mais aussi de l'humanité et de la délicatesse de sentiments des anciens Égyptiens, de leur regard admiratif sur les beautés de la nature, de leur sensibilité face aux créations de l'Éternel et à l'être humain.

Composés de jeux de mots renouvelés à chaque strophe et décidant de leur forme, ces poèmes pouvaient être chantés ; ce genre littéraire s'adressait probablement à un public lettré, initié à

1• *Cf.* chap.1, note 2, p. 36.
2• *Cf.* chap. suivant, « La quête du Dieu unique », p. 208.
3• Jan HERMAN INSINGER (1854-1918) : Hollandais intermédiaire dans les achats d'antiquités *Cf.* C. DESROCHES-NOBLECOURT, 1948.

l'écriture égyptienne. Certains de ces textes écrits sur des papyrus ont par chance été retrouvés, l'un au Ramesseum de Louqsor, d'autres à Deir el-Médineh (papyrus Harris, papyrus de Turin et papyrus Chester Beatty). Un magnifique chant d'amour fut même découvert sur un vase de terre cuite à Deir el-Médineh, vallée où furent enterrés les artisans qui avaient travaillé aux excavations des tombes royales de la Vallée des Rois :

La bien-aimée est venue,
Mon cœur est dans l'allégresse.
Mes bras sont ouverts pour l'enlacer,
Mon cœur est heureux comme un poisson dans son étang.
Ô nuit, tu m'appartiens à jamais
Car ma maîtresse est venue à moi.
Quand je l'embrasse et que ses lèvres sont entrouvertes,
Je me sens ivre sans avoir bu de bière.
Ah ! si j'étais l'anneau qu'elle porte au doigt,
Chaque jour je verrais sa tendresse
Et je pourrais m'emparer de son cœur.

L'Égypte fait donc la preuve de sa prodigieuse antériorité aussi bien dans les textes religieux que dans la poésie ou dans l'art de la calligraphie, indissociable de la beauté des écrits. La poétique se perpétue dans l'image et dans la pierre, parallèlement à cette pensée fondamentale dont les Égyptiens ont été les initiateurs : si la nature est la création de Dieu, la représenter conduit à se placer dans la perspective de cette création divine. Dans leur vision de l'art et de la littérature comme prolongements de l'œuvre de Dieu, les Égyptiens ont ouvert la voie d'un regard esthétique sur la Nature, ce que prouve chacune de leurs œuvres d'art.

Morale, contes et fables

Cette vision de la beauté et de l'harmonie à l'œuvre dans la création se retrouve dans la morale – souci d'un équilibre entre les hommes – et dans la volonté de conceptualiser et de formuler par

écrit toutes les valeurs ayant un rapport avec le bien : le bonheur, le respect, l'éducation, l'amour familial...
Ce sont les scribes qui depuis la plus haute Antiquité nous ont transmis les valeurs présidant à la dignité humaine – n'oublions pas qu'à la même époque, dans les autres contrées, les embryons de société étaient essentiellement régis par la loi du plus fort. Dès le temps des pyramides, des préceptes ont été gravés sur les monuments : « Il ne faut pas commettre d'expériences sur un prisonnier, il est interdit d'agir ainsi dans le troupeau de Dieu. » Cette sage parole, si souvent bafouée de nos jours, ne résonne-t-elle pas avec un accent bouleversant ?
Outre sa morale, l'Égypte nous a légué toute une série de contes, dont l'esprit sera plus tard assimilé par la littérature arabe. Le *Récit du naufragé*, datant du Moyen Empire (v. -2000), a sans doute inspiré le célèbre conte *Sindbad le Marin*. Un peu plus tard, un récit écrit entre le XVe et le XIVe siècle av. J.-C., relatant la prise de Joppé, pourrait avoir inspiré certains passages des *Contes des Mille et une nuits*, et plus précisément celui d'*Ali-Baba et les quarante voleurs*.
Quant aux fables, par exemple celle du lion et du rat ou de la lionne et du singe, elles se retrouvent quasiment mot pour mot chez Ésope puis La Fontaine. Là encore l'Égypte apparaît comme la « civilisation aînée » de toutes les autres.

■ ■ ■

Le vocabulaire et les blasons

L'Égypte est donc à la source de nos lois de sagesse biblique, de certains pans de notre littérature, et l'on retrouve son empreinte sur les philosophes grecs. Le glossaire hiéroglyphique s'est transmis par le même biais et a servi de point de départ à bien des mots, copiés, transformés et adoptés par d'autres langues.

L'origine des mots

S'il est toujours délicat de chercher à établir des liens de parenté en matière d'étymologie, on peut s'étonner de ne trouver cité

aucun « étymon » égyptien dans nos dictionnaires alors que le monde gréco-latin y est amplement représenté. L'éventualité d'une origine hiéroglyphique se cachant derrière une origine gréco-latine évidente n'est jamais soulevée.

Les étymologies dérivant du son des mots – de leur phonétique –, il est particulièrement délicat de se fonder avec certitude sur le hiéroglyphique où, comme dans les écritures sémitiques, la voyelle n'est pas transcrite : on ne peut être sûr d'établir le son correct du mot tel qu'il se prononçait à l'époque.

Toutefois, si l'égyptien antique s'est éteint au IVe siècle av. J.-C., le copte, langue des premiers chrétiens égyptiens toujours en usage, a conservé des mots hiéroglyphiques dans leur ancienne prononciation. Ainsi, même si la phonétique est d'une pratique très délicate, nous pouvons établir certaines filiations. Il en va de même pour la sémantique, qui nous donne la valeur fondamentale du mot et nous permet de faire des rapprochements, sans toutefois verser dans une approche trop spécialisée.

Nous avons déjà vu comment, à partir de l'alphabet hiéroglyphique, s'étaient formées des lettres dans les autres alphabets, et comment certains mots sémitiques dérivaient du hiéroglyphique. Il est désormais possible d'affiner notre analyse, tout en restant conscients de l'extrême difficulté que représente l'établissement de filiations entre deux langues qui ne transcrivent pas les voyelles. On peut tenter d'étayer par la sémantique la fragilité du rapprochement phonétique.

Si l'on prend l'exemple du nom de Moïse, on constate qu'il possède la même étymologie que celui du grand pharaon Ramsès II, *Ra-ms-s* en hiéroglyphique : le premier signe, *Ra*, signifie « Soleil » ; le second correspond au bilitère *ms* qui veut dire « né », tandis que le troisième est la consonne *s* que l'on prononce phonétiquement. L'ensemble signifie « né du Soleil » et a donné *Ramsès* ou *Ramosé*. C'est ce *mosé* qui nous est parvenu sous la forme *Moïse* et qui est également à l'origine du prénom hébreu *Moshé*.

Tout ceci relève de la pure phonétique. Mais si nous appliquons de plus les lois de la sémantique, nous nous apercevons que chacun

de ces deux noms, Ramsès ou Moshé, décrit l'origine même de celui qui les porte : Ramsès est fils de Rê, le soleil, quand Moshé, sauvé des eaux, est fils du Nil. Il y a donc sémantiquement une analogie évidente entre ces deux noms et ces deux personnages : le Mosé égyptien semble donc bien être le même que le Moshé hébreu et le Moïse que nous connaissons.

La première syllabe du nom de l'architecte favori de la reine Hatchepsout, Senenmout, a donné en anglais *son* (fils), tandis que la seconde syllabe, *mout*, a donné *mother* (ainsi que *mutter* en allemand : or le diminutif affectueux de ce mot, *muti*, était le nom que Ramsès II donnait à sa propre mère !) Ces termes de parenté reflètent bien l'amour qui unissait sans doute la reine et son architecte : la superbe statue cube du British Museum montre Senenmout tenant la petite princesse Neferouré, fille de Hatchepsout ; celle-ci avait d'ailleurs nommé son favori « Père nourricier vénérable » de la fillette.

Autre exemple : le nom si primordial de la déesse Isis s'écrit en hiéroglyphique sous la forme d'une sorte de siège, et se lit *set*. Il évoque un trône royal et se rapproche étrangement de l'anglais *to sit*, s'asseoir. De la même manière, l'abeille se lit *bi* en hiéroglyphique, et se prononce donc exactement comme le mot anglais *bee*...

Nous avons à plusieurs reprises évoqué les mots *chimie* et *alchimie* comme venant directement du hiéroglyphique *Khemet*, « terre noire », qui était le nom de l'Égypte à l'époque des pharaons. Les mots *gitan* et *gypse* ont la même racine, venant également de l'Égypte, mais à la suite de transformations complexes. Le mot *gitan*, *egiptano* en espagnol est également passé par la langue anglaise pour donner *gipsy*, diminutif de *egyptian*. Or le peuple gitan trouve à l'origine ses racines en Égypte, à tel point qu'au XVIIe siècle en France, dans les œuvres de Molière en particulier (par exemple *Les Fourberies de Scapin*), on ne désignait les gitans que sous le nom d'« Égyptiens ». Il est d'ailleurs intéressant de noter que les gitans vénèrent encore la Vierge noire, dont la symbolique trouve également son origine sur les rives du Nil[1].

1• *Cf.* chap. suivant, « Les Vierges noires et les saints », p. 186.

On pourrait trouver bien d'autres exemples, dans de nombreuses langues, de racines étymologiques hiéroglyphiques : le mot hiéroglyphique *our*, « grand », figure dans les noms de plusieurs villes d'Inde, comme Jaïdpour, ou Oudeipour, ou encore, en Mésopotamie, la très importante ville d'Ur (*Our* en Chaldée), où furent découverts les trésors des Sumériens. Il serait d'ailleurs intéressant d'établir une filiation entre le mot *Ra* qui signifie « Soleil », et le mot indien *Radja*, qui signifierait *roi* en sanscrit, mais qui pourrait aussi rejoindre le concept de « fils du Soleil ». Les noms ont voyagé dans les bagages des conquérants...
Le nom de Louqsor viendrait du *castrum* romain, qui nous est parvenu sous la forme *château*, mais donnera aussi le mot arabe *ksar*.
Contrairement à ce que pensent certains auteurs, *nénuphar* n'est pas un mot issu de « nulle part » et dont la racine serait impossible à retrouver : il vient tout simplement de l'égyptien *nefer*, qui désigne le lotus, fleur très commune sur les bords du Nil. *Nénuphar* viendrait ainsi de l'expression *nen-nefer*, la belle fleur évoquant le lotus.
Le mot égyptien qui nomme Dieu, *Neter*, est devenu *natroun*. Or la formule *Na* du tableau de Mendelieff, désignant le sodium, porte les deux premières lettres du mot *natroun*. Le natron, on l'a vu, genre de carbonate de sodium, permet de conserver les corps en les embaumant, pour que le *ka* ou *ba*, l'âme, puisse trouver la vie éternelle. Nulle surprise donc à ce que le natron, qui permet à l'âme de rejoindre Dieu, ait la même racine étymologique que *Neter*, Dieu...

L'origine des noms de villes et des blasons

Neter et *natron* donneront d'ailleurs *nitrate* et *nitrite*, tandis que le nom même du dieu Amon sera transformé en *ammonite*, *ammonium* et *ammoniaque*. Le nom d'Amon s'est également répandu au Proche-Orient pour désigner des villes, telle Amman, la capitale de la Jordanie. On retrouve aussi la trace de saint Amon, un saint tout à fait catholique, près de Limoges au Ve siècle. Enfin, tout près de Rome, une abbaye conserve de nos jours le nom de Saint-Nil...
Nous avons vu que le village d'Èze, près de Monaco, a pour origine le nom d'Isis (mais le lac d'Iseo, près de Milan, situé entre le

Lac de Garde et le Lac de Côme, trouve sans doute aussi son étymologie dans le nom de la grande déesse) et que, selon certains auteurs, le nom même de notre capitale, Paris, viendrait de *Par-Isis*, inscription retrouvée sur une médaille représentant Hélène, épouse de Julien l'Apostat, gouverneur de Lutèce en 358[1]. À certaines époques, le blason même de la ville de Paris s'est vu orner d'une barque des nautes à la proue de laquelle on plaçait une effigie d'Isis, associée à l'étoile Sepedet, annonciatrice de la crue du Nil, et de la renaissance cyclique du monde.

Les blasons de plusieurs villes et pays se sont ainsi inspirés de la symbolique et de l'étymologie égyptienne : celui de Nîmes, on l'a vu[2], témoigne de la présence romaine dans cette ville où les soldats d'Auguste, conquérants de l'Égypte, se virent donner des terres ; mais c'est aussi le cas du blason de la Grande-Bretagne sur lequel un lion joue aux échecs avec une gazelle unicorne, iconographie présente sur les papyrus de l'ancienne Égypte : le lion symbolise le roi, la gazelle, la reine. On trouve par exemple, dans le temple de Médinet Abou, un portrait de Ramsès III jouant aux échecs avec sa fille (ce document fut rapporté par Champollion), mais dans ce tableau, le jeu d'échecs, appelé en Égypte ancienne le *Senet*, dépassait un aspect divertissant, il prenait une valeur totalement symbolique.

Par la qualité de son écriture, par son avance considérable en matière de grammaire, de cohésion symbolique et de technicité scripturale, par la précision et l'élégance de ses écrits, par la force de son iconographie, L'Égypte a transmis aux civilisations ultérieures un héritage dont l'ampleur reste encore insoupçonnée de nos jours.

1• *Cf.* chap. 4, « Sous la domination byzantine », p. 60-61.
2• *Cf.* Chap. 3, « Rome, l'Égypte et l'Occident », p. 70.

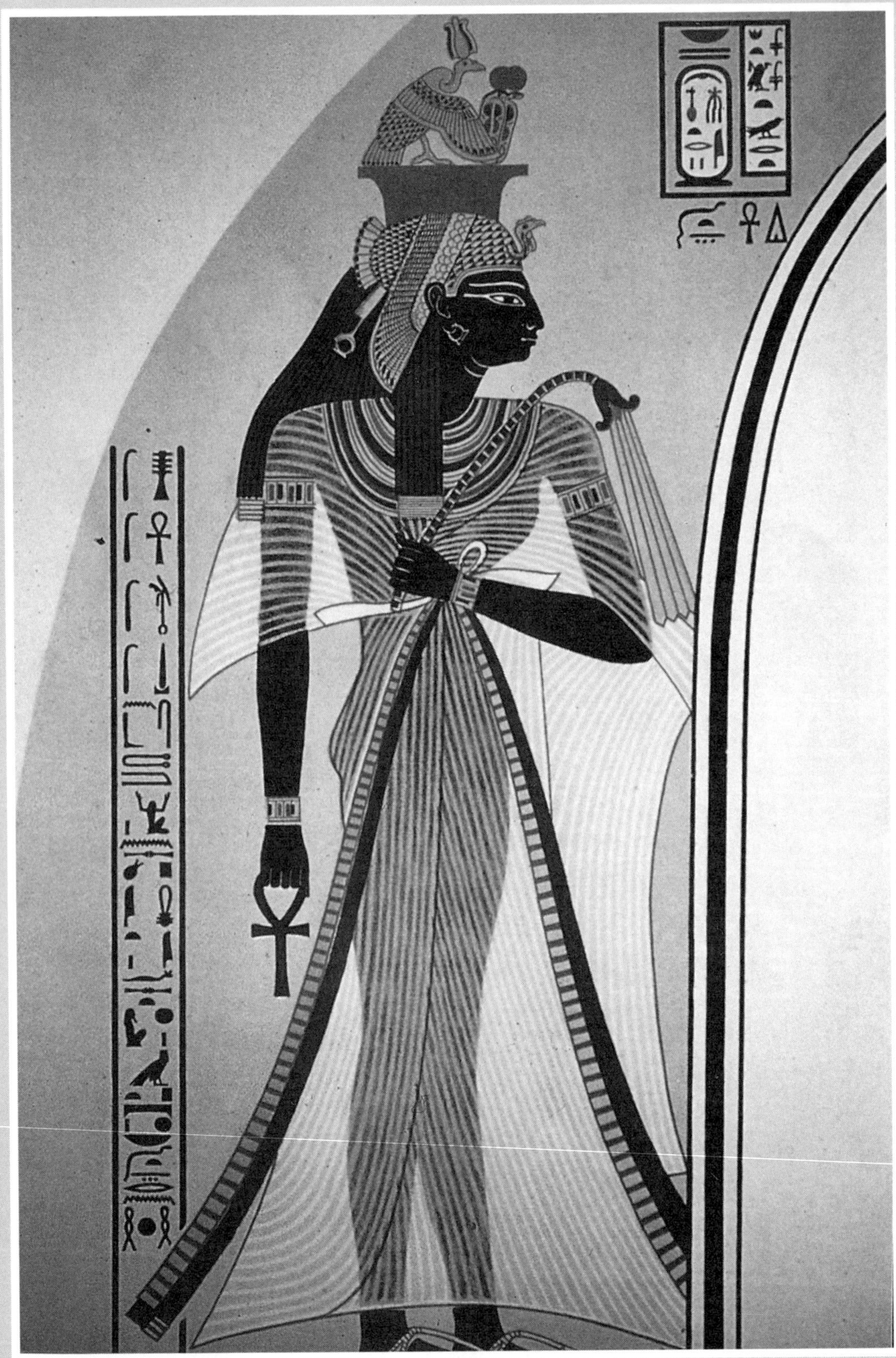

La reine Iarhmes Néfertari au visage noir et portant la fleur de lys. Le noir correspond non pas à la notion de mort, mais à celle de vie et de renaissance (Nouvel Empire).

Statuette en albâtre représentant le roi Pépi sur les genoux de sa mère : l'une des plus anciennes représentations de la Mère à l'enfant (musée de Brooklyn).

La Vierge au lys et à l'Enfant Jésus de Fra Angelico (Rijkmuseum).

Le monde religieux

COMME nous venons de le voir, et bien que la plupart des auteurs ne lui attribuent une antériorité que dans le domaine de l'art, l'Égypte ancienne a marqué le monde des sciences et des lettres. En vérité, bien au-delà des techniques et des arts, nous lui sommes redevables de nous avoir légué un message spirituel dont l'étendue demeure insoupçonnée, en dépit du fait que l'Occident a largement repris et utilisé ses images et ses symboles. Nous avons tant assimilé cet héritage spirituel qu'il semble s'être fondu dans les pierres de nos cathédrales, dont les principes architecturaux viennent eux aussi des temples nilotiques ; nous avons oublié que les sources du Nil étaient celles de nos concepts du divin et de toute notre civilisation.

Images et lieux sacrés

Dès qu'il pose le pied sur le sol égyptien, le visiteur se sent en communion avec l'univers qu'il découvre. Car

cette découverte s'accompagne d'une sorte de sentiment de familiarité : ce qu'il voit le touche d'autant plus qu'il semble l'avoir toujours connu, comme ces très anciens souvenirs d'enfance que l'on croit avoir oubliés mais qui resurgissent dès que tombe sous notre regard un objet les évoquant. Ainsi l'Égypte apparaît-elle comme un souvenir perdu que l'Occidental retrouve avec une émotion très douce sur les rives du Nil. Cette impression peut aussi prendre les formes d'un bouleversement total : certaines personnes ont brusquement le sentiment de retourner à leur propre origine.

Alors que l'Occidental qui voyage en Inde, en Asie, en Grèce ou en Mésopotamie se sent mentalement étranger à ces civilisations qu'il est mal préparé à appréhender, la découverte de l'Égypte peut au contraire favoriser un rapprochement, voire une fusion historique et spirituelle avec les lieux qui se révèlent à lui. La découverte des rives du Nil se fait alors retour aux sources ; c'est un peu comme si les temples de l'Égypte avaient attendu longtemps dans notre âme l'heure de la mémoire chrétienne...

Isis et Horus, la Madone et l'Enfant

De nombreuses images viennent ainsi à la rencontre de notre sensibilité chrétienne, notamment celles touchant aux triades évoquées par Isis, Osiris et Horus.

Isis est sans doute le principal exemple de la propagation des thèmes spirituels égyptiens autour du bassin méditerranéen et au-delà. La grande déesse de tous les temples égyptiens fut, on le sait, particulièrement vénérée dans l'île de Philae. Elle devint la protectrice des navigateurs sous l'image d'*Isis Pharia* (Isis du phare) et son culte se répandit dès l'arrivée des Grecs en Égypte : ainsi un sanctuaire lui fut-il consacré en terre achéenne, dans l'île de Délos, puis, avec l'occupation romaine, en Italie – notamment à Pompéi et à Rome –, plus tard en Gaule.

Si les représentations de la déesse universelle Isis, ou de la Mère à l'Enfant, demeurent très largement répandues en Égypte à la Basse Époque, elles étaient en réalité apparues dès l'époque des

pyramides. La statue en albâtre du jeune roi Pépi conservée au musée de Brooklyn, qui représente l'enfant assis sur les genoux de sa mère, en est sans doute l'une des plus anciennes préfigurations. À cette image se superpose celle d'Isis associée à l'enfant-dieu Horus, d'ailleurs parfois surnommée *Isis lactans*, « Isis allaitant » : l'idée d'un enfant sauveur des hommes était présente dans la spiritualité égyptienne et l'on voit comment, sans avoir besoin de connaissances particulières, une âme chrétienne est touchée d'emblée par l'iconographie égyptienne.

Isis était d'ailleurs considérée par Plutarque comme « la mère du monde » et, selon Apulée, écrivain latin du IIe siècle originaire de Carthage, Isis « veille sans se lasser sur le salut de l'humanité ». De même les concepts de passion et de résurrection propres à Osiris ont-ils joué un rôle considérable sur l'esprit des premiers chrétiens ; l'humanisme qui s'est développé autour de l'image d'une Isis intercédant pour les pauvres et les opprimés n'aura aucun mal à s'imposer en Occident, particulièrement à Rome. C'est l'Égypte qui nous a légué l'image de la Mère divine, la Madone, et les figurations de la Vierge au lys que nous trouvons en Occident viennent directement de cette terre.

Le culte d'Isis s'étend ensuite à toute l'Europe : dans l'Antiquité, la batellerie de l'Isère est placée sous sa protection, sous la forme d'un temple, près de Grenoble, aux confluents du Drac et de l'Isère. Mais c'est en Provence que, traversant la Méditerranée, ce culte trouve pour finir un climat propice à sa survie, voyant Isis passer du delta du Nil à celui du Rhône ; comme si ces deux grands fleuves porteurs de civilisation avaient uni leurs bras féconds par un vaste aqueduc spirituel au-dessus de la Méditerranée. Fort logiquement, cette région est alors devenue dépositaire privilégié des valeurs de la spiritualité égyptienne ; plus tard, elle accueillera les premiers porteurs de la parole du Christ dans nos contrées, tels saint Cassien et saint Honorat.

La Méditerranée n'a donc pas été un simple axe de passage, mais bien une « mère », porteuse et nourricière. Très tôt dans l'histoire, le Nil a épousé la Méditerranée.

Les Vierges noires et les saints

C'est encore en Égypte que l'on trouve l'origine de certaines statues d'Europe, comme les Vierges noires que vénèrent les gitans.
Au Nouvel Empire, l'épouse du roi Aménophis II, Iarhmes Néfertari, fut divinisée dans le temple de Louqsor, à Deir el-Médineh, et représentée avec un visage de couleur noire. Associée dans l'Occident chrétien à la notion de mort, cette couleur a une tout autre signification dans l'Égypte pharaonique : si elle peut certes évoquer les ténèbres, ce sont celles d'où jaillit la lumière et le noir correspond alors au concept de vie et de renouveau. Elle peut aussi évoquer la couleur du limon fertile qui couvre la vallée du Nil et qui avait donné son nom à l'Égypte dans l'Antiquité, *Khemet*[1]. Or c'est grâce à ce sol – au-delà duquel s'étendent des déserts arides – que le Nilotique assura sa survie : du noir de la terre naît la jeune pousse qui donne vie aux hommes.
L'Égypte est un pays de contraires et de complémentarités : la lumière y procède de l'obscurité, la vie de la mort. La couleur sous laquelle la reine Néfertari fut divinisée traduit donc une fonction positive, celle de la promesse d'une vie renouvelée. On retrouve la même notion symbolique sur un relevé de Champollion où la déesse Sekhmet est représentée en noir. Dans la symbolique animalière, la déesse lionne est l'image du retour de la prospérité sur la terre d'Égypte grâce au limon fertile apporté par l'inondation. Il y a bien, comme dans le visage de Iarhmes Néfertari, une notion de renouvellement de la vie agraire grâce à la terre noire déposée sur les berges du Nil.
Ce thème du visage noir divinisé est à l'origine des Vierges noires que nous connaissons en Occident. Leur couleur n'est en aucun cas le fait d'une perspective réaliste de représentation du corps et ne saurait être comprise comme liée à la couleur de peau des Égyptiens : sa valeur est strictement symbolique.

1• *Cf.* chap. 2, « L'Égypte, source du miracle grec », p. 52.

Venu sur la terre des pharaons vers le XIIe siècle, le peuple gitan a repris et vénéré cette image particulière de la Vierge, conservant les cultes de Sarah et Marie les Égyptiennes, notamment aux Saintes-Maries-de-la-Mer, près d'Aigues-Mortes, d'où partit au XIIIe siècle, vers l'Égypte également, la croisade de saint Louis.
Par une coïncidence historique – à moins qu'il ne faille y voir un sens plus profond –, dans la ville natale de Champollion, à Figeac, dans l'église Saint-Sauveur, se trouve une image de sainte Marie l'Égyptienne. Tout près de là, à Sainte-Foy de Conques, le reliquaire de l'église est décoré de cabochons, véritables intailles de style égyptien. Enfin, une statue de l'église de Notre-Dame-du-Puy représentant la Vierge viendrait également d'Égypte. Dans un recueil du XVIIIe siècle, *Recherche sur les volcans éteints du Vivarais* (1778), B. Faujas de Saint-Fond fait l'observation suivante :

> **Voilà la description fidèle de la statue actuelle de Notre-Dame-du-Puy ; on a vu que :**
> **1° La croyance générale est qu'elle vient d'Égypte et la chronique et les auteurs sont d'accord sur ce point.**
> **2° Les différentes enveloppes de toile fortement adaptées sur le bois et sur lesquelles on a appliqué des couleurs épaisses annoncent un procédé, une manière inusitée chez les Égyptiens.**
> **3° Les petites croix grecques qu'on voit sur la tunique de l'enfant pourraient à la rigueur n'être pas envisagées comme un signe chrétien, car la table isiaque et l'obélisque hiéroglyphique de Rome ont des espèces de petites croix à peu près semblables – ces signes étaient relatifs aux mesures du Nil.**
> **4° Le temple de Diane qu'on voit au pied du rocher Saint-Michel-du-Puy pourrait faire croire encore que la bonne déesse Isis a été en vénération au Puy dans le temps des Romains et en conséquence les amateurs de la Haute Antiquité se croiraient fondés à tirer des inductions profanes sur**

ce monument et voudraient le regarder peut-être comme une statue d'Isis et d'Osiris qu'on aurait métamorphosée en Vierge – ce qui au reste ne pourrait faire absolument aucun tort à la religion parce que la bonne intention fait tout [...]. L'auteur ne semble pas d'accord parce que « le nez prodigieusement long » n'a pas les caractères des figures égyptiennes qui sont larges et épatées – ce qui s'observe constamment dans les statues en basalte ou dans les « boetes » de momies. Le bois de cèdre à la vérité dont la statue du Puy est faite et surtout les toiles dont elle est recouverte m'embarrassent un peu – mais ne pourrait-on pas répondre qu'en effet celle-ci vient du Levant et que les premiers chrétiens du mont Liban l'ont façonnée sur le modèle des statues égyptiennes qu'ils avaient sans cesse sous les yeux, et qu'elle a pu être apportée par Aimar de Monteil, évèque du Puy, un des plus célèbres croisés et légat du pape Urbain II à la Terre Sainte – cette conjecture paraît d'autant plus vraisemblable que ce fut à peu près à cette époque que la première statue qu'on honorait au Puy et dont on voit l'effigie sur la médaille gothique d'argent que j'ai fait graver fut remplacée par celle qu'on voit à présent. Au reste, si cette dernière idée ne satisfait pas, rien n'empêche qu'on ne recourre à la première. (Le Puy, musée Crosatier.)

C'est également sur la terre des pharaons que prend racine la représentation multiple des formes du divin, qui deviendra en Occident le culte des saints : nous trouvons en effet en Égypte la préfiguration de saint Georges terrassant le dragon, sous la forme d'Horus vainqueur de l'esprit du mal. De la même façon, la figure de saint Christophe, le passeur des âmes, trouve son origine en Égypte : Anubis, gardien de la nécropole, est appelé par les anciens Égyptiens « ouvreur du chemin » ; à l'époque romaine, il voit son image se métamorphoser complètement, jusqu'à porter la toge, tant l'assimilation du concept qu'il évoque est forte.

Les animaux de la création

Le Moyen Âge a produit une foule d'images empruntées aux divers bestiaires, mais c'est encore en Égypte qu'il faut chercher la source de cette iconographie exprimant un message d'ordre spirituel.

Dans les tombes de Saqqarah comme dans celles de Louqsor, on constate en effet que les mêmes symboles ont été conservés à travers les siècles : un poisson, un veau, un oiseau ont servi tour à tour à exprimer la résurrection, dont le concept sera repris plus tard par le christianisme. Examinons ces motifs animaliers.

Le poisson, animal chrétien par excellence, est en Égypte représenté seul ou par paires. Nous avons ailleurs[1] longuement développé cette symbolique des deux poissons, souvent présente dans les tombes égyptiennes ; évoquant l'âme d'hier et celle de demain, ils correspondent aux étapes de la mort et de la résurrection.

Lorsque le poisson est seul et magnifié, comme c'est le cas dans une tombe de Louqsor, à Deir el-Médineh (époque ramesside, XIXe dynastie), il peut représenter le défunt, par le biais de l'image d'Osiris. Osiris est en effet une forme divine qui se transforme sous l'influence de son fils, l'enfant Horus, lui-même parfois représenté par un poisson à tête de faucon ; cette iconographie du poisson INET évoquant la résurrection prépare celle du poisson ICTUS de la foi chrétienne. Curieusement, l'inscription ICTUS correspond au mot poisson en latin, et est également un acronyme qui signifie « Jésus-Christ fils du Dieu sauveur » ; les prêtres égyptiens utilisaient fréquemment des mots ainsi formés pour désigner l'inexprimable théologique.

Le crocodile, figure essentielle du bestiaire égyptien, fut repris sous une forme plus ou moins transformée par la chrétienté. L'image du crocodile harponné, souvent présente, n'est pas une simple scène de pêche : les Égyptiens l'ont utilisée pour représenter l'esprit du mal maintenu au fond de l'eau, éloigné de la

1• *Cf.* F.-X. Héry et T. Enel, 1993.

surface du monde pour empêcher qu'il ne rompe l'équilibre cosmique et ne nuise au candidat à la résurrection.

Cet esprit du mal apparaît parfois sous la forme d'un hippopotame, également harponné par le défunt. La symbolique d'une telle scène est assez claire : le défunt doit parcourir un chemin initiatique menant à sa résurrection. Finalement vainqueur du combat, il surgira telle la lumière victorieuse des ténèbres. Notons à ce propos une notion très présente dans le bestiaire égyptien et qui nous paraît primordiale pour saisir la complexité du message transmis. Le crocodile et l'hippopotame évoquent ici l'aspect négatif de la création, l'esprit du mal ; mais d'autres fois, dans la statuaire, ces deux animaux « chtoniens » se trouvent comme divinisés : Sobek le crocodile et Thoueris l'hippopotame sont alors des expressions divines protectrices et vénérées. Antinomie, dira-t-on. Il n'en est rien, car en Égypte les opposés s'associent pour respecter l'harmonie du monde, la victoire des grands équilibres, la primauté de Maat sur les forces du chaos.

Reprise par les coptes au VIe siècle, cette symbolique évoque l'image d'Horus monté sur un destrier et terrassant le crocodile avec sa lance[1]. Byzance se l'est également appropriée sous la forme de saint Théodore, le chevalier vainqueur des forces du mal, représenté à Venise, devant le Grand Canal, au sommet d'une colonne de granit.

On peut remonter beaucoup plus haut dans l'Antiquité pour repérer les emprunts à la symbolique égyptienne des animaux : ainsi le songe biblique de Joseph, avec les sept vaches grasses suivies des sept vaches maigres, annonçant le passage de la prospérité à la famine (il est admirablement illustré dans une des mosaïques du narthex de la basilique Saint-Marc à Venise). Ce motif répond aussi à une symbolique proprement égyptienne, qu'on trouve sous forme iconographique sur de nombreux papyrus du Nouvel Empire. Mais une de ses plus éloquentes représentations se trouve certainement dans la tombe de la reine Néfertari, dans la Vallée des Reines de Louqsor. Ces fresques datant du XIIIe siècle av. J.-C.

1• *Cf.* chap. 4, « L'Égypte ancienne, terreau de l'Égypte chrétienne », p. 92.

exprimment la force et le pouvoir fécondant du Nil, vecteur du renouveau. La symbolique chrétienne a donc repris le langage symbolique égyptien, à la lettre pourrait-on dire.
La présence de ces sept vaches répond à une réalité physique : les géographes égyptiens avaient remarqué que le Nil alternait dans son comportement sept années favorables à l'agriculture et à l'élevage, et sept années défavorables, raison pour laquelle son cycle était associé au chiffre sept. C'est donc à partir de l'observation de la crue du Nil pendant des milliers d'années que les Nilotiques ont élaboré cette symbolique mathématico-animale... et l'on sait combien le chiffre sept a marqué la conception biblique du divin. Ainsi, une fois de plus, l'Égypte apparaît très tôt comme la créatrice d'un langage symbolique qui est passé dans l'écriture hiéroglyphique, puis dans notre culture. Tous ces animaux et tous ces dieux formant ce qu'on appelle le panthéon égyptien ne sont en rien les représentations naïves de « totems », mais bien les mots sacrés et profondément conceptuels avec lesquels s'écrivent, depuis des siècles, les pages de l'histoire sainte, en Égypte comme dans la Bible. Malheureusement, à force de traductions successives souvent erronées, les messages ont été déformés, leur sens ridiculisé puis totalement ignoré.
C'est également sur les temples égyptiens du XVIe siècle av. J.-C., à Deir el-Bahari, puis à Dendérah à l'époque gréco-romaine, que le clergé de Thèbes nous a laissé les premières images du potier divin évoqué sous la forme du bélier façonnant l'humanité sur son tour. Cette image évoquant la présence du Tout-Puissant invisible, que les prêtres appelaient « Amon » en écriture hiéroglyphique, est encore présente à Karnak.
Nombreuses sont les représentations de ce bélier qui protège Pharaon, lui-même apparaissant souvent comme une minuscule figurine entre les pattes du bélier. L'évocation du roi sous la forme du fils d'Amon recouvre en vérité la même notion que celle du fils de Dieu sauveur de l'humanité. Ne soyons donc pas surpris de retrouver dans la religion chrétienne l'image de l'agneau pour exprimer le fils de Dieu, et les évocations du « bélier gardien du troupeau »...

L'un des tableaux les plus aptes à résumer cette symbolique animalière se trouve au musée de l'Académie de Venise. Initialement exposé dans l'église de Saint-Jean-l'Évangéliste, à Torcello, le tableau de Jacobello Alberegno remonte au XIVe siècle et illustre un épisode de l'Apocalypse : saint Jean contemple le Père éternel entouré par la mandorle, à laquelle correspondent les quatre évangélistes représentés par trois animaux, le lion, le bœuf et l'aigle ; au centre, un quatrième animal, l'agneau, désigne le fils du Père éternel, Jésus-Christ. Autour de cet ensemble, on peut aussi repérer une symbolique numérique : la mandorle est elle-même entourée de vingt-quatre vieillards, chacun pouvant correspondre à une heure de la journée.

Ainsi donc, pour déchiffrer les tableaux du Quattrocento, et plus généralement tous les tableaux religieux de l'Occident, nous devons nous référer à la civilisation des pharaons. Qu'ils soient égyptiens ou chrétiens, un même désir habite d'ailleurs les artistes : ils ont volontairement brouillé le message religieux en utilisant un code subtil visant à provoquer la recherche mystique de l'Invisible. L'idée commune animant leur art sacré était en effet d'inciter l'homme à chercher Dieu dans les moindres signes qu'offre la vie ; et cette idée nous a été léguée par l'Égypte. La quête de toute religion demeure en effet inscrite dans cette question universelle : comment représenter l'action de l'Invisible, comment rendre visible la manifestation de Celui qui demeure caché ? C'est là un véritable défi depuis l'aube de l'humanité.

Tournons-nous à nouveau vers les rapports qu'entretiennent l'Égypte et l'Occident pour essayer de mieux comprendre un autre tableau qui se trouve également au Musée de l'Académie. Il s'agit d'une œuvre de Michele Giambono datant environ de 1450, qui représente le Père, le Fils et le Saint-Esprit. Ce dernier est évoqué par un oiseau, sorte de médiateur entre la toute-puissance divine et le Christ, Dieu roi, forme visible de l'Invisible. Cette symbolique animalière se retrouve très souvent dans le christianisme : une colombe revient vers Noé, apportant la bonne nouvelle de la fin du déluge ; le même oiseau intervient dans l'« annonciation »,

porteur du germe divin qui doit ensemencer la Vierge Marie, et c'est encore une colombe qui transforme le baptême par l'eau de saint Jean-Baptiste en baptême de l'Esprit. Or, pour saisir la force et l'origine de ce symbole, il nous faut considérer la célèbre statue du roi Khéphren, au musée du Caire, dont la tête est protégée par un faucon aux ailes déployées. Si pour de nombreux auteurs cette statue n'est autre que l'évocation du dieu Horus veillant sur le roi, interprétation qui ne fait qu'ajouter un dieu à un panthéon déjà très peuplé, notre vision est diamétralement opposée.

Prenant le parti de considérer exclusivement ce qui donne le sens le plus « plein » et le plus vraisemblable à cette statue, œuvre d'une civilisation consciente de la valeur métaphysique du beau, le seul critère acceptable est celui de la très haute spiritualité égyptienne. Pour nous, cette statue est donc une réprésentation de l'action de l'Invisible, que les anciens Égyptiens ont essayé de traduire en ayant recours au symbole de l'oiseau, dont le vol, si haut dans le ciel, est identifié à la force divine. Qu'il s'agisse du faucon dans la symbolique égyptienne ou de l'aigle dans la symbolique chrétienne, l'oiseau est en fait le vecteur qui transmet au Dieu-Roi la toute-puissance du Père céleste.

Dans l'Occident chrétien comme dans l'ancienne Égypte, les images ont ainsi valeur de symbole et de parabole alors qu'aucun texte ne vient traduire leur message. Il faut donc faire appel à un système intellectuel et spirituel de décodage basé sur la notion de sacré. Le rapprochement des deux symboliques – égyptienne et chrétienne – permet de mieux parcourir l'immensité signifiante de la civilisation égyptienne, alors que nous en avons perdu la trace consciente. L'Occident vient ainsi éclairer l'Égypte, mais, en contrepartie, le miroir de l'Égypte vient illuminer la symbolique chrétienne.

Les fruits de la terre : le blé et la vigne

Tout comme les animaux, les fruits de la terre ont leur langage symbolique, qui dépasse une simple vision primaire et réaliste. Si, pendant trois mille ans, les prêtres égyptiens ont tenu a représenter dans les temples et les tombes de la vallée du Nil de très

nombreuses images correspondant aux offrandes du pain et du vin, ce n'est pas une simple coïncidence avec notre propre symbolique : une volonté supérieure préside à ces choix. Là encore, de nombreux auteurs, souvent très savants, parlent de « scènes agricoles », de « produits de la campagne » et de « distractions pour le défunt dans l'au-delà »...

Qu'à cela ne tienne, il suffit d'interroger l'Occident chrétien, dont nous connaissons les symboles. Songeons aux offrandes du pain et du vin lors de la célébration de la messe. Le pain est le « fruit de la terre et du travail des hommes », mais aussi, pour le croyant, le corps du Christ, le symbole de la vie éternelle. Dès lors on comprend que les images de l'ancienne Égypte aient une haute valeur mystique et qu'il soit impossible de parler de magie à leur propos, contrairement à ce que prétendent les ouvrages consacrés à la religion égyptienne ; ou alors, en toute cohérence, il faudrait utiliser le même terme pour la liturgie de la messe !

Les prêtres égyptiens avaient en effet parfaitement compris l'importance de la symbolique qui s'exprime par l'intermédiaire du blé et de la vigne, du pain et du vin, tant ces images sont associées au concept de la résurrection. Certaines représentations d'Osiris résonnent de façon émouvante dans notre âme chrétienne : le corps du Dieu est percé de multiples épis de blé qui jaillissent de sa chair féconde, évoquant pleinement la richesse symbolique accordée aux fruits de la terre : les pousses renaissantes sont associées au corps du dieu sauveur, mort et renaissant, offert pour l'humanité. Dans ce cas précis, on peut le dire, le message de la spiritualité égyptienne a été fidèlement et très exactement repris par l'Occident chrétien.

Laissons donc de côté notre naïveté, notre soif terre à terre de représentations réalistes, et laissons-nous guider par notre désir spirituel. Il faut en effet lire de la même façon élevée, dans les tombes égyptiennes, toutes les scènes agrestes qui évoquent les semailles, la moisson, la transformation du blé en farine et, ultime symbole, l'offrande du pain. Cette offrande est l'évocation du corps d'Osiris sacrificiel redonnant vie au candidat à l'immortalité.

Ainsi, toutes les scènes ayant un rapport avec la fabrication du pain et du vin, notamment dans la tombe de Sennefer, sont-elles autant de symboles pour expliquer l'élaboration finale d'un message hautement spirituel en rapport avec la résurrection. À travers les images profanes, compréhensibles par tous, se lit la volonté d'exprimer la même croyance par le même langage : la foi en l'immortalité de l'âme et en un Dieu sauveur.

Les fleurs : le lotus et le lys

Dès lors, toute la symbolique empruntée à la flore prend également un autre sens. L'abondance des papyrus représentés sur les murs des tombes – notamment lorsque le défunt semble, de façon réaliste, chasser dans les marécages – répond encore à toute une symbolique : certes, le défunt paraît simplement traverser l'élément aquatique tandis qu'il chasse avec une sorte de boomerang les oiseaux des marécages. Mais ces oiseaux représentent très clairement l'esprit du mal, tandis que le défunt franchit le passage indispensable à son renouvellement ; après quoi, tel la lumière, il apparaît en gloire. Son corps est alors magnifié, amplifié dans ses dimensions, et les couleurs flamboyantes qu'il arbore évoquent la force du soleil renaissant.

Lié à cette symbolique de la flore et de la lumière, le lotus égyptien devient à son tour symbole de résurrection. C'est sur un lotus – image que l'on retrouve ultérieurement associée à Bouddha – qu'Horus, l'enfant-dieu, figure la naissance du monde. Le lotus préfigure en outre le calice, sa corolle étant le réceptacle des forces qui jailliront à l'apparition de la lumière : car cette fleur se ferme et s'ouvre au gré du soleil. En allant plus loin, nous pourrions également penser à l'épanouissement des rosaces dans nos cathédrales, dont les pétales largement déployés contiennent en leur cœur l'image de la lumière, l'enfant Jésus.

Les splendides calices de faïence bleue qui ont été retrouvés en Égypte, notamment à Hermopolis, résument à eux seuls cette idée : non seulement ils évoquent le jaillissement de la lumière (telle l'hostie évoquant le corps circulaire du soleil), mais ils la

multiplient : sur chaque pétale est en effet représentée une scène champêtre reprenant les images de la résurrection. Ces objets délicats opèrent une étonnante synthèse des grands concepts de la foi, et témoignent, un millénaire avant le christianisme, de l'extrême degré de spiritualité de la religion égyptienne et de ses prêtres.

Enfin, c'est encore sur les rives du Nil que l'on peut comprendre le sens figuré de la fleur de lys présente dans les mains de l'archange Gabriel et dans celles de la Vierge Marie : sur les tableaux de Titien à la Scuola di San-Rocco de Venise, mais aussi chez Simone Martini, aux Offices de Florence, ou encore dans l'*Annonciation* de l'église Sainte-Marie-Madeleine à Aix-en-Provence, le lys est toujours présent dans la main de l'ange ; sur le tableau de Fra Angelico, *La Madone au lys*, exposé au Rijksmuseum d'Amsterdam, c'est la Vierge qui porte cette fleur si élégante. Or l'Égypte avait déjà posé les bases de cette iconographie en faisant porter un lys par une représentation de la reine Tiyi, épouse d'Aménophis III (v. -1400). Il s'agit d'une statuette en faïence verte, exposée au musée du Louvre. La fleur de lys posée contre la poitrine de la reine devient un symbole de renaissance, ayant même valeur que le signe *mes* qui, en écriture hiéroglyphique, signifie *naissance*.

C'est encore cette fleur si particulière, dont la forme peut évoquer l'organe féminin de la reproduction, que porte la reine Néfertari (dont nous avons précédemment évoqué le visage propre à nos Vierges noires). Sur les piliers du temple de Karnak, la position du lys, très symbolique, indique le sud, autrement dit les sources du Nil, l'eau qui donne la vie et assure la renaissance de la terre d'Égypte.

Enfin, pour rester dans la dimension symbolique propre à l'eau, les significations qui lui sont associées ont également été reprises par l'Occident : comme nous l'avons vu, nombreuses sont en effet les scènes dites de « baptême du pharaon » que l'on retrouve dans les tombes ainsi que dans les temples.

Ainsi donc, que ce soit par les couleurs, par les éléments primordiaux ou par la représentation de la faune et de la flore, il est évident que les prêtres nilotiques avaient depuis longtemps mis au point un langage symbolique très structuré, qui a constitué pour

les premiers chrétiens d'Égypte un réservoir unique et incontournable dans la recherche d'outils symboliques visant à traduire les concepts de la nouvelle religion et de sa foi.

Les lieux de culte

La première rencontre avec les temples égyptiens est toujours un choc esthétique, mais aussi un choc culturel, et dans un sens que l'on n'imagine pas au premier abord : le visiteur est en effet surpris de constater combien ces monuments, par leur plan et leur architecture, sont proches de nos cathédrales. Sa surprise vient aussi d'un étrange silence scientifique. Comment se fait-il qu'aucun ouvrage ne l'ait prévenu de ce qu'il allait rencontrer sur les bords du Nil ? Tous ces édifices ont été la source de l'inspiration des grands bâtisseurs de l'Antiquité et des maîtres d'œuvre de notre Occident roman.

Les Égyptiens ont toujours été considérés comme un peuple de bâtisseurs. Mais, en limitant le jugement esthétique à la performance architecturale, on les a parfois jugés mégalomanes ; il faut reconnaître que, depuis deux mille ans, les visiteurs n'ont vu de l'Égypte que des clichés souvent déformés qui ont occulté le véritable message de la civilisation égyptienne, message spirituel incompris par les peuples monothéistes venus à son contact. On pourrait d'ailleurs se demander si cette incompréhension ne fut pas en partie volontaire, due à la crainte d'être dérangés par une spiritualité qui eût pu mener trop loin dans le raisonnement théologique et dans la foi...

Très tôt, dès le IIIe millénaire, les formes de l'architecture sont commandées par une symbolique scripturale. Si la Grande Pyramide de Khéops évoque par exemple une véritable rampe de lumière permettant de s'élever vers le ciel, celle à degrés de Saqqarah, bien plus ancienne, évoque l'échelle du songe de Jacob. Les monuments ne sont en réalité qu'une écriture géante, et c'est pourquoi, après le temps des pyramides, l'Égypte a continué à écrire dans la pierre de ses temples. Le message qu'elle y a laissé inscrit pour les siècles à venir recèle un contenu spirituel qui n'a pas échappé à tous les peuples qui l'ont côtoyée, en particulier le peuple hébreu.

Ainsi, l'étude de l'Égypte nous conduit-elle en permanence aux sources de notre civilisation. Son avance spirituelle et esthétique ne déploie qu'une partie d'un immense diptyque dont l'autre face correspond à la science. Mais sa connaissance du divin, du cosmos et des techniques, parfaitement illustrée dans l'élévation de la Grande Pyramide, atteste l'avance de ce peuple dans tous les domaines, et notamment dans celui du sacré.
Le christianisme ignore à quel point l'Égypte ancienne a tracé son chemin dans l'histoire et a fondé jusqu'à son concept le plus sacré et le plus essentiel. Elle qui a conçu une multitude d'images tirées du monde des hommes, des plantes ou des animaux pour symboliser le grand mystère de sa croyance en un seul Dieu – et ce des milliers d'années avant que le christianisme ne s'en inspire – a aussi conceptualisé l'idée d'une naissance annoncée par une étoile. Et cette naissance sacrée, synonyme du renouveau du monde, les Égyptiens l'ont située dans une grotte, dont les spéos s'appellent Abou Simbel, ou même Deir el-Bahari...
On ne peut donc être surpris de ce que nos constructions de pierre ressemblent à celles des Égyptiens : elles tendent à inscrire la même révélation dans le monde temporel et s'inspirent d'un même élan spirituel. De même que nos cathédrales gothiques se placent dans la tradition des grands bâtisseurs égyptiens de l'Antiquité, de même l'art roman trouve-t-il parfois son inspiration dans des peintures égyptiennes de l'époque copte, et notamment celles des monastères de Baouit ou Saint-Jérémie, à Saqqarah.
Ancrés dans leur éternité de pierre sur le sol égyptien, l'histoire, l'art et la science du sacré de l'ancienne Égypte restent également vivants dans les façades de nos édifices chrétiens.

Le monde du divin et ses concepts

Si l'architecture des Égyptiens de l'Antiquité semble si proche de nous, il en est de même pour les grands concepts de leur religion. Lorsque le néophyte occidental se trouve en contact avec ce

symbolisme pourtant fort ancien et *a priori* étranger, il éprouve de nouveau un sentiment de familiarité, comme si tout ce temps l'avait inconsciemment habité une gigantesque et profonde mémoire collective, brusquement ravivée par son voyage sur les rives du Nil.

Théogamie, immortalité de l'âme

Innombrables sont les lieux de reconnaissance symbolique que le visiteur trouvera en Égypte : à chaque pas il verra se lever une idée, un concept qui ne demandait qu'à fleurir sur la terre déjà fécondée de son âme. Les rives du Nil gardent pour toujours les premiers tableaux de la théogamie évoquant la naissance divine et l'union d'une simple mortelle avec Dieu : l'union mystique de la reine et d'Amon – dont naîtra le jeune roi, l'enfant-dieu –, est représentée dans les temples de Louqsor et celui de Deir el-Bahari, démontrant l'origine divine de Pharaon. Il va de soi que le concept de théogamie était réfléchi depuis le temps des pyramides.
À cette époque reculée, les prêtres égyptiens avaient déjà conçu les principes de l'immortalité de l'âme et du Jugement dernier, impliquant les notions d'enfer, de paradis, et l'idée fondamentale de la pesée des âmes, évoquée par l'image d'un cœur posé sur une balance. Le Moyen Âge reprendra tous ces thèmes, en un temps où l'architecture est le support des Saintes Écritures et de la symbolique religieuse. Ainsi en Arles, dans l'église Saint-Trophime[1], deux joyaux de l'art roman montrent saint Michel pesant les âmes : l'enfer y est évoqué par la présence du démon, rappelant l'ancienne illustration de la Grande Dévoreuse présente dans les vignettes du *Livre des Morts* ; quant au paradis, sa représentation rappelle les champs *Ialou* des tombes thébaines, lieu d'éternité que le défunt devait rejoindre après avoir franchi favorablement les épreuves de justification. Sur ce tableau, l'âme quitte le corps de la même façon que l'esprit s'échappait des corps momifiés des tombes royales : elle apparaît ici sous la forme d'un enfant sortant du corps de saint Étienne, emporté vers le paradis par deux anges.

1• Saint Trophime fut évêque d'Arles au IIIe siècle.

En Égypte, la mort, considérée comme un simple passage, n'était pas nommée. Au terme *mort* pouvait correspondre le verbe *accoster* : pour les Égyptiens en effet, lorsqu'on traversait le Nil on abordait la rive ouest, celle où le soleil disparaît comme en s'enfonçant dans le flanc de la montagne, une montagne symboliquement sublimée en un corps de femme. Cette femme était la déesse Hathor prenant dans son sein le candidat à l'immortalité au couchant de son existence pour le rendre à la vie en le mettant au monde au lever du jour : la renaissance se produisait à travers le corps de la déesse. On voit donc combien l'Égypte anticipe les conceptions chrétiennes de nos théologiens, jusqu'à saint François d'Assise, qui écrivait : « C'est en mourant que l'on ressuscite à la vie éternelle. »

Le sens du divin à travers la symbolique

Si le monde funéraire des Égyptiens anciens éblouit de prime abord le visiteur par l'éclat et la qualité de ses peintures, c'est en réalité un message métaphysique qui est à saisir dans ces tableaux d'intention strictement spirituelle. Ce message est à l'origine destiné à animer d'une profonde réflexion toute contemplation de l'art égyptien, un art qui est d'ailleurs bien plus une transcription symbolique qu'un art au sens où nous l'entendons aujourd'hui ; aussi bien dans la peinture que dans la sculpture, l'écriture ou l'architecture, les Égyptiens voyaient toujours dans le naturel la présence du surnaturel. Tel est le secret de leur écriture, et voilà pourquoi ils l'ont appelée « parole de Dieu » (*medou neter*). Écrire des signes hiéroglyphiques revenait pour eux à exprimer leur reconnaissance envers le Créateur car, empruntés à la faune, à la flore, à l'homme et au cosmos tout entier, ils faisaient passer directement l'influx divin de la Création sur le support graphique.

Or dans cette expression « parole divine » nous entendons un écho du Verbe de la Genèse. Ce concept de Verbe, c'est-à-dire de verbe créateur – le *fiat lux*, le jaillissement de la lumière sur simple injonction divine –, les Égyptiens l'avaient déjà formulé. Dieu crée en nommant. Le fait même d'écrire, autrement dit d'inscrire la Création sur le papyrus, dont les fibres végétales évoquent les

marais des origines, c'est exprimer dans et par le support que l'écriture est une manifestation de Dieu : les hiérogrammates (prêtres chargés de l'écriture sacrée) n'étaient donc pas de simples scribes, mais bien les intercesseurs entre le monde humain et le monde divin, et ce par le fait même d'être les détenteurs du savoir scriptural. L'écriture hiéroglyphique est la manifestation de Dieu.
Ainsi n'est-ce pas un hasard si les Égyptiens de l'Ancien Empire ont écrit les plus anciens et les plus beaux textes de l'Humanité, qui sont en ont fait des textes de théologie. Est-ce au IVe ou au Ve millénaire av. J.-C. que l'homme a compris, en Égypte, que cette terre n'était pas le fruit du Nil, comme Hérodote nous le suggère, mais bien une terre bénie ? Don du Nil, l'Égypte l'est certes, mais les Égyptiens avaient parfaitement conscience que cette terre était l'endroit privilégié de la Création, le lieu sacré où Dieu a manifesté sa présence à l'homme. Pays béni, l'Égypte l'est en effet par son fleuve à la crue bénéfique, et par son climat. L'homme nilotique a apprécié très tôt ces bienfaits du Créateur dans son milieu environnant, et c'est à dessein qu'il a approfondi, par son écriture sacrée, les lettres judicieusement choisies pour exprimer la divinité.
Nous nous sommes déjà penchés sur le nom d'Amon[1]. Examinons maintenant le cas de son épithète, Rê, le soleil. Les Égyptiens écrivaient ce nom à l'aide de deux hiéroglyphes formant une bouche et un bras. À la bouche peut correspondre la parole, au bras l'action : on a donc bel et bien, dans ce hiéroglyphe, un signe pour le Verbe, la « parole-action ». Si, faisant un bond par-dessus les siècles, on étudie le christianisme, on s'aperçoit que l'Évangile selon saint Jean exprime le Verbe par le bestiaire. Le faucon Horus de l'ancienne Égypte évoque déjà l'aigle par lequel saint Jean symbolise le Verbe. L'aigle de saint Jean marque d'ailleurs l'un des quatre points cardinaux du tétramorphe de nos cathédrales. Du faucon à l'aigle, de la religion égyptienne à celle des chrétiens, la symbolisation religieuse de l'Unique, de l'Invisible, passe ainsi toujours par une réutilisation transfigurée du visible.

1• *Cf.* chap. 8, « L'origine des noms de villes et des blasons », p. 173.

L'origine du tétragramme

L'immuabilité de l'écriture sacrée des anciens Égyptiens répond à l'immuabilité de Dieu et des éléments originels de sa Création. Seul le monde créé visible étant capable de nommer l'Invisible, ces éléments originels – l'eau, la terre, l'air, le soleil – ont ainsi fourni aux hiérogrammates les signes fondamentaux devant leur permettre de transcrire le nom de Celui qui donne la vie à toutes choses : eau-terre-air-lumière sont à l'origine des quatre lettres qui expriment le nom d'Amon-Rê. Les trois premières (eau-terre-air) forment les trois lettres d'Amon, qui signifient « le caché » ; la quatrième, la lumière, représentée par le soleil, forme le nom de Rê, lumière visible de l'Invisible. Les quatre lettres qui composent l'univers formulent donc le nom du Grand Architecte. N'est-ce pas une idée magnifique que d'écrire le nom du Créateur grâce aux forces primordiales qui fondent la vie et en assurent la pérennité ?
Tous les peuples de toutes les religions ont tenté tour à tour de donner au Tout-Puissant éternel, ordonnateur de l'univers, un nom, afin de le définir. Les chrétiens l'ont appelé Dieu, les Musulmans, par duplication du nom du Créateur en langue sémitique ancienne, *El,* l'ont appelé Allah. Or si les uns osèrent lui donner un nom, les Hébreux ne purent exprimer l'Inexprimable que par les quatre consonnes YHWH[1]. Et cette idée du tétragramme, venue du monde égyptien qui avait développé la conception du divin – mais beaucoup plus tôt dans l'histoire –, reflète une notion forte, uniquement exprimable par la symbolisation : celle d'un Dieu unique, idée qui imprégnera le Proche-Orient et l'Occident.
Il s'agit donc, définitivement, d'écarter le principe des multiples divinités nilotiques, qui formaient soi-disant un panthéon inextricable, révélateur de la religion égyptienne. Bien loin de cet ensemble de divinités assimilables à des personnages de légende, il faut comprendre cette religion dans sa puissante dimension symbolique, très éloignée du narratif ou du simple descriptif, la

1• *Cf.* chap. 1, « Cryptographie et tétragramme », p. 38.

rétablir dans son sens le plus sublime et le plus vrai. Aux images d'Amon et d'Horus, visibles par exemple sur le pectoral d'Ahmosis (v. -1580, XVIIIe dynastie), ne correspondent en rien des dieux, mais bien la notion très conceptuelle de l'Invisible (Amon) et du Visible (Horus ou Rê, la lumière). Cette notion du divin comme concept et non comme personne se retrouve aussi dans l'architecture et dans la notion même qui la reflète, la royauté. L'erreur commune portée sur la religion égyptienne a fait que Ramsès a souvent été présenté comme un roi mégalomane. Cette caricature de ce qu'il était vraiment vient de notre mauvaise compréhension de la notion de divin telle que l'ont conçue les Égyptiens. En effet, Ramsès (ou Ramosé) portait également le nom de Méri-Amon, « aimé d'Amon », ce nom qui donnera celui de Myriam, puis celui de Marie : Ramsès était la représentation d'Amon sur terre, son fils symbolique. Ainsi, si Ramsès fit construire le gigantesque temple d'Abou Simbel, aux quatre statues géantes, il ne s'agit en aucun cas du délire mégalomane d'un bâtisseur ivre de sa propre image et désireux d'ériger sa grandiose effigie au cœur du désert, mais bien au contraire de l'humble construction humaine d'un roi dévoué à son Dieu et soucieux d'inscrire dans la temporalité du monde le plus bel hommage possible à son Créateur. Aux quatre statues géantes gardiennes de l'extérieur de ce temple mystérieux correspondent en effet, à l'intérieur du sanctuaire, quatre statues qui symbolisent, par un rébus sculptural et scriptural, le tétragramme du nom de l'Éternel.

Dans la foi chrétienne, nous avons le même système de pensée que dans le langage biblique hébreu, avec cette façon de crypter le langage de la Révélation non par un jeu vain, mais pour le pousser à bout jusqu'à lui faire dire Dieu : on peut donc déceler jusque dans notre religion la trace des Égyptiens antiques et de leur système de codification symbolique. Il serait par exemple très réducteur de ne donner aux Rois mages qu'une valeur descriptive, comme il est d'usage. Le croyant pense en général qu'il s'agit de personnages narratifs, mais Dieu ne se révèle que par un langage de paraboles. Et si aux trois Rois mages correspondent les

trois cadeaux apportés à Jésus : l'or, l'encens, et la myrrhe, il faut s'élever plus haut encore, au niveau symbolique du langage, pour comprendre que ces trois présents, et donc ces trois rois, correspondent aux trois étapes de la vie du Christ : l'or pour la royauté, l'encens pour le divin, la myrrhe pour la mort. Dès lors, on voit que les Rois mages n'évoquent plus les acteurs d'une légende semblable à celles qu'on raconte aux enfants, mais une très riche et très forte symbolique, condensant en trois temps un parcours spirituel qui a influencé toute notre civilisation.

Et cette symbolique n'est pas sans lien avec celle de l'Égypte ancienne. Nous avons vu qu'au nom tétragrammique d'Amon-Rê correspondaient les quatre éléments. La symbolique élémentaire du tétragramme d'Amon-Rê correspondant aux quatre éléments va traverser les siècles. En effet, sur le tympan de nos cathédrales on retrouve le Christ dans sa mandorle, entouré des quatre évangélistes ; et de même qu'aux Rois mages correspondaient trois symboles, aux quatre évangélistes correspondent les quatre éléments ainsi que les quatre points cardinaux. Cette façon symbolique d'envisager l'action divine vient de la lointaine Égypte : elle rend immédiatement lisible aux hommes une même croyance en un Dieu tout-puissant aux quatre coins du monde, en un Dieu source de toute vie, cette vie qui est une combinaison des quatre éléments.

En Occident comme en Égypte, les prêtres ont cherché à exprimer l'action et le nom du Tout-Puissant par la symbolisation des quatre éléments dont il est le Créateur. À travers les trois religions, égyptienne, juive et chrétienne, le tétragramme et la forme quaternaire symbolique sont restés le moyen le plus direct et le plus lisible, le plus riche aussi, pour signifier cette Toute-Puissance, cette Omniprésence. Christian Jacq reprend en ces termes l'étude de S. Sauneron : « Si l'alphabet primordial des Anciens Egyptiens est demeuré le même, c'est parce que ses signes sont les puissances créatrices du monde. Ils sont, dans leur principe et dans leur forme, immuables. Ils ne peuvent que se développer, s'expliciter, mais non se modifier dans leur essence, puisqu'eux-mêmes ils contiennent l'essence de toute chose. »

L'origine du tétramorphe

Après avoir influencé le tétragramme hébreu, l'iconographie égyptienne a également servi de modèle au tétramorphe chrétien représenté sous la forme de trois figures animales – le lion, l'aigle, le bœuf – associées à une figure humaine. La notion de tétramorphe est présente dans le tympan de nos cathédrales, mais aussi dans la peinture, et notamment dans les scènes religieuses des retables, comme celui que peignit Giambono et qu'ont peut admirer au musée de l'Académie, à Venise. On y voit les quatre icônes encadrer le Christ dans une mandorle, en une polychromie étincelante propre à l'art du XVe siècle. En vérité, cette symbolique nous vient d'Égypte : le mur est du temple de Kôm Ombo, en Haute-Égypte, nous livre une de ces représentations énigmatiques qui évoquent immanquablement le tétramorphe de nos cathédrales.

Il faut avant tout chercher à comprendre de telles images, dont le sens a trop souvent été mal interprété – on pense en particulier aux canopes, vases ornés de quatre divinités, trois animales et une humaine, que l'on nomme « fils d'Horus » : loin d'être des représentations concrètes, elles correspondent en réalité à une symbolique cosmique en relation avec les quatre points cardinaux, dans laquelle on retrouve la volonté des prêtres de l'ancienne Égypte d'exprimer l'universalité par le chiffre et le symbole.

Le tétramorphe est sans doute le meilleur exemple de cette volonté de signification abstraite : il exprime la présence de Dieu au centre du monde régnant sur les quatre points cardinaux, maître de la vie et dispensant les quatre éléments primordiaux. Dieu, au centre de ce tétramorphe, est la lumière du monde répandue au quatre coins du globe ; il garde en Occident la même valeur solaire, non pas en tant que divinité d'un quelconque panthéon, mais comme expression tangible du Tout-Puissant invisible.

Dès lors, le rôle que jouaient les temples égyptiens devient clair, et particulièrement celui qu'y tenait le soleil, notamment dans le grand temple d'Abou Simbel. Par une étroite ouverture, ses rayons venaient illuminer les quatre statues dans le fond du sanctuaire.

Cette irradiation, chargée d'une forte valeur symbolique, exprimait le pouvoir fécondateur du soleil, source de toute vie, qui « rechargeait » en énergie cosmique les quatre principes vitaux, l'eau, la terre, l'air et la lumière, dont on a vu que la transcription phonique en lettres hiéroglyphiques n'est autre que le nom même de l'Éternel, Amon-Rê. Le soleil, force visible de l'Invisible, se manifestait donc quotidiennement dans le cœur de la Nubie pour y entretenir la présence du Tout-Puissant, dont le fils Ramsès étendait à son tour la protection aux quatre coins du globe. Cette symbolique forte et belle demeure inscrite pour nous dans la pierre grâce aux images monumentales du visage du Roi, quatre fois représenté, qui couvrent la façade de grès du grand temple d'Abou Simbel. Chaque fois que l'astre renaît, chaque jour que Dieu fait depuis des millénaires, cette façade s'illumine à nouveau... Ainsi, entre les quatre géants de pierre, la présence d'Horus commande la symbolique des lieux, comme celle du Christ, lumière du monde, au centre du tétramorphe...

La quête du Dieu unique

À toutes les époques, de l'Ancien au Nouvel Empire et ultérieurement, les textes égyptiens répètent inlassablement le même écho : Dieu Unique est principe de vie, de toutes choses et de toute morale. Les prêtres égyptiens invoquaient Amon l'Invisible en ces termes :

Tu es bon pour tout homme
Tu es le berger qui sait pardonner
Tu écoutes celui qui appelle, Seigneur de tendresse.

Une inscription du musée de Turin datant de l'époque d'Aménophis III et signée par Beki, haut fonctionnaire du roi, proclame :

Je suis un véritable juste
exempt de péchés
qui mit Dieu dans son cœur
et fut sage grâce à Lui.

Remontant au Moyen Empire, ces textes dits « des sarcophages » trouvent en fait leur origine dans les textes des pyramides, inscriptions gravées aux Ve et VIe dynasties (v. -2400, -2300 av. J.-C.) et découvertes par G. Maspero en 1880, puis étudiées par G. Jequier. Cette fantastique découverte a troublé quelques esprits au XIXe siècle, notamment celui d'A. Mariette, le maître de Maspero : lorsque son élève vint lui annoncer qu'il avait découvert des pyramides comportant des inscriptions hiéroglyphiques, Mariette s'emporta, soutenant que c'était impossible ; il ne se rendit à l'évidente que peu de temps avant sa mort.
Cette notion d'un Dieu unique nous trouble d'autant plus que dans les textes des pyramides ce Dieu est appelé « Celui qui est sans nom », ou « Celui dont le nom est caché ». Dans un papyrus conservé au musée de Leyde, il est écrit qu'« Il est trop mystérieux pour que sa gloire puisse être révélée [...], trop puissant pour être connu ». Dieu est souvent appelé « l'Esprit caché », car son nom est conforme à son mystère.
D'autres textes célèbrent « l'Unique qui crée tout ce qui existe, père de toute chose, qui crée l'humanité et qui répand la lumière sur le monde. » D'autres encore prônent les valeurs les plus fondamentales que nous connaissions :

Accomplis pour Dieu de bonnes choses,
Il te donnera l'Occident [...]
Dieu sonde les corps et ouvre les cœurs,
Il connaît ce qui est dans chaque être [...]

Nombreux sont les textes qui chantent la bonté du Tout-Puissant et qui nous paraissent très proches des *Psaumes* de l'Ancien Testament, mais aussi du Nouveau Testament, car Amon y est qualifié de « Berger qui sait pardonner », de « Celui qui désaltère » ou « Celui qui passe la nuit à veiller sur l'humanité endormie » :

Oh Dieu qui nous a faits et qui chérit ton œuvre,
Berger plein de sollicitude pour ton troupeau.

Si durant trois mille ans l'Égypte a tourné son regard vers le Dieu unique, bon et protecteur, elle était également pénétrée de cette idée que l'homme rencontrerait Dieu dans sa vie après la vie, comme en témoigne un texte du Nouvel Empire rédigé au XVe siècle av. J.-C. par un certain Hapouseneb, grand prêtre à l'époque de la reine Hatchepsout :

Je suis allé vers ma demeure d'éternité
Mon corps était dans la tombe
Mon âme dans le ciel
J'ai rejoint Dieu.

Diverses inscriptions de la même époque témoignent en outre d'une justice rendue par Dieu après la mort :

Par ta loyauté, tes actes s'entassent auprès de toi.

Mais l'un des plus beaux passages demeure celui gravé dans la tombe de Pet-Osiris, scribe royal et grand prêtre d'Hermopolis, qui vivait quelques années avant l'arrivée des Grecs en Égypte :

Si je suis parvenu dans ma demeure d'éternité
C'est que j'ai fait le Bien sur la terre
et que mon cœur s'est complu sur le chemin de Dieu.
Je faisais ce qu'il aimait
Je pratiquais la Justice et le Bien [...]
J'ai fait cela en pensant que viendrait le Jour du Jugement.
Bienheureux celui dont le cœur reste sur la voie de Dieu.

La religion égyptienne marquait très nettement un monothéisme d'une grande résonnance moderne, même si le ton des textes déroute parfois un peu le lecteur et peut faire croire à l'évocation d'une pléiade de divinités qui semble constituer un vaste panthéon. Champollion avait parfaitement compris qu'au-delà des apparences existait en réalité pour les Égyptiens un Être unique,

« l'esprit directeur de l'univers », ce que de nombreux égyptologues contemporains ont du mal à accepter.
De même que les nombreuses images de nos églises visent à exprimer le divin[1], la conceptualisation de ce même divin aboutit dans l'Égypte ancienne à une grande diversité de représentations. Prenons pour exemple le cérémonial de l'exposition au soleil de la statue d'Horus dans le temple égyptien. On pense généralement qu'il n'avait pour but que de recharger la statue en énergie divine, comme si les Égyptiens avaient en quelque sorte adoré une vulgaire pile solaire ! En vérité, cette cérémonie visait à renouveler le caractère divin de la statue, forme visible de l'Invisible, et son irradiation était une mise en relation symbolique avec le Ciel : le caractère divin lui était donnée par le trait de lumière qui génère la vie et exprime le « caché ».
Il ne viendrait à personne, même à un athée, l'idée de parler de magie pour nos édifices religieux ; or c'est bien de ce qualificatif qu'on a parfois affublé les icônes de l'ancienne Égypte. Reconnaissons qu'elles portent en elles un langage secret qui nous échappe, et ne masquons pas notre ignorance en baptisant de noms qui lui font tort une spiritualité que nous ne cherchons pas toujours à comprendre. Il faudrait même reprendre à la base le langage par lequel nous parlons de l'Égypte, langage construit hâtivement par les égyptologues pour nommer des découvertes qui les dépassaient : *pyramide*, *sarcophage*, salle *hypostyle* sont des termes impropres, issus du regard des Grecs posé sur la civilisation nilotique[2].
Or, surtout en sciences et en histoire, il ne faut pas hésiter à faire vivre et bouger le langage. Traduisons donc littéralement les propres termes des Égyptiens. La grande salle de Karnak appelée improprement « hypostyle » retrouverait ainsi pleinement son sens si l'on traduisait fidèlement sa désignation originelle : « Séthi est lumineux dans la maison d'Amon », autrement dit : le roi, fils de Dieu, apparaît en gloire dans la maison de Dieu.

1• *Cf.* chap. 1, « Une pensée monothéiste », p. 43.
2• *Cf.* chap. 2, « L'altération des noms et de la symbolique », p. 62.

Tout est donc à revoir dans les termes par lesquels nous désignons les lieux spirituels de l'Égypte ancienne, parce que les prêtres n'ont eu de cesse d'exprimer une mystique de l'Invisible, de crypter le nom de « Celui qui n'a pas de nom » à l'aide de systèmes codés extrêmement subtils, comme inspirés par le souffle même de Dieu. Alors, quand on traduit le hiéroglyphe du soleil par « le dieu Soleil », ou quand on persiste à reconnaître un panthéon zoolâtre en désignant le symbole du bélier par « le dieu Knoum », on méconnaît totalement la vérité théologique de l'Égypte et on la défigure. Il faut revenir aux réflexions de Champollion et se poser la question du choix des mots fait par des hiérogrammates, qui n'écrivaient pas pour être lus, mais pour conserver à jamais l'hymne écrit à l'intention du Créateur avec les lettres évoquant sa Création. Gravés pour l'éternité à la gloire de l'Éternel, codés à la gloire de l'Invisible, les murs des temples égyptiens chantent Amon, « Celui qui est venu à l'existence de lui-même » : « Il a parlé et les êtres sont venus à l'existence » ; « Il veille sur l'humanité » ; « Il tend les bras à celui qu'Il aime, Il guérit les malades, Il protège celui qui le met dans son cœur » ; « Il est la lampe brillante aux grands rayons ». On voit combien ces évocations du Verbe et d'un Dieu Créateur unique ont pu influencer les religions ultérieures de cette partie du globe, et combien cette phrase de F. Daumas peut s'appliquer à la religion égyptienne aussi bien qu'à la nôtre : « Comme les arbres et les plantes se tournent vers la lumière, comme la Création danse de joie devant le soleil, l'homme doit se tourner vers Dieu, unique source de vie et de joie. »
Osons donc franchir les siècles sans nous étonner du fait que cette civilisation antique ait pu comprendre et même fonder la notion de monothéisme. Le message des temples égyptiens, et celui d'Abou Simbel en particulier, apparaît comme universel, car il touche au grand mystère que tous les hommes, de toutes confessions, se posent : celui de Dieu.
« L'homme du Nil croyait bien en Dieu, en une véritable force suprême manifestée dans l'énergie cosmique aux multiples aspects, vers laquelle se portait sa dévotion. Pénétré de l'idée de survie, et

persuadé de pouvoir gagner l'immortalité en suivant la voie de Dieu, il était guidé par des préceptes de sagesse, une noble éthique dont les termes se rapprochent étrangement de ceux de la morale et de la charité chrétiennes », dit C. Desroches-Noblecourt.
Comme en témoignent tous ces textes, les théories égyptiennes concernant l'immortalité de l'âme et l'existence de Dieu comme Créateur du monde, mais aussi les notions de charité et de justice, étaient parfaitement élaborées depuis le temps des pyramides. Elles vont apporter une contribution philosophique, spirituelle et morale immense aux peuples de la Méditerranée, tant chez les Hébreux que chez les chrétiens. Un texte trouvé à El Bersheh, en Moyenne-Égypte, gravé sur un sarcophage datant de près de deux mille ans avant notre ère, nous permet de saisir la dimension cosmique de ce dieu bon et universel :

J'ai créé les quatre vents,
afin que tout homme puisse respirer comme son frère.
J'ai fait l'inondation
afin que le pauvre puisse en profiter aussi bien que le riche
J'ai créé chaque homme égal à son voisin [...]

L'Égypte pharaonique possédait en vérité une morale qui annonçait les temps christiques. Non seulement les images et les symboles, mais aussi tous les textes rapportent et mentionnent le nom d'un Dieu qui ressemble à s'y méprendre à celui des chrétiens.
De ce fait, il n'est plus tout à fait exact de dire que les cinq mille ans d'histoire de l'Égypte ont disparu avec la religion chrétienne. En réalité, il faut mesurer combien le christianisme a adopté la croyance de la civilisation pharaonique et transmis cet héritage au monde occidental. L'Égypte a en quelque sorte conquis ses vainqueurs.

Détail d'un relief du temple de Karnak : deux personnages ailés encadrent le nom du roi Séthi Ier (Men Maar Rê), incarnation du Tout-Puissant, visible et invisible, Amon-Maat-Rê.

Détail du porche de Notre-Dame de Paris, au sommet de l'arc central : deux anges encadrent l'agneau, évocation de Notre-Seigneur Jésus-Christ, fils de Dieu.

L'Égypte, mémoire des hommes

PARCOURANT toute l'Égypte jusqu'à Alexandrie, où brillait autrefois le plus grand phare du monde, le Nil apparaît comme le fleuve dans lequel notre civilisation a puisé son existence. Très tôt marié à la Méditerranée, il a élargi son delta, imprégnant le monde de ses alluvions fertiles, faisant de l'Égypte la Terre-Mère des cultures ultérieures, tant par son originalité première que par sa force spirituelle, sa portée morale et philosophique, son savoir scientifique, ses techniques innovatrices.

Mais c'est d'abord l'incroyable richesse de son art qui nous touche et nous émeut. Quelle que soit l'époque où ils ont contemplé ses œuvres, les Occidentaux ont toujours ressenti la douceur et la tendresse particulièrement humaines qui auréolent les visages de l'Égypte antique. Et la poésie qu'exhalent les deux anges protecteurs du globe contenant l'image de l'Éternel, représentés sur un pectoral du roi Sheshonq

et remontant à l'époque de Tanis, au début du Ier millénaire, est aussi touchante – et musicale, pourrait-on dire – que l'harmonie de tel émail champlevé de notre Haut Moyen Âge, qui s'en est à l'évidence inspiré, sur lequel deux anges déploient leurs ailes autour du cercle solaire, symbole de la présence du Christ.

La filiation spirituelle et artistique semble être totale entre nos deux civilisations, la superposition des styles reflétant la symbiose d'une même pensée mystique tournée vers le Très-Haut. Dans le temple de Karnak, et particulièrement dans la grande salle hypostyle dont l'architecture préfigure celle des nefs de nos cathédrales, apparaît le relief de deux anges protégeant de leurs ailes le nom du roi Séthi Ier, fils du Dieu de l'univers, Invisible et visible, Amon-Rê, garant de l'équilibre de la vie sur Terre. Cette image fixée dans le grès a inspiré à travers les millénaires la sculpture qui décore la voûte du porche de Notre-Dame de Paris, où deux anges maintiennent un agneau, présence symbolique du fils de Dieu empruntée au bestiaire chrétien, image du sauveur du monde.

Anges, agneaux, soleils... la symbolique s'est transmise de l'Égypte jusqu'à nous, au fil des siècles. La métaphore pastorale, en particulier, trouve ses racines en Égypte ancienne : Dieu y est également considéré comme le gardien du troupeau, bélier protégeant l'humanité. Quant au thème des anges, contemplons les portes en or des chapelles de Toutânkhamon, qui semblent préfigurer celles du Paradis : ciselés sur elles, deux anges se faisant face protègent le corps du jeune roi en pleine métamorphose, se transfigurant dans son corps éternel. Verdi a su reprendre la pensée de l'Égypte ancienne, si proche de son iconographie sacrée, lorsqu'Aïda, avant de disparaître, appelle l'ange de la mort qui s'approche avec ses ailes d'or pour la conduire vers le bonheur de l'amour éternel.

Dans l'art pictural sacré, comme dans la ferveur spirituelle, l'Égypte a traversé le temps et légué au monde un héritage illimité de connaissances, de symboles, de signes et de textes que les nouvelles religions ont inscrits dans leurs dogmes.

« Pour mieux comprendre notre Occident et nos cathédrales, il faut remonter à la source, c'est-à-dire à la terre d'Égypte. Car si Rome et la Grèce constituent indéniablement nos racines littéraires, juridiques, philosophiques et linguistiques, c'est en Égypte qu'il faut voir notre berceau spirituel », écrivions-nous dans *La Bible de pierre ou l'alphabet sacré de la Grande Pyramide.*

L'Égypte demeure la clé de voûte de notre histoire, et la puissance de l'esprit de son peuple a laissé une empreinte indélébile sur le peuple hébreu, comme plus tard dans la religion chrétienne. Construite sur ce socle immémorial, l'Europe semble l'aboutissement de cette brillante civilisation millénaire. La Méditerranée, *Mare Nostrum*, nous paraît dès lors ouverte comme un vaste triptyque, rayonnant vers le Proche-Orient, la Grèce et l'Égypte, avec en son cœur la terre souveraine des pharaons, laquelle a forgé, par la puissance de ses formes, le miracle grec et l'empire romain.

L'Égypte est le moule d'où sont issus l'esthétique, le style architectural, les cultes de l'Occident, et plus tard, au Moyen Âge, le plan de nos basiliques. Si Memphis apparaît comme le berceau d'Athènes et de Rome, à Thèbes se trouvent les racines de nos origines. Tous les grands conquérants sont venu puiser dans son immense répertoire culturel les valeurs qui allaient devenir leurs références. Tous ont été conquis par la civilisation nilotique, qui a ainsi élargi à l'infini ses limites temporelles.

Le christianisme a germé sur le sol fertile de la civilisation égyptienne, trois fois millénaire et profondément monothéiste. Encore aujourd'hui, les coptes prolongent par leur foi et leur enseignement les idées élaborées par les anciens Égyptiens. Les notions de Jugement dernier, de renaissance, de Sauveur du monde, de triade, l'image de la « Mère à l'Enfant », l'icône évoquant Horus triomphant sur l'Esprit du Mal et préfigurant saint Georges et saint Michel perdurent dans notre foi chrétienne. L'empreinte de l'Égypte se retrouve dans notre histoire, notre art, notre science, notre politique même, mais son héritage reste primordial sur le plan spirituel.

Jean-François Champollion, l'homme qui au siècle dernier a rendu sa voix à l'Égypte, avait compris son importance de manière prophétique et l'exprimait en ces termes : « Cette vieille civilisation à laquelle l'Europe doit le principe de toutes ses connaissances. »

Ile de Saint-Honorat,
Cannes, le 25 août 1997.

Nous tenons à remercier tous les amis égyptiens qui, par leur soutien, nous ont témoigné l'amitié séculaire qui unit l'Égypte et la France.

Nous exprimons toute notre gratitude à Son Excellence, Monsieur Farouk HOSNI, ministre de la Culture de la République arabe d'Égypte, à Monsieur Samir GHARIB, conseiller auprès du ministre de la Culture ; au Docteur Mohamed EL-SAGHIR, directeur général des Antiquités de Haute-Égypte.

Nous associons à nos remerciements le Docteur Gamaleddine MOUKHTAR, président honoraire de l'Organisation des Antiquités égyptiennes, professeur d'égyptologie à l'université d'Alexandrie, ainsi que Madame Hoda NAGUIB, directrice du Tourisme égyptien en France.
Une pensée respectueuse à la mémoire de Son Excellence Monsieur Ahmed SIDKY, ancien ambassadeur de la République arabe d'Égypte en France.

À Pascal, Marie-Caroline et François-Cyril.
À Alexis, Maud et Lucille.

Que les générations futures poursuivent cette quête de l'Égypte.

Chronologie

ANCIEN EMPIRE

-4000 -3000 Période prédynastique.

-3000 Ire dynastie.

-2700 IIIe dynastie.
Époque des premières grandes pyramides (Djoser).

-2600 IVe dynastie. Khéops, Khéphren, Mykérinos, Giseh.

-2500 -2300 Ve et VIe dynasties (époque des grands tombeaux décorés de Saqqarah, pyramides à textes).

MOYEN EMPIRE

vers -2000 Développement de Thèbes.
- Rois : Montouhotep, Amenemhat, Sésostris.
- Les temples d'Amon-Rê à Deir el-Bahari et à Karnak.
- Les trésors de Tôd, El-Lahoun et Dashour.

vers -1700 Arrivée des Hyksos en Égypte et des Hébreux (Joseph).

NOUVEL EMPIRE

vers -1600 Thèbes à son apogée. XVIIIe dynastie.
- Les Thoutmosis, les Aménophis (Aménophis III).

vers -1350 Akhenaton. Toutânkhamon.

vers -1300* Époque des Ramessides : XIXe et XXe dynasties.

XIXe DYNASTIE

Ramsès Ier : succède à Horembeb, dernier roi de la XVIIIe dynastie.

Séthi 1er : Victorieux des Hittites, constructeurs des temples d'Abydos, de Louqsor, agrandit le temple de Karnak (salle hypostyle). Tombe située dans la Vallée des Rois (plafond astronomique).

Ramsès II** : Bataille contre les Hittites à Kadesh et traité de paix. Construction du Ramesseum, du temple de Louqsor, d'Abou Simbel, développement de la Vallée des Reines.

Merenptah : Fils de Ramsès II, victoire sur la première tentative d'invasion des Peuples de la Mer, campagne au Proche-Orient. Stèle d'Israël, départ supposé des Hébreux vers la Palestine, époque présumée de Moïse.

Séthi II, Siptah. La reine Taouseret : derniers souverains.

XXe DYNASTIE

Vers -1200

- Développement du village des Artisans à Deir el-Médineh. Époque des réalisations des hypogées de Ramsès III, Ramsès IV, Ramsès VI, Ramsès IX dans la Vallée des Rois.

NOUVEL EMPIRE (SUITE)

• Sethnakht : Fondateur, règne éphémère.
• Ramsès III : Fils de Sethnakht. Temple de Médinet Habou. Victoire sur les Libyens, victoire sur les Peuples de la Mer.
• De Ramsès IV à Ramsès XI : période de décadence et de complots.

Vers -1100

• Le commandant de l'armée, l'ancien grand prêtre d'Amon, Hérihor, prend le pouvoir.
• Fin de l'époque ramesside.
• Fin de l'époque classée Nouvel Empire.

BASSE ÉPOQUE

vers -1000	Basse Époque. Rois de Tanis (relations avec Salomon).
vers -900	Jéroboam, le futur 1er roi d'Israël, se réfugie en Égypte.
v. -700 -600	Les Assyriens envahissent l'Égypte. Renaissance égyptienne (période saïte), séjour de Pythagore, Thalès et Hippocrate.
-586	Les Judéens trouvent refuge en Égypte.
vers -550	Invasion des Perses.
vers -390	XXIe dynastie. Époque du roi Achoris. Séjour de Platon.
-332	Arrivée d'Alexandre.
-330	Époque ptolémaïque.
-48	César rencontre Cléopâtre.
-30	Époque romaine.
-7 -4	Naissance du Christ. Refuge de la Sainte Famille en Égypte.
15-50	Philon d'Alexandrie.
40	Marc porte la parole de l'Évangile en Égypte. Il sera martyrisé en 68.
130	Hadrien en Égypte. Il fonde la ville d'Antinoë.
180	Clément d'Alexandrie. Développement de l'écriture copte (24 lettres grecques, 7 lettres démotiques).
vers 200	Origène, Père de l'Église. Naissance de Plotin à Assiout. Septime Sévère en Égypte
vers 270	Fondation du monachisme chrétien, saint Antoine (251-356).
284	Persécution sous Dioclétien. Ère des martyres. Début de l'ère copte. Fondation du cénobitisme avec saint Antoine. Pacôme (286-348).
313	Édit de Constantin. Le christianisme est officialisé.

vers 320	Antoine et Amoun développent le centre monastique du Kellia (un millier d'ermitages), entre Alexandrie et Le Caire.
vers 350	Mort de saint Pacôme.
vers 380	Cassien reçoit l'enseignement d'Évagre le Pontique en Égypte. Il finit sa vie à Marseille où il aurait fondé l'abbaye Saint-Victor.
393	Édit de Théodose. Le christianisme, seule religion d'État.
395	L'Égypte fait partie de l'empire byzantin (empire romain d'Orient).
412	Cyrille, évêque d'Alexandrie et Père de l'Église.
IVe – VIe s.	Développement des monastères et des églises dans les temples égyptiens.
451	Naissance de l'Église copte après le concile de Chalcédoine.
vers 550	Avec Justinien, fermeture du temple de Philae dédié à Isis. Abandon de l'écriture hiéroglyphique.
VIIe s.	Invasion des Perses. Restauration du pouvoir byzantin.
639	Invasion des Arabes (639).
XIIIe s.	Expédition des Croisés (1249). Saint Louis (7e croisade).
1250 – 1517	Les Mamelouks maîtres de l'Égypte pendant trois siècles.
XVIe s.	Les Turcs en Égypte.
XVIIIe s.	Renouveau mamelouk.
1789	Expédition Bonaparte, défaite des Mamelouks. Création de l'Institut d'Égypte, début des réformes.
1801	L'armée française quitte l'Égypte. Rivalité entre Turcs et Mamelouks ; intérêts de l'Angleterre.
1805	Mehmet Ali : début de la modernisation de l'Égypte. Appel aux Français.
1822	J.-F. Champollion découvre la clé des hiéroglyphes.
1869	Le khédive Ismaël inaugure le canal de Suez.
1893	Contrôle britannique sur l'Égypte.
1922	Fouad 1er, roi d'Égypte.
1952	La république et l'indépendance avec Nasser.
1970	Anouar el Sadate.
1981	Hosni Moubarak, président de la République d'Égypte.

* Suivant les ouvrages -1314 ou -1306.
** Suivant les ouvrages -1298, -1235 ou -1290, -1224.

Repères chronologiques des peuples en présence

Occident

4000

3000 Civilisation des Cyclades.

Époque minoenne.

1500 Épanouissement de Mycènes.
Destruction des palais de Cnossos (1450).

Guerre de Troie.

1200 Les Doriens envahissent la Grèce et la Crète.
Destruction de l'Empire des Hittites.

Égypte

4000 Invention de l'écriture hyéroglyphique.

3000 Ière dynastie (Ménès Narmer).
IIIe dynastie (Djoser, pyramide à degrés).
Époque des grandes pyramides (2500).

2000 XIe dynastie (Mentouhotep).
Temple de Deir el-Baharl.
Chapelle blanche à Karnak.
Trésor de Tôd.
Les rois Amenemhat et Sésostris.

1700 Arrivée des Hyksos en Égypte.
Époque supposée de Joseph.
Les Égyptiens chassent les Hyksos.

1600 XVIIIe dynastie.

Les Thoutmosis.
Les Aménophis (Akhenaton).
Séthi Ier.
Ramsès II (Abou Simbel).
Époque supposée de Moïse.
Exode vers le pays de Canaan.

1100 Attaque des Peuples de la Mer repoussée par Ramsès III.

Proche-Orient

4000 Présence des Égyptiens en Palestine. (Palettes pré dynastiques et objets en or).

3000 Présence de l'Égypte en Syrie, à Ebla, à Byblos.
| à Sumer :
| Ière dynastie d'Ur.
| Sargon Ier (2400).
| Goudéa (220)

2000 Abraham quitte Ur pour Canaan et se dirige vers l'Égypte.

L'Égypte à Byblos.
Au Sinaï, les Cananéens utilisent l'écriture égyptienne (protosinaïtique).

1600 Les Phéniciens.
Ougarit (Ras Shamra).
Développement de l'alphabet phénicien.

Thoutmosis III en Syrie
Lettres d'Amarna.
Domination égyptienne.
Bataille de Kadesh contre les Hittites.
Époque d'Ahiram.
Sarcophage de Byblos.

entre le IVe millénaire et la naissance du Christ

Occident

1000 Les Grecs adaptent l'alphabet phénicien.

Poèmes homériques.

Thalès (vers 600)

Pythagore en Égypte (550).

Restauration du trésor de Delphes.

500 Les Grecs triomphent des Perses à Marathon (490).

Siècle de Périclès (450). Hippocrate. Alexandre (336).

300

Présence de rome (vers 150).

Naissance du Christ. Début de l'ère chrétienne.

Égypte

1000 Règne de Si-Amon.

Le futur roi d'Israël, Jéroboam, trouve refuge en Égypte (vers 950).
Sheshonq va s'emparer de Jérusalem.
Trésor de Tanis.

Les Assyriens à Thèbes (670).

XXVIe dynastie (saïte).
Installation des Grecs à Naucratis.

Les Juifs se réfugient en Égypte où Jérémie termine sa vie.

Règne d'Ahmôsis.

Les Perses en Égypte.
Hippocrate en Égypte.

Platon en Égypte.
Alexandre en Égypte (332).

31 Défaite de Cléopâtre à Actium.

30 L'Égypte province romaine.

Proche-Orient

1000 Règne de Salomon (gendre du roi d'Égypte).
Construction du temple de Jérusalem.

Scission en deux royaumes.

700 Ezéchias roi de Juda.
Les Assyriens au Proche-Orient.
Ivoires de Nimrud.

Les prophètes Ezéchias et Jérémie.

Les Babyloniens s'emparent de Jérusalem (597).

Fondation de l'Empire perse (vers 560).

500 Construction de Persépolis.

Destruction de Persépolis par Alexandre (330).

300

Bibliographie

Amelineau E, *Prolégomènes à l'étude de la religion égyptienne. Essai sur la Mythologie de l'Égypte*, Leroux, 1908.

Anis Al-Assiouty S., *Recherches comparées sur le christianisme primitif et l'Islam premier : Jésus le non-juif*, éd. Le Touzey et Ané, Paris, 1987.

Baltrusaïtis J., *La Quête d'Isis*, Olivier Perrin, Paris, 1967.

Bardinet, T., *Les Papyrus médicaux de l'Égypte pharaonique*, Fayard, Paris, 1995.

Barguet P., *Le Temple d'Amon-Rê à Karnak*, IFAO, le Caire, 1962.

Le livre des Anciens Égyptiens, éd du Cerf, 1967.

Textes des sarcophages égyptiens du Moyen Empire, éd. du Cerf, 1986.

Barucq A., **Daumas F.**,*Hymnes et prières de l'Égypte ancienne*, éd. du Cerf, 1980.

Beigbeder J., *La Symbolique*, P.U.F., coll. « Que sais-je », n° 749, Paris, 1968.

Budge W., *The Gods of the Egyptian*, 2 vol, Londres, 1952. *Egyptian Magic*, éd. Routledge & Kegan, 1975.

The Egyptian Book of the Dead, Dover Publications, New-York, 1985.

Cerny J., *Ancient Egyptian Religion*, Londres, 1952.

Champollion J.-F., « Le Panthéon Égyptien », *in Bulletin de la Société française d'égyptologie*, n° 95.

Précis du système hiéroglyphique des anciens Égyptiens, Imprimerie royale, Paris, 1828.

Grammaire égyptienne, Firmin Didot, Paris, 1836.

Champollion-Figeac J.-J., *L'Égypte Ancienne*, Didot, Paris, 1839.

Création du monde et de l'homme, Cahiers Évangiles, éd. du Cerf.

Clayton, Peter A., *The Rediscovery of Ancient Egypt. Artists and Travellers in the 19th Century*, Londres, 1982.

Daumas F., *Les Dieux de l'Égypte*, P.U.F., coll. « Que sais-je ? », Paris, 1965.

« Du phénomène au symbole dans l'écriture ptolémaïque », *in Le courrier du C.N.R.S.*, n° 29, juillet 1978.

La Civilisation de l'Égypte pharaonique, éd. Arthaud, 1982.

Derchain Philippe, *Dictionnaire des mythologies*, Flammarion, 1981.

Derchain-Urtel, *Thot à travers ses épithètes dans les scènes d'offrandes des temples dans l'époque gréco-romaine*, Fondation égyptologique reine Élisabeth, 1981.

Desroches-Noblecourt C., « Les religions égyptiennes », *in Histoire générale des religions,* t. 1, Quillet, Paris, 1948.
Toutankhamon, Vie et mort d'un pharaon, éd Hachette, 1965.
Isis-Sothis - Le chien, la vigne et la tradition millénaire, IFAO, 1980.
Dondelinger E., Papyrus d'Ani, Club du Livre, 1979.
Drioton E., « La Religion égyptienne », *in* Brilliant-Aigrian, *Histoire des religions,* t. III, Paris, 1955.
Amon avant la fondation de Thèbes, S.F.E, n° 26.
« Le Char dans la glyptique égyptienne », *in S.F.E.,* n°s 28-29.
« Variantes dans les légendes d'Osiris et d'Horus », *in S.F.E.,* n° 30.
Du bourguet, « Saint Antoine et Saint Paul du désert », *in S.F.E.*, n° 7.
Dunand F., **Zivie**, **Coche**, *Dieux et hommes en Égypte,* Armand Colin, 1991.
Dumézil G., *Les Dieux souverains des Indo-Européens*, Gallimard, 1986.
Eliade, M., *Le Sacré et le profane,* trad. en français, Gallimard, coll. « Idées », n° 78, Paris, 1965.
Aspect du Mythe, loc. cit., n° 32.
Ermann A., *La Religion des Égyptiens,* Paris, 1937.
Faure P., *La Vie quotidienne au temps de Minos*, Hachette, 1973.
La Vie quotidienne des armées d'Alexandre, Hachette, 1982.
Frankfort H., *La Royauté et les dieux,* éd. Payot, 1951.
Gamal M., « Histoire générale de l'Afrique », *Jeune Afrique*, Unesco, 1980-84.
Ghalioungui, P., *La Médecine des pharaons*, Robert Laffont, 1983.
Goyon J.-C., *Rituels funéraires de l'Ancienne Égypte,* « Littératures anciennes du Proche-Orient », éd. du Cerf, 1972.
« Nombre et univers : réflexion sur quelques données numériques de l'arsenal magique de l'Égypte pharaonique », *in Archéologia,* 1987.
« Der-el-Medineh, enclos sacré garant de l'équilibre cosmique », *in Dossiers Histoire et Archéologie,* n° 136, 1989.
Dans le secret des bâtisseurs des grandes pyramides, Pygmalion, 1990.
Hathor, l'ivraie, l'ivresse, Cercle lyonnais d'égyptologie Victor Loret, 1992.
Goyon J.-C et **Golvin** J.-C., *Les Bâtisseurs de Karnak,* éd. du C.N.R.S., 1987.
Grapow H., **Westendorf** W., **Von Deines** H., *Grundiss des Medizin der Alten Ägypter*, Berlin, 1954-1963.
Grmek, M. D., *Les maladies à l'aube de la civilisation occidentale*, Payot, 1983.
Guilmot, *Le Message spirituel de l'Égypte ancienne,* éd Hachette, 1970.
Hornung E., *Les Dieux de l'Égypte,* éd. du Rocher, 1986.

Hommage de l'Europe à Champollion, Mémoires d'Égypte, Bibliothèque nationale, Paris, 1991.

Humbert, *L'Égyptomanie dans l'art occidental*, Paris, 1989.

Humbert, **Pantazzi**, **Ziegler**, *Egyptomania*, catalogue de l'exposition du musée du Louvre, RMN, Paris, 1994.

Hyvernat H., *Paléographie copte*, Leroux,Paris, 1888.

Jequier G., *Considérations sur les religions égyptiennes*, éd. de la Baconnière, Neufchâtel, 1946.

Kerisel, Jean, *La Pyramide à travers les âges*, Presses des Ponts et Chaussées, Paris, 1991.

Kolpacktchy G., *Le Livre des morts des anciens Égyptiens*, Omnium Littéraire, 1973.

Kozloff A., *Aménophis III le pharaon soleil* (présentation en France par Élisabeth Delange), Réunion des musées nationaux, Paris, 1993.

Lalouette C., *Textes sacrés et profanes de l'Ancienne Égypte*, Gallimard, 1984.

Laufray J., *Karnak d'Égypte, domaine du divin*, C.N.R.S., Paris, 1979.

Lefèvre, Gustave, *Essai sur la médecine égyptienne de l'époque pharaonique*, PUF, 1956.

Loyrette A.-M., *Ramsès le Grand*, catalogue exposition Grand Palais, 1976.

Lumley H. de, et collaborateurs, *Les Gravures rupestres préhistoriques de la région du Mont Bego*, Imprimerie nationale, Paris, 1991.

Maspero G., *Étude de mythologie et d'archéologie égyptienne*, 8 vol., Paris, 1893-1916

Masson E., « La Vallée des Merveilles », *in Dossiers d'archéologie*, mai 1993.

Meeks D., *Génies, anges et démons en Égypte*, « Sources Orientales », Le Seuil, 1971.

Miroshedji P. de, « Communication sur les fouilles de Tel Yarmouth », *Le Monde de la Bible*, 1996.

Morenz S., *La Religion égyptienne*, Payot, 1984.

Moret A., *Du caractère religieux de la royauté pharaonique*, éd. Ernest Leroux, 1902. *Les Mystères égyptiens*, éd. Gérard Montfort, 1913.

Histoire de la nation égyptienne, t. II, *in L'Égypte pharaonique*, Librairie Plon, 1932.

Nag H., « Bibliothèque gnostique », *in Archéologia*, n° 70, février 1983.

« Les Pères du désert », *Dossier histoire et Archéologie*, n° 133.

Ouaknin, M.-A., *La plus belle histoire de Dieu*, Seuil, Paris, 1997.

Perrot et Chipiez, *Histoire de l'Art*, Hachette, 1882.
Pirenne, Jacques, *La Religion et la morale dans l'Égypte antique*, La Baconnière, Neufchâtel, 1965.
Prières de l'Ancien Orient, collectif, éd.du Cerf, Paris.
Renaud B., « Moïse et le monothéisme », *in Le Monde de la Bible*, sept.-oct. 1992.
Sainte-Fare-Garnot J., *Religions égyptiennes antiques*, bibliographie analytique (1939-1943), Paris, 1952.
Sauneron S., *Les Prêtres de l'Ancienne Égypte*, Le Seuil, 1957.
Schwarz E., *Égypte, les mystères du sacré*, éd. Le Félin.
Sznycer, M., *L'Origine de l'alphabet sémitique*, L'Espace et la lettre, Paris, 1977. *in Naissance de l'écriture*, Catalogue de l'exposition, RMN, 1980.
Traunecker C., *Les Dieux de l'Égypte*, P.U.F., coll. « Que sais-je ? », 1992.
Vandier J., *La Religion égyptienne*, Paris, P.U.F., 1949.
Manuel d'archéologie égyptienne, éd. Picard, 1964.
Vercoutter, Jean, À la recherche de l'Égypte oubliée, Paris, 1986.
Vernus P., *in Naissance de l'écriture*, Catalogue de l'exposition, RMN, Paris, 1982.
Yoyotte J., « Une Monumentale litanie de granit : les sekhmet d'Aménophis III », *in S.F.E.* d'Égyptologie, n° 87688.

S.F.E. : Bulletin de la Société française d'égyptologie.

Par François-Xavier Héry et Thierry Enel
- *Les Monuments de l'Égypte et de la Nubie*, préface de Jean Yoyotte, éd. Robert Laffont, 1990.
- *La Bible de pierre ou l'alphabet sacré de la Grande Pyramide*, Robert Laffont, 1990.
- « La salle inachevée de la pyramide de Khéops », *in Archéologia* n°273, 1991.
- *L'Univers de l'Égypte révélé par Bonaparte*, Édisud, 1991.
- *L'Univers de l'Égypte ressuscité par Champollion*, Édisud, 1991.
- *L'Égypte de Bonaparte à Champollion*, Édisud, 1992.
- *Animaux du Nil, Animaux de Dieu*, Édisud, 1993.
- *Abou Simbel et les temples de Nubie*, Edisud, 1994.
- *Paroles de l'Égypte ancienne*, « Carnets de sagesse », Albin Michel, 1995.
- *Le Secret d'Abou Simbel - Le chef-d'œuvre de Ramsès II décrypté*, coll. « Guides-Clés », Albin Michel, 1996.

La chronique

DE MARIE-MADELEINE DAVY

GEORGES SAINT-BONNET,
La Joie vous appartient.
Éditions du Relié,
Cabrières d'Avignon, 1997.

En dépit de son œuvre, Georges Saint-Bonnet est peu connu. C'est pourquoi les pages que lui consacre Paul Vervisch nous sont précieuses.

Né en 1899 dans la Drôme d'une famille protestante, il devient « l'homme d'affaires, journaliste, écrivain ». Pendant la Deuxième Guerre, il subit une crise intérieure. Influencé par des rencontres, il décide de soigner, suivant la tradition de Philippe de Lyon, ceux qui viendront le consulter. Sa vocation de guérisseur s'affirme concrètement et son pouvoir semble parfois d'ordre miraculeux. Il fonde un groupe nommé « Unitisme ». (L'*isme* terminal de certains groupes et communautés peut se montrer gênant du fait de la pesanteur qu'il déclenche. Bien entendu, il convient de ne rien exagérer. Dans la mesure du possible, en éviter l'emploi est souhaitable.) « *Cet Unitisme,* dira Saint-Bonnet, *est une philosophie mystique entièrement fondée sur l'expérimentation et affirmant qu'il est possible à l'homme de renforcer les liens qui l'unissent à la création, puis au Créateur, en prenant conscience de ces liens.* » En 1962, il tombe malade et ne cesse de s'affaiblir. Il meurt le 17 janvier 1963, il a soixante-quatre ans.

Après son décès, ses amis trouvent des notes. Paul Vervisch conclut sa Préface en écrivant : « *Ces pensées et maximes, expression intime du cheminement d'un homme remarquable, nous ont paru susceptibles d'intéresser et également d'aider ceux qui cheminent vers un même but : découvrir la joie d'être enfin soi-même. C'est la raison d'être de ce livre.* »

Georges Saint-Bonnet refusait le titre de guru, de maître ; il acceptait celui de « patron ». Chaque semaine, il donnait des confé-

rences et ensuite réunissait ses auditeurs dans un café du quartier Saint-Michel avant de grouper ses amis au *Royal Saint-Germain*. Pour lui, « *il n'y a qu'une seule chose à combattre en ce monde, la souffrance* ». Se tenant au-delà des dogmes et des croyances, il tentait d'apprendre à son auditoire une constante sortie de sa prison personnelle. En un mot, il souhaitait enseigner la libération. Les cours étaient doublés par un enseignement écrit. « *La Joie [...] est le cœur de l'Unitisme* », une joie située à l'intérieur, « *plus proche que notre souffle.* » Elle représente « *le Royaume de la tradition christique* ». Comment la définir ? « *Elle est un élément, comme l'air ou le feu, une vibration extrêmement subtile [...] perpétuellement présente en toutes choses et en tous êtres, qui nous pénètre et nous enveloppe et qu'il nous appartient de capter, par sélection, comme les appareils de radio captent certaines ondes plutôt que certaines autres.* »

En effet, il suffit de consulter une concordance biblique pour discerner l'importance de la joie. Elle est présente dans l'Ancien Testament. Le prophète Isaïe fait allusion à une « joie éternelle » (35,10).

« Le désert et la terre aride se réjouiront ;
La steppe sera dans l'allégresse et fleurira comme le narcisse ;
Elle se couvrira de fleurs et tressaillera,
Elle poussera des cris de joie. »

Le Psalmiste signale les « abondantes joies » devant la face divine (16, 11), « le soleil s'élance avec la joie d'un héros » (19, 6), « le juste sera dans la joie » (58, 11). Quant au Nouveau Testament, la Joie est particulièrement célébrée dans l'allégresse. « Dieu aime celui qui donne avec joie » (2 Co 9,7). Pour l'apôtre Jean, la tristesse se change en joie (16,20). Paul mentionne « la paix et la joie par le Saint esprit » (Rm 14, 17) et conseille : « Frères soyez dans la joie » (2 Co 13, 11). Il cite, parmi les fruits de l'Esprit Saint, l'amour et la joie (Ga 5, 22). Jacques demande de regarder l'épreuve comme un signe de Joie (1, 2). Et d'ajouter : « Quelqu'un est-il dans la joie ? Qu'il chante » (5,13).

D'où l'importance de la manifestation de la joie dans la liturgie de la tradition chrétienne. La jubilation pascale se montre bouleversante d'ampleur et d'intensité. Par ailleurs, de nombreux auteurs mentionneront la

joie dans des sens rigoureusement différents.

Concernant la nomination de Philippe de Lyon, une précision aurait été nécessaire. En dehors des spécialistes et des habitants de la région lyonnaise, il est normal d'ignorer ce personnage. Renée-Paule Guillot lui a consacré une longue étude (éd. Les deux Océans, 1994). Ce propos ne cesse de s'y référer.

Philippe est né en Savoie le 25 avril 1849 un jour d'orage. Gamin, il est chargé par son père de garder les troupeaux. Autour des pâturages, il dessine un cercle limitatif que les animaux ne chercheront jamais à franchir. Le curé du village lui apprend à lire et à écrire. À quatorze ans, il part à pieds pour Lyon. Le frère de sa mère l'héberge. Il fera ses études à l'Institut Sainte-Barbe. Lyon est une ville où a régné et règne encore le mystère, la connaissance, l'occultisme. Tout semble parfois mélangé. Philippe fait des études médicales durant un an. Soignant et guérissant sans recevoir la moindre rétribution, apprenant à prier et à aimer, il demande uniquement la suspension de la médisance et de la calomnie à l'égard d'autrui. Suivant l'auteur, Renée-Paule Guillot, Philippe « réalisera des centaines de thérapies similaires, à l'Arbresle, à Lyon, à Paris [...] à l'étranger ». Dès qu'il annonce une guérison, elle se produit dans l'immédiat. Souffrant de troubles cardiaques, le thaumaturge ne cesse de s'affaiblir et meurt. Il n'a composé aucun livre. Après son décès, il se manifestera de nombreuses fois.

Dans les textes de Saint-Bonnet, on peut redécouvrir de nombreuses réminiscences de propos circulant à l'époque, principalement dans le milieu de Gurdjieff. Cette période se trouve aujourd'hui défunte. Les partisans de cet enseignement perdurent, mais ils s'expriment d'une autre façon. Le ton est devenu plus direct. De ce fait, l'écriture de Georges Saint-Bonnet semble quelque peu dater. Toutefois, elle représente un temps qui a marqué des générations de jeunes gens et d'adultes. On ne saurait en méconnaître la valeur, et l'oublier serait une erreur.

Certaines phrases peuvent apparaître insolites à des lecteurs. Elles auraient exigé un bref commentaire afin d'être comprises d'une façon juste. En voici quelques exemples : « *La morale est une conscience à retardement*

qui n'est bonne qu'à faire pousser des remords inutiles. L'intelligence n'est qu'une bicyclette. Aussi longtemps qu'on ne le sait pas, on ne sait rien. Le mystique est un cynique. Il a les yeux ouverts sur l'homme. Il le juge sans illusions. Il sait qu'il y a une partie de l'homme à combattre et même à détruire. Il n'aime l'homme qu'en son devenir ou son dépassement. Tout l'acquis est toujours à revoir pour lui. Il n'y a jamais lieu d'en être fier. Le mystique n'est pas un rêveur. C'est un réaliste. Il a les yeux fixés sur un idéal qui lui rend plus sensible la médiocrité de ce qu'il voit. »

Non seulement cette dernière citation étonne, mais elle pourrait laisser pantois ! En effet, le véritable ami des Mystères ne juge pas l'homme, il est rempli d'amour pour lui. La lucidité ne saurait s'opposer à la tendresse. Tout jugement de valeur concernant autrui se trouve rigoureusement exclu. Quant à l'intelligence, elle favorise la lecture du dedans, l 'accès au fond du fond. Elle n'est pas seulement l'apanage des intellectuels et des savants. Mieux vaut être intelligent que borné. L'intelligence du cœur se montre percutante, toutefois elle ne double pas l'intelligence favorisant l'accès au savoir et à la connaissance.

En revanche, de nombreux textes nous enchantent. Il suffit d'en citer quelques-uns dont la véracité s'impose : « *Joie ou douleur, tout est état de conscience. Si tu es bien branché, tout est joie.* » Toutefois, ne pourrait-on pas dire que l'être parvenu à la libération se situe *au-delà* de la tristesse ou de la joie ?

Certains propos apparaissent incontestables : « *Trouver Dieu en soi pour le retrouver ensuite en toute chose. Si vous croyez qu'une chose vous est nécessaire, elle devient votre tyran. Le centre est au cœur. Et c'est par le cœur que s'ouvre la voie de la connaissance. Qui sait vivre le présent sait tout.* »

« *L'unitisme n'a pas de doctrine au sens habituel du mot, c'est-à-dire catalogue des opinions d'une école philosophique ou des dogmes d'une confession religieuse. S'il en avait une, le pur article n'en pourrait être que celui-ci : "Tu veilleras à ne jamais endoctriner personne, toi-même compris, et tu seras toujours prêt à aider quiconque souhaiterait se désendoctriner".* » La traversée des doctrines ne s'opère d'une façon juste que dans la mesure

où elle n'est plus nécessaire. Sinon, il est préférable de la conserver en essayant de la vivre.

Des phrases s'imposent par leur exactitude. Elles s'offrent à la réflexion de très nombreux lecteurs : « *Veux-tu gagner un temps précieux ? Ne corrige jamais personne. / La capacité divine est parallèle à la capacité de solitude. / Tout est spectacle autour de nous, et aussi au-dedans de nous. / Tout s'effondre à partir du moment où disparaît le sentiment du sacré. / Fais comme l'araignée dont on a déchiré la toile : elle se remet à l'ouvrage. / Ceux qui enseignent la sagesse sont généralement ceux qui ont le plus grand besoin de l'apprendre. / Ne jamais penser au passé, si tu veux maintenir ta jeunesse, mais à l'avenir.* »

Dans une telle atmosphère, il est possible de ressentir un malaise en dépit d'une indéniable bienfaisance. Certains tempéraments se méfient des visionnaires et de tout ce qui, de près ou de loin, s'apparente à l'occultisme. Et cela sans pour autant devenir victime d'un rationalisme désuet.

Ce qui est particulièrement important réside dans le dépassement de toute *sévérité* à l'égard d'autrui. « La sévérité est une psychose », dira très pertinemment Bachelard dans son petit livre sur Lautréamont. Il précise : « La sévérité est névrosante » (phrase suivie d'un point d'interrogation). Dans une certaine mesure, elle provient d'un appétit : griffer autrui, en médire peut prouver un mauvais caractère, une vanité orgueilleuse. Cette tendance à dévorer l'autre s'inscrit dans de nombreux psychismes. À un moment où la publicité a sans cesse recours à l'art culinaire, il convient de remarquer qu'une relation s'établit entre s'alimenter et « mordre » la réputation des personnes non-aimées par jalousie, envie, ou encore gratuitement. Du fait de son tempérament, Saint-Bonnet présente l'abolition de telles attitudes.

Un propos pourrait ici se présenter, il appartient à Michel Talbot auteur de l'ouvrage *Mysticisme et Physique Nouvelle* (Mercure de France, 1984) : « Ce qui se passe dans la conscience affecte l'univers tout entier. » D'où l'importance des divers stades de la conscience à l'égard de l'amour et de la compassion.

La pollution gît dans l'homme avant de s'étendre dans l'air qu'il respire. ◆

Numéros disponibles

62	**Astrologie** *(250 p.)*	**80 F**
65	**L'esprit des hauts lieux** *(128 p.)*	**60 F**
68	**L'Apocalypse de Jean** *(320 p.)*	**120 F**
69	**La prière** *(192 p.)*	**80 F**
71	**La mort et ses destins** *(176 p.)*	**80 F**
72	**La structure absolue** ***(Raymond Abellio)*** *(128 p.)*	**80 F**
73	**Le lieu du temple** *(216 p.)*	**120 F**
76	**Nouvelles émergences** *(126 p.)*	**55 F**
78	**Le maître de Nô** *(160 p.)*	**80 F**
80	**Le sacrement de l'instant,** ***présence de Jean Sullivan*** *(128 p.)*	**55 F**
81	**Karlfried Gräf Durckheim** *(112 p.)*	**80 F**
82	**L'esprit visionnaire** *(rééd., 158 p.)*	**80 F**
84	**Du maître spirituel au guide intérieur** *(144 p.)*	**80 F**
85	**Christ et Vedanta** *(146 p.)*	**80 F**
86	**Un et nu** ***(Daniel Pons)*** *(144 p.)*	**60 F**
89	**Qu'est-ce qu'une religion ?** *(232 p.)*	**80 F**
90	**Louis Massignon** *(260 p.)*	**120 F**
91	**La mystique de l'invisible** *(208 p.)*	**80 F**
92	**Être à deux** *(232 p.)*	**80 F**
94	**Paul Claudel et la Bible** *(240 p.)*	**99 F**
93	**Dieu croit-il en Dieu ?** *(rééd., 530 p.)*	**149 F**
95	**Charles Duits** *(176 p.)*	**98 F**
96	**Les rêves de l'ombre** *(128 p.)*	**80 F**
97	**Simone Weil** *(224 p.)*	**120 F**
98	**Les mutations du Yi King** *(408 p.)*	**149 F**
98 b.	**Le Yi King mot à mot** *(hors-série)*	**80 F**
99	**Marcher, méditer** *(152 p.)*	**80 F**
100	**Le XXIe siècle a commencé** *(304 p.)*	**120 F**
101	**Bouddhisme et Franc-Maçonnerie** *(152 p.)*	**80 F**
102	**Civilisation et arts martiaux** *(136 p.)*	**80 F**
103	**Le pouvoir et le temps** *(232 p.)*	**120 F**
104	**L'esprit du labyrinthe** *(264 p.)*	**120 F**
105	**Le mal** *(284 p.)*	**120 F**
106	**L'homme tridimensionnel** *(184 p.)*	**80 F**
107	**Conscience et présence** *(168 p.)*	**80 F**
108	**Chamanisme et psychothérapie** *(232 p.)*	**100 F**
109	**La voie de l'homme relié** *(224 p.)*	**100 F**
110	**L'Égypte, Mère du Monde** *(236 p.)*	**120 F**

B o n d e c o m m a n d e

Question de

vous offre 25 % de réduction sur votre abonnement

Numéros disponibles	Prix
Frais de port	20 F
Abonnement	
Total	

❑ Je m'abonne pour 4 n^os^ (1 an)
240 F au lieu de 320 F(1)
- (Étranger : 300 F)
- (Tarif étudiant : 220 F(2))

❑ Je m'abonne pour 6 n^os^
360 F au lieu de 480 F(1)
- (Étranger : 460 F)
- (Tarif étudiant : 330 F(2))

❑ Je m'abonne pour 8 n^os^ (2 ans)
480 F au lieu de 640 F(1)
- (Étranger : 600 F)
- (Tarif étudiant : 440 F(2))

Règlement à l'ordre de *Question de* : ❍ Chèque postal ❍ Chèque bancaire ❍ Mandat-lettre

Nom, prénom..

Adresse..

....

Profession, âge, tél. (facultatif)..

1. Prix public de vente au numéro simple.
2. Justificatif obligatoire.

Conformément à la loi Informatique et Libertés, vous disposez d'un droit d'accès et de rectification aux informations vous concernant.

Bon de commande à retourner à : Question de - BP 21 - 84220 Gordes

Question de a été imprimé sur les presses de Aubin Imprimeur, BP 02, 86240 Ligugé.
Photogravure : Rimbaud, Cavaillon.
Dépôt légal : 2e trimestre 1997 - Gérant de la publication : Marc de Smedt.
Éditions Question de, 1997. Commission paritaire n°54.752.

Question de - Albin Michel

LA VOIE DE L'HOMME RELIÉ

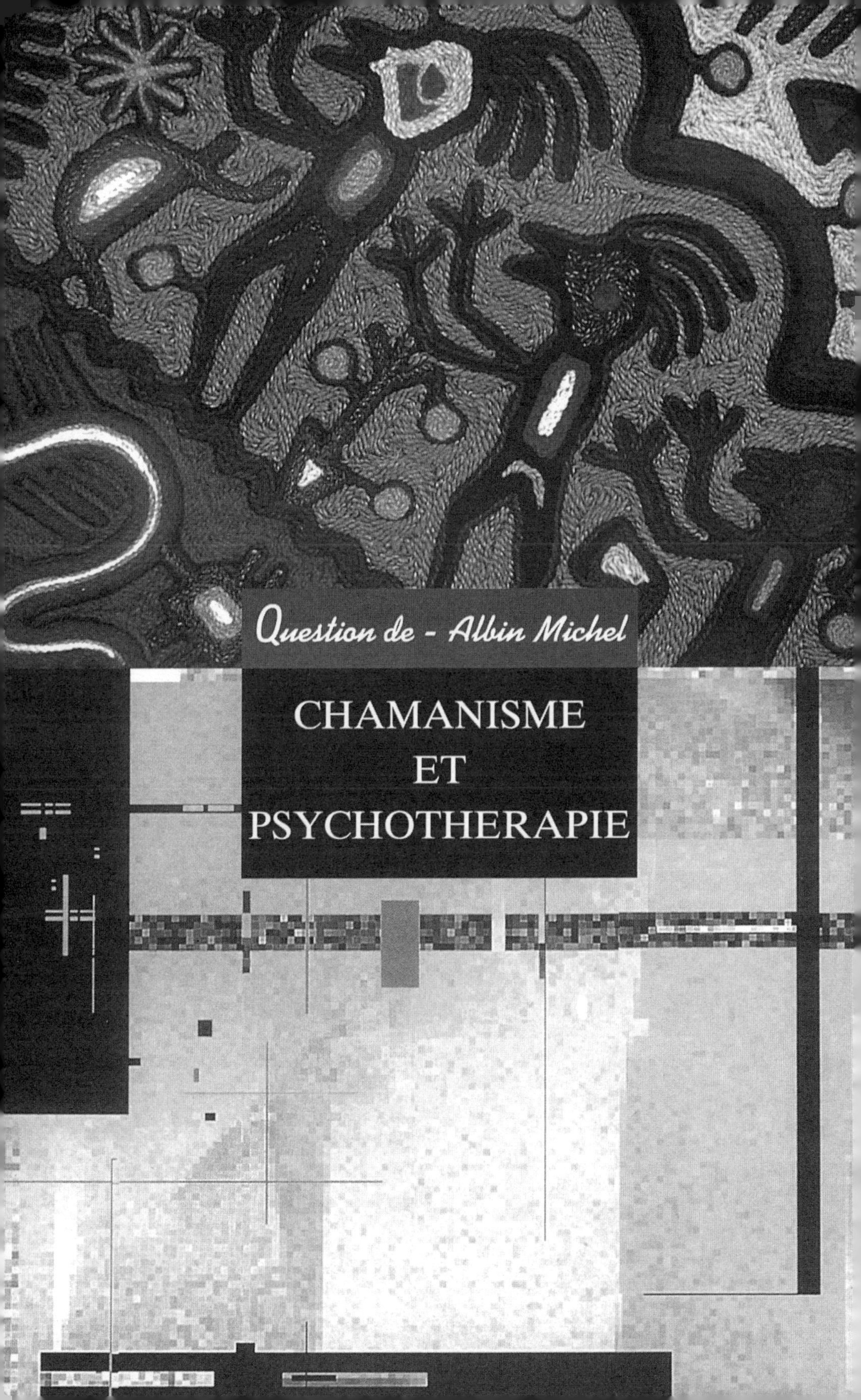
Question de - Albin Michel
CHAMANISME
ET
PSYCHOTHERAPIE

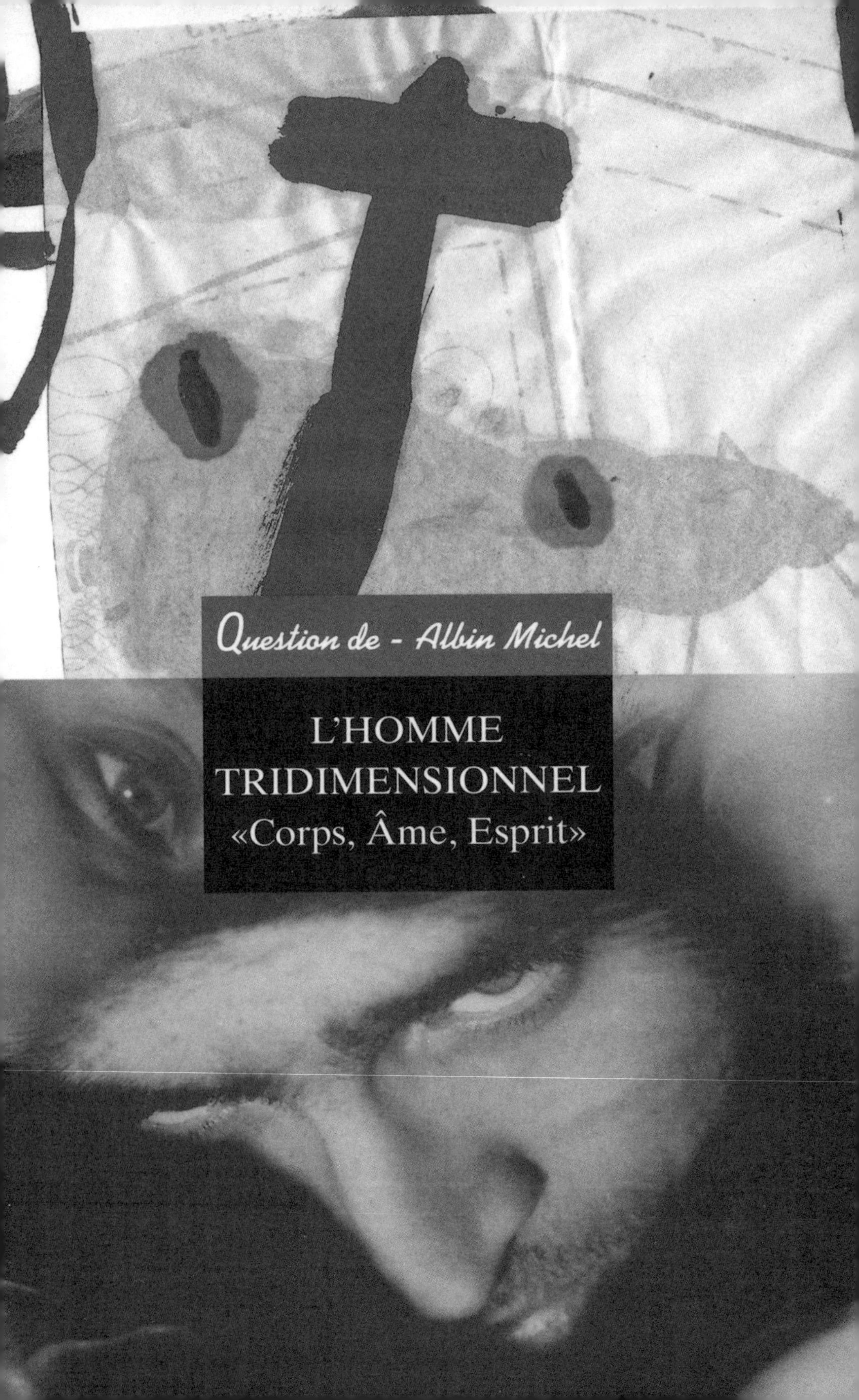

Question de - Albin Michel

L'HOMME TRIDIMENSIONNEL

«Corps, Âme, Esprit»

Question de - Albin Michel

CONSCIENCE ET PRÉSENCE